Mme Fitz

JC Snaith

Writat

Cette édition parue en 2024

ISBN : **9789359942575**

Publié par
Writat
email : info@writat.com

Contenu

CHAPITRE I

SELON Reuters

"Il neige", a déclaré Mme Arbuthnot.

"Malchance!" grognai-je derrière mon journal. "Ce climat indescriptible ! Pourquoi ne pouvons-nous pas limoger le commis à la météo ?"

"Parce qu'il s'agit d'un fonctionnaire permanent", a déclaré Joseph Jocelyn De Vere Vane-Anstruther, qui entrait dans la salle. "Et ce sont ces gens-là qui dirigent ce pays plongé dans la nuit."

Joseph Jocelyn De Vere Vane-Anstruther était plutôt intelligent. C'était le premier décembre et les chiens (il n'y a qu'une seule meute au Royaume-Uni) étaient sur le point de rendre une visite annuelle dans le pays d'un voisin . Avec une magnificence consciente, mon parent par alliance s'est dirigé droit vers le buffet. Il s'arrêta un instant pour débattre lequel de deux devoirs impératifs il devait donner la priorité : c'est-à-dire faire son rapport quotidien sur l'apparence personnelle de son hôte, ou s'informer de ce qu'il y avait à manger. L'état des éléments a permis à Mère Nature de "prendre un jeu d'enfant" sur un honorable esthétisme . Jodey commença à fouiller lentement mais résolument parmi les couvercles des plats.

"Kedgeree ! Deux fois en quinze jours. Écoute, Mops, ça ne fera pas l'affaire."

Mme Arbuthnot parcourait ce journal qui, pour la modique somme d'un demi-penny, fournit le glamour de l'histoire avec seulement cinq pour cent. de ses responsabilités. Elle a simplement tourné une page. Son frère, ayant mis suffisamment de kedgeree dans son assiette pour préparer un repas pour une personne moyenne, l'a poivré et salé sur une échelle tout aussi généreuse, puis a suggéré du café.

"Le thé est meilleur pour la digestion", dit Mme Arbuthnot, avec son air naturel de simple autorité.

"Je sais", a déclaré Jodey, "c'est pourquoi je préfère les autres trucs."

"Les hommes sont tellement raisonnables !"

"Ça te dérange d'ajouter du sucre ?"

"Le sucre fera de vous un welter et ruinera votre apparence."

Un axiome cardinal de mon amie Mme Josiah P. Perkins, née Ogbourne , défunte de Brownville, Massachusetts, est « Le sens du cheval dit toujours ». Parmi les filles des hommes, je n'en connais aucune dont la dotation de cette qualité heureuse puisse égaler celle de l'aimable participante à mes dépenses. Cela a été dit dans ce cas.

"Tu ferais mieux de me donner du thé."

"Sans sucre?" dit Mme Arbuthnot avec beaucoup de charme.

"Une petite bosse", a déclaré Jodey en guise de concession à sa force de caractère.

Le jeune homme remuait son thé avec tant de diligence que le petit morceau semblait vraiment gros. Et puis, avec une gravité un peu sinistre, il fixa son regard sur mon manteau et mes cuirs.

"Par un artiste local du nom de Jobson", dis-je humblement. "Le deuxième magasin sur la droite en entrant dans Middleham High Street."

"Ils parlent d'eux-mêmes."

"Mon père y est allé", dis-je. "Mon grand-père aussi. À l'époque de mon grand-père, je crois que le nom de l'entreprise était Wiseman and Grundy."

" Ce n'est pas juste pour les gens . Si j'étais Brasset, je les emmènerais chez moi . "

— Si vous étiez Brasset, répliquai-je, cela ne serait guère nécessaire. Ils rentreraient tout seuls.

"C'est Mops qui est à blâmer. Elle a été correctement élevée."

"Nous en venons à cela, mon ami. Nous ne pouvons pas tous les deux porter la culotte. La sienne a coûté une jolie somme aux voleurs de Regent Street."

"Maddox Street", dit une voix fade depuis les recoins du *Daily Courier* .

« Ces bandits de Maddox Street », dis-je avec pathos. "Mais d'après ce que je sais, ce sont peut-être ces requins du Mile End Road. Je suis un bébé dans ce genre de choses."

"Non, mon cher Odo," dit le jeune homme, en faisant valoir son point de vue de manière assez élaborée, "dans ces choses-là, vous êtes un périssable. Un périssable absolu. J'ai honte d'être vu ' à côté ' du même renard que vous. Je devrais avoir honte d'être retrouvé mort dans le même fossé. Je déteste les gens qui ne prennent pas au sérieux les vêtements.

Mon parent par alliance a sorti un mouchoir de soie d'un jaune extrêmement vif et a pensivement épousseté un grain de poussière invisible sur une peau de daim immaculée.

"Mon Dieu, ces hauts !"

"Par un dessinateur local", dis-je, "du nom de Bussey. Il prend soin des mesures et fait un dessin du pied."

"' Orrible . Tu ressembles à un cosaque à l'Hippodrome."

"Madame fréquente un établissement de Bond Street. On laisse entendre que diverses redevances suivent son exemple."

"Ils se dirigent vers le roi d'Illyrie", a déclaré Mme Arbuthnot.

"C'est intéressant", dis-je en réponse à un regard interrogateur depuis la table du petit-déjeuner. "Le fait est que mon aimable coadjutrice dans les choses de cette vie a un faible prononcé pour la royauté. Elle le nie avec véhémence et le trahit sans vergogne en toutes occasions possibles."

"Vraiment très intéressant ", dit son frère.

L'instant d'après, un cri de surprise jaillit des profondeurs du journal à un sou.

"Quelle coïncidence!" s'exclama Mme Arbuthnot. "Il y a eu un attentat contre le roi d'Illyrie. Ils ont lancé une bombe dans son palais et tué le frère du Premier ministre."

"Dans l'intérêt des actionnaires du *Daily Courier* ", dis-je.

"Soyez sérieux, Odo", dit Mme Arbuthnot. « Penser que ce cher vieux roi est en danger !

"Oui, le cher vieux roi", dit Jodey.

"Je pense que vous êtes horribles, tous les deux", dit Mme Arbuthnot avec l'esprit qui a fait d'elle un membre admiré de la Chasse à Crackanthorpe . "Ces horribles Illyriens ! Ils ne méritent pas d'avoir un roi. Ils devraient être comme la France, l'Amérique et la Suisse."

« Ils se retrouveront bientôt dans cette situation malheureuse », dis-je en ouvrant la page quatre du journal *Times* . "Selon Reuter, il semble qu'il s'agisse d'une tentative *de bonne foi* . Comte Cyszysc ———"

"Vous éternuez deux fois", suggéra Jodey.

"Le comte Cyszysc a été réduit en pièces sur le seuil du palais du Zweisgarten , dont toute la façade sud-ouest a été détruite."

« Les misérables ! » dit Mme Arbuthnot. "Ils ne sont dignes que d'avoir une république. Un si cher vieil homme, l'idéal de ce que devrait être un roi. Ne vous souvenez-vous pas de lui dans le cortège d'État à côté du Kaiser ?"

"Le vieux Johnny aux cheveux blancs", dit Jodey en attrapant la marmelade.

"Il avait l'air d'un roi en tous points", a déclaré Mme Arbuthnot, "et l'Illyrie n'est pas non plus une très grande région."

« Dans un pays petit et obscur, ai-je osé dire, il faut avoir l'air d'un roi, sinon personne ne croira que vous en êtes un. Dans un pays aussi important que le nôtre, peu importe qu'un roi ressemble à un roi. un voyageur de commerce .

"Au fait", dit Jodey, qui avait une horreur polie de tout ce qui pouvait être interprété comme *du lèse. majesté* , "où est l'Illyrie ?"

« Mon cher, dis-je, ne savez-vous pas où est Illyria ?

"Je vous parie que vous non plus", dit Jodey, s'efforçant, comme le font les jeunes gens, de cacher son ignorance par une démonstration d'effronterie.

"Tu n'es pas allé à Blaenau ? Tu ne connais pas les Sveltkes ?— hoch ! hoch !"

"Non, n'est-ce pas ?" » dit effrontément le jeune homme.

"C'est la plus ancienne famille régnante d'Europe", dit sévèrement Mme Arbuthnot.

"Comment le sais-tu, Mops ?" dit le jeune sceptique .

"C'est ce qui est écrit dans le Who's Who allemand", dit sévèrement Madame. "Je les ai recherchés exprès."

« Mon cher, lui dis-je, si vous en saviez un peu moins sur le polo, et un peu moins sur la chasse au renard, et un peu plus sur la géographie, les langues étrangères et les choses qui font l'efficacité, vous seriez *au courant.* avec le royaume d'Illyrie et sa famille régnante. Dites au jeune homme où se trouve ce pays romantique, vieille dame.

— Allez d'abord à Paris, dit Madame avec une admirable lucidité. "Et puis, je ne suis pas sûr, mais je pense que vous venez à Vienne, et puis je crois que vous traversez et que vous venez en Illyrie. Et puis vous venez à Blaenau, la capitale, où vit le roi, qui est à cinq cents kilomètres de là." à vol d'oiseau de Saint-Pétersbourg, parce que je l'ai marqué sur la carte.

"Eh bien, si vous l'avez vraiment marqué sur la carte", dis-je, "il est tout à fait raisonnable de supposer que le royaume d'Illyrie est en train d'exister."

"Vous êtes trop absurde", dit Mme Arbuthnot. "Le lieu est connu et son roi est célèbre."

"Je me demande s'il y a du tir décent en Illyrie", a déclaré Joseph Jocelyn De Vere, avec cet air de condescendance tacite qui lui a valu une promotion dans le monde anglophone. "On pourrait l'essayer pendant une semaine pour montrer qu'on n'a rien contre ."

"Là où il y a un roi, il y a toujours un tir décent", ai-je osé observer.

Mme Arbuthnot retourna à son journal.

« Ils veulent former une république en Illyrie, annonça-t-elle, mais le vieux roi est déterminé à les contrecarrer.

"Un peu sportif, évidemment", dit son frère. "Mais peu importe Illyria. Donnez-moi encore un peu de café. Nous devons être à la croisée des chemins à onze heures."

"Pas d'usage mortel, j'en ai peur", dis-je. "Le verre est parti en arrière. Et regardez par la fenêtre."

"Bon vieux climat britannique ! Et de ce côté -là , ils ont l'un des meilleurs coins de campagne des comtés, et les couvertures de Morton sont toujours pleines de renards."

Cependant, malgré son pessimisme, mon parent par alliance continuait à s'occuper fidèlement du modeste repas qui lui était offert. Il lui fallait aussi demander à la maîtresse de maison si on avait coupé *suffisamment de sandwichs et si les deux* flacons étaient remplis ; et auprès du chef nominal de notre modeste établissement, il chercha à savoir quelles dispositions avaient été prises pour les seconds cavaliers.

"Ils ne seront plus recherchés aujourd'hui, j'en ai peur."

"Oh, quelques flocons de neige !"

C'est précisément à ce moment-là que le klaxon d'un moteur se fit entendre. Un six cylindres de soixante chevaux, de conception la plus récente, a été aperçu en train de se faufiler à travers les arbustes *en route* vers la porte d'entrée.

"Pourquoi, ce n'était pas Brasset ?"

"Sa voiture certainement."

"Que veut le ravageur ?"

"Il nous a apporté l'information que Morton a téléphoné pour nous dire qu'il y avait un pied de neige sur les wolds et que les chiens feraient mieux de rester au chenil."

"Pooh", dit Jodey, "il n'aurait pas pris la peine de venir lui-même. Vous avez un téléphone, n'est-ce pas ?"

" Sans aucun doute, il souhaite également s'entretenir avec Mme Arbuthnot sur l'état des choses en Illyrie. C'est un homme très sérieux avec des ambitions politiques. "

En outre, j'aurais pu ajouter — ce que je n'ai cependant pas fait — que le maître du Crackanthorpe était quelque peu assidu dans son attitude d'attention respectueuse envers ma séduisante coparticipante à cette vallée de larmes, qui de son côté était plutôt encline à l'orgueil. elle-même sur un respect démodé pour la pairie. La perspective d'une visite du noble Maître la fit abandonner les affaires de la monarchie illyrienne au profit d'un sujet encore plus porteur d'intérêt.

"Si c'est Reggie Brasset", dit-elle en renonçant au *Daily Courier* , "il s'agit de Mme Fitz."

"Sortir!" » dit Jodey méprisant. "Vous les gens ici, vous avez Mme Fitz en tête."

Hors de la bouche des bébés ! Il était parfaitement vrai que, dans notre petit coin du monde, les gens *avaient* eu Mme Fitz en tête.

CHAPITRE II

TRIBULATIONS D'UNE MFH

Brasset, c'était certainement le cas. Et lorsqu'il entra dans la pièce, l'air délicieusement sain, résolument beau et beaucoup plus sérieux qu'un ministre de la Couronne, ses premiers mots furent du genre que Morton avait téléphoné pour dire qu'ils avaient un pied de neige sur le sol. les mondes et que les chiens feraient mieux de rester là où ils étaient.

— C'est bien gentil à vous, Brasset, de venir nous le dire, dis- je chaleureusement. « Prendre un petit-déjeuner ? »

"Non, merci", dit Brasset. « Le fait est que, comme nous n'allons pas chez Morton, j'ai pensé que ce serait une bonne occasion de… de… »

Pour une raison quelconque, le noble Maître ne semblait pas savoir comment terminer sa phrase.

"Oui, Lord Brasset", dit Mme Arbuthnot avec un air d'intelligence aiguë.

"Une bonne occasion de… de..." dit Brasset, qui, malgré son sérieux, paraissait vraiment ridiculement jeune pour être le maître d'une meute comme la nôtre.

"Oui, Lord Brasset", dit encore Mme Arbuthnot.

"Oui, tout à fait, mon cher", dis-je sans, comme je l'espère et le crois, la moindre apparence de légèreté, car l'œil intransigeant de l'autorité était sur moi.

"Quoi de neuf, Brasset ?" » dit Jodey, qui, contrairement aux règlements, allumait sa pipe à la table du petit déjeuner, et qui joignait à ses nombreuses qualités engageantes un esprit extrêmement pratique. "Vous voulez un verre de bière. Parkins, apportez un verre de bière à Sa Seigneurie."

Avec cette aide au corps corporel dans sa main, et avec une paire de grands yeux sérieux et admirablement attentifs fixés sur lui, le noble Maître fit une troisième tentative pour achever sa phrase. Cette fois, il a réussi.

« Le fait est, » dit-il, « j'ai pensé que ce serait une bonne occasion de… de… – ici le noble Maître fit un élan héroïque vers l'Angleterre, sa patrie et sa gloire – « de parler de cette maudite affaire de Mme Fitz. "

Mme Arbuthnot se redressa avec un air d'extase et l'expression "Là, qu'est-ce que je t'ai dit !" écrit partout sur elle

"Tout à fait, mon cher", dis-je avec une simple bonne foi, mais parvenu à ce moment-là à intercepter le regard d'un œil féminin, j'ai dû étouffer un peu précipitamment mon visage dans les plis volumineux du *Times* .

"À propos d'elle?" » demanda l'occupant de la table du petit déjeuner, qui, quoi que puissent faire les anges à un moment donné, n'hésitait jamais à entrer à deux pieds. "Je disais à Arbuthnot et à ma sœur, juste au moment où vous êtes entrés, que vous, ici-bas, avez Mme Fitz en tête."

"Oui, j'en ai bien peur", dit Brasset avec regret. "Le fait est que les choses arrivent à un tel point qu'elles ne peuvent plus continuer."

"Je suis d'accord avec vous, Lord Brasset", dit Mme Arbuthnot avec conviction.

"Quelque chose doit être fait."

"C'est tellement inconfortable pour tout le monde", a déclaré Mme Arbuthnot. "Et je peux vous le promettre, Lord Brasset" - le bel orateur détourna ostensiblement son regard du principal journal du matin - " quelles que soient les mesures que vous déciderez de prendre dans cette affaire, elles bénéficieront de la sympathie et du soutien entiers de chaque femme abonnée à la Chasse. ".

"Merci beaucoup, Mme Arbuthnot," dit le noble Maître avec émotion, "je vous suis très reconnaissant. Cela m'aidera beaucoup."

"Nous avons tenu une réunion dans le salon de Mme Catesby dimanche après-midi. Nous avons adopté une résolution exprimant la plus entière confiance en vous. J'aurais souhaité, Lord Brasset, que vous ayez pu entendre ce qui a été dit à votre sujet." Le teint pittoresque du Maître prit une teinte plus rosée. "Notre soutien et notre approbation unanimes vous ont été votés pour tout ce que vous pourriez vous sentir appelé à faire."

"Mille merci, ma chère Mme Arbuthnot."

"Et nous espérons que vous exclurez Mme Fitz de la chasse. J'ai également présenté un amendement selon lequel Fitz serait également expulsé, mais il a été décidé par six voix contre quatre de lui donner une autre chance. Mais dans le cas de Mme Fitz " Fitz, la réunion a été absolument unanime. "

"Mon Dieu", dit l'occupant de la table du petit-déjeuner. "Si ce n'est pas la limite !"

"Mme Fitz est bien au-delà de la limite." Les yeux de Mme Arbuthnot brillaient de truculence.

« Prenez une cigarette, mon cher, » dis-je en offrant ma cause au malheureux Brasset dès que l'état de mes émotions me le permettait.

Brasset choisit une cigarette d'un air d'intense mélancolie. Tout en appliquant l'allumette allumée qu'on lui offrait également, il me regarda d'un œil si triste qu'il dut faire pitié d'un cœur de pierre. Au contraire, ma compagne de pèlerinage à travers cette vallée de larmes avait pris une teinte rose des plus convenables, ce qu'elle fait invariablement lorsqu'elle est vraiment sur le sentier de la guerre. Dans sa porcelaine – ses yeux bleus – j'espère qu'une telle description de ces armes passera la censure – il y avait aussi un regard sombre et inaltérable devant lequel des hommes aussi vaillants que Brasset ont dû trembler.

Le noble Maître tira nerveusement sur son Égyptien.

« Écoutez, Arbuthnot, dit-il, vous êtes un sage, n'est-ce pas ?

"Il pense qu'il est sage", dit mon assistant.

"Tout homme le fait", dis-je modestement, "pas nécessairement comme article de foi mais comme point de rituel."

— Oui, bien sûr, dit Brasset avec un air d'intelligence qui n'imposait à personne. "Mais tout le monde dit que vous êtes un type sage. Cette petite Mme Perkins dit que vous êtes le type le plus sage qu'elle ait rencontré à Londres."

Cette indiscrétion de Brasset — certains hommes ont si peu de tact ! — provoqua un raidissement du plumage ; et si les yeux bleus de Chine n'avaient pas jailli une étincelle, cette chronique n'aurait probablement pas beaucoup d'importance.

" Tenez-vous en au fait, s'il vous plaît, " dis-je. " Je plaide coupable d'être un Salomon. "

"Eh bien, comme tu es un type sage," dit le gaffeur, "et que je suis en train d'être un âne..."

"Je ne suis pas du tout d'accord avec vous, Lord Brasset", a lancé un admirateur loyal.

"Oh, mais je le suis, Mme Arbuthnot", dit Brasset, en désaccord avec cette courtoisie dans laquelle il était suprême. "C'est vraiment gentil de votre part de dire que je ne le suis pas, mais tout le monde sait que je ne suis pas vraiment un type dans la plupart des cas."

« Vous n'êtes peut-être pas aussi intelligent qu'Odo, dit l'épouse de mon sein, parce qu'Odo est exceptionnel. Mais vous êtes quand même un homme extrêmement *compétent , seigneur Brasset.*

"Elle a l'intention d'assister à cette vente chez Tatt's mercredi", a déclaré l'occupant de la table du petit-déjeuner en aparté à la marmelade.

"Eh bien, si je ne suis pas aussi stupide que je le pense" - une critique si parfaite désarmait la sincérité - "c'est terriblement gentil de votre part, Mme

Arbuthnot, de le dire. Mais ce que je veux dire, c'est que j'aimerais des conseils au sujet de… au sujet de… »

"Au sujet de Mme Fitz", a déclaré Mme Arbuthnot, avec le roucoulement de la colombe et le regard du serpent à sonnette.

"Oui," dit le noble Maître, laissant tomber nerveusement les cendres de sa cigarette sur une nappe très chère.

"Odo sera en effet très heureux, Lord Brasset", dit la moitié supérieure de mon entité, "de vous donner des conseils au sujet de Mme Fitz. Il est d'accord avec moi, Mary Catesby et Laura Glendinning, qu'elle doit être expulsée de la Chasse. ".

Le pauvre Brasset ôtait une goutte de sueur de la mélancolie perplexe de ses traits avec un mouchoir de soie de couleur vive, propre frère de celui que portait le Bayard à la table du petit déjeuner, pour tenter en vain de surmonter son désarroi.

"Est-ce habituel, Mme Arbuthnot ?"

"Ce n'est peut-être pas habituel, Lord Brasset, mais Mme Fitz n'est pas une femme habituelle."

"Ma chère Irène", dis-je judiciairement - Mme. Arbuthnot se réjouit du nom classique d'Irène - "ma chère Irène, je comprends que Brasset veut dire qu'il n'y a rien dans les statuts de la Crackanthorpe Hunt pour se prémunir contre l'éventualité de Mme Fitz ou de toute autre matrone britannique dominant les chiens aussi souvent". comme elle aime."

Bien que je n'aie reçu aucune formation juridique régulière au-delà d'avoir déjeuné dans le hall de Gray's Inn, tout le monde connaît mon oncle le juge. Mais j'ai le regret de dire que cette lourde délivrance n'a pas rencontré tout le respect dans le quartier où elle était en droit de la chercher.

"C'est absurde, Odo", dit Mme Arbuthnot. "Je suis sûr que le Quorn————"

La misère de Brasset prit une phase si aiguë à la mention du Quorn que Mme Arbuthnot s'arrêta avec sympathie.

"Le Quorn, mon Dieu !" murmura le Bayard à la table du petit déjeuner en aparté à la bouilloire à thé.

"Ou les Cottesmore", a poursuivi Mme Arbuthnot, invaincue, "ne supporterait pas un tel comportement de la part d'une personne comme Mme Fitz."

"Le pensez-vous, Mme Arbuthnot ?" dit le noble Maître. "Vous voyez, nous ne devrions pas aimer faire connaître notre nom en faisant quelque chose d'inhabituel."

"Une personne inhabituelle doit être traitée d'une manière inhabituelle", a déclaré Mme Arbuthnot avec une grande sentencieuse.

"Mary Catesby pense——"

Le long bras de la coïncidence est parfois très surprenant, et je peux garantir que l'entrée de Parkins à ce moment psychologique, annonçant l'apparition de Mary Catesby en chair et en os, nous a tous grandement impressionnés comme quelque chose de tout à fait au-delà de l'ordinaire.

"Eh bien, voici *Mary* ", dit Mme Arbuthnot, donnant à cette source de lumière et d'autorité un baiser croisé sur les deux chèques. C'est la marque des femmes mariées de notre quartier qu'elles se plaisent toutes à manifester une vénération presque exagérée pour Mary Catesby.

J'ai moi-même une grande estime pour Mary Catesby. D'une part, elle a bien mérité de son pays. Mère de trois filles et cinq garçons, elle est la matrone britannique *in excelsis* ; et en dehors de l'habitude qu'elle a prise de monter dans la gueule de son cheval, elle a tous les attributs du meilleur type de gentille chrétienne. Elle possède trente-neuf ans — pour suivre l'exemple peu galant de Debrett ! —, est la fille aînée d'un pair et fait extrêmement autorité sur tout ce qui se passe sous le soleil, depuis le prix des œufs jusqu'à la table de préséance.

L'admirable Mary – son nom complet est Mary Augusta – est peut-être un peu trop élaborée . Ses chevaux mesurent bien jusqu'à quatorze pierres. Et comme la matière et l'esprit ne font qu'un, on lui reproche parfois de paraître un peu accablante. Mais c'est chercher les imperfections sous le soleil de midi de l'excellence féminine. L'un des acteurs les plus fragiles pourrait trouver un tel poids de vertu comme un fardeau. Mais Mary Catesby le porte comme une fleur.

En plus de sa vertu, elle portait également un manteau de fourrure qui faisait secrètement l'envie de toute la population féminine du comté, même si certaines de ses membres mettaient un point d' honneur à proclamer pour le bénéfice des autres : « Pourquoi Marie persiste- *t- elle ?* en portant cette atrocité à queue d'hermine ! Elle ne peut vraiment pas savoir à quel point elle a l'air effrayée.

En fait, Mary Catesby, dans son manteau de fourrure, est l'une des personnes les plus impressionnantes que l'esprit humain puisse concevoir. Sa cape de fourrure peut arrêter le Hollandais volant à n'importe quelle gare routière entre Land's End et Paddington ; et sur l'estrade lors de la distribution annuelle des prix à la Middleham Grammar School, j'ai vu plus d'un petit garçon si complètement bouleversé qu'il a laissé tomber « Macaulay's Essays » sur la tête du journaliste de l' *Advertiser* .

Outre ce vêtement célèbre, Mary était ornée d'un chapeau melon à bords énormes, assez semblable à celui affecté par M. Weller l'Ancien tel que Cruikshank le représentait, et d'une paire de bottes de boucher si redoutable qu'elle faisait littéralement trembler la terre sous elle.

Sa première remarque s'adressait tout naturellement au malheureux Brasset, rendu un peu plus rose et un peu plus perplexe qu'il ne l'était déjà par l'entrée impressionnante de cette notable femme.

"Je trouve ce temps honteux", dit-elle. "C'est toujours le cas quand nous allons chez Morton. Pourquoi, Reggie ?"

Elle parlait comme si le malheureux Reggie était personnellement responsable du temps et aussi de la manière insultante avec laquelle cette institution britannique très critiquée avait dérangé ses plans.

"Je suis terriblement désolé, Mme Catesby. Ce n'est pas vraiment une journée, n'est-ce pas ?"

"Honteux. Si on ne peut pas avoir un meilleur temps que celui-ci, autant aller patiner une semaine chez Prince."

L'idée que Mary Catesby passe une semaine à patiner chez Prince semblait plaire à Joseph Jocelyn De Vere. Au moins, ce sportif n'était pas peu content.

"Style anglais ou continental ?" a-t-il dit.

Mary Catesby n'a pas daigné y prêter attention.

"Je suis terriblement désolé, Mme Catesby", dit encore Brasset avec une très belle humilité.

Mme Catesby refusa d'accepter ces excuses délicieusement courtoises, mais regarda le malheureux Brasset de cet air ample qui la fait invariablement ressembler à Minerve telle que Titien concevait cette divinité. Silencieusement, sans pitié, elle se mit à rejeter l'entière responsabilité du temps sur le maître du Crackanthorpe .

Elle venait de réaliser cet exploit avec la plus grande efficacité, quand aucun de ses admirateurs n'a mis la rame.

"Je suis si heureuse que vous soyez venue, Mary", a déclaré Mme Arbuthnot. "Nous étions justement en train de nous disputer avec Lord Brasset à propos de Mme Fitz."

Un silence inconfortable s'ensuivit.

"Est-ce qu'elle est un sujet de discussion dans une entreprise mixte ?" dis-je pour soulager la tension.

"Je devrais dire non", a déclaré Mary. "Mais Reggie a été si faible qu'il n'y a aucune aide pour cela."

« Victime des circonstances, peut-être », dis-je avec une généreuse imprudence.

"Les gens qui sont faibles sont toujours victimes des circonstances. Si Reggie avait été plus ferme au début, nous ne serions pas maintenant la risée de tout le monde. À mon avis, la première exigence chez un maître de chiens est la résolution de caractère. "

"Écoutez, écoutez", dit *à voix basse l'occupant de la table du petit-déjeuner* .

Le misérable Brasset, dont le rose et la perplexité allaient toujours croissant, frémit devant le pouvoir médico-légal de la Grande Dame.

"Pensez-vous, Mme Catesby, que je devrais démissionner ?" dit-il avec l'humilité qui invite à donner un coup de pied.

" Pas *maintenant* , sûrement ; ce serait trop abject. Si vous aviez l'impression que la situation vous dépassait, vous auriez dû démissionner dès le début. Vous devez faire preuve de courage, Reggie. Vous ne devez pas vous soumettre à être piétiné publiquement par... par... "

La Grande Dame s'arrêta ici, non pas parce qu'elle était à court de mots, mais parce que, comme tout orateur-né, elle avait une connaissance instinctive de la valeur d'une pause au bon endroit.

"Par un cavalier de cirque de Vienne", conclut-elle d'une voix neutre.

CHAPITRE III

LES ARGUMENTS POUR LA POURSUITE

"Je sais, Mme Catesby, je ne suis pas vraiment un type", a déclaré Brasset, "mais qu'est-ce qu'un homme peut faire ? J'ai laissé un indice à Fitz, vous savez."

"Fitz !!" L'art du *littérateur* ne peut rendre un mépris si sublime que par deux points d'exclamation.

« Qu'a dit Fitz ? J'ai osé me renseigner.

"Renfrogné comme des flammes", dit Brasset misérablement. "Je pensais que le diable aux traits croisés et aux trois coins me mangerait. Je vous demande pardon, Mme Catesby."

Le noble Maître se laissa aller dans son verre de bière de la manière lamentablement inefficace.

J'ai éclairci ma voix en sachant que j'avais un oncle juge.

« Brasset, lui dis-je, voudriez-vous bien vouloir informer le tribunal des motifs précis de la plainte contre cette femme tant décriée et malheureuse ?

"Ne te rends pas ridicule, Odo !"

"Odo, tu le sais parfaitement !"

C'était une égalité entre Mme Arbuthnot et la Grande Dame.

« Ordre, ordre », dis-je sévèrement. "Cette scène appartient à Brasset. Maintenant, Brasset, réponds à la question, et alors peut-être qu'on fera quelque chose."

Mais cela ne devait pas être le cas. Le neveu de mon oncle n'a lamentablement pas réussi à exiger l'obéissance à la chaise.

"Mon cher Odo", dit Mary Catesby, dans ce que je ne peux que décrire comme sa manière d'Albert Hall, avec sa voix montant jusqu'au sommet comme un drapeau hissé sur un mât, "voulez-vous *me dire* ...?"

« Que vous ne savez pas comment Mme Fitz se comporte ! » » la Madame est intervenue avec une intelligence vraiment merveilleuse.

"Je ne le fais pas, sous serment", dis-je solennellement. "Vous semblez oublier que j'ai donné de mon temps à la nation pendant cette abominable session d'automne."

" C'est vrai, le pauvre chéri ", dit le partenaire de mes joies.

"Comme un bon citoyen", a déclaré Mary Catesby, la plus auguste des Primrose Dames.

" Merci, Mary, je le mérite. Mais dois-je comprendre que Mme Fitz a jeté son bonnet par-dessus le moulin, ou qu'elle s'est mise à monter à califourchon, ou est-ce qu'elle continue d'affecter ce manteau écarlate qui la saison dernière a-t-il hâté la fin de la douairière ? »

"Non, Arbuthnot." C'était la voix de Brasset, vibrante d'une émotion si profonde qu'on ne peut la comparer qu'à la *Marche Funèbre* exécutée sur un orgue de cathédrale. "Mais ce n'est que par la miséricorde de Dieu que mardi matin dernier, elle n'a pas dominé Challenger."

"Allah est grand", dis-je.

"Sur ma parole d' honneur solennelle ", dit le noble Maître, parlant du fond des profondeurs, "elle était à moins de deux pouces de la poupe de la vieille fille."

"Parkins", dit une voix venant de la table du petit-déjeuner, "apportez un autre verre de bière pour Sa Seigneurie."

Pour être tout à fait franc, la nourriture liquide n'était plus une nécessité vitale pour le noble Maître. Il était déjà rose d'indignation au souvenir soudain de ses torts. Une seule chose peut inciter Brasset à faire preuve, même d'une quantité d'esprit normale. Tel est le bien des charges sacrées auxquelles il préside pour le bien public. Il vous permettra de lui frapper la tête, de lui marcher sur les orteils ou de l'insulter, et il est fort probable qu'il s'excusera gentiment pour tout inconvénient que vous pourriez avoir subi au cours du processus. Mais si vous rabaissez les Crackanthorpe Hounds ou mettez en danger de quelque manière que ce soit le membre le plus humble de la souche Fitzwilliam, malheur à vous. Vous transformez Brasset en un véritable homme de sang et de fer. Il est investi de pathétique et de dignité. Les éclairs du ciel jaillissent sous ses orbes aux longs cils ; et de sa poitrine quelque peu étroite s'exprime un vocabulaire bien plus riche que ce que l'inefficacité générale de son apparence peut justifier dans toutes les circonstances imaginables.

clameur féminine fut réduite au silence par Brasset transformé. Ses yeux bleus brillaient, ses joues devenaient plus roses, chaque poil particulier de sa petite moustache blonde parfaitement charmante — taillée par Truefitt une fois tous les quinze jours — se dressait comme des piquants sur le porcentin agité. Au lieu de l'humiliation rose, il y avait une dénonciation fauve.

"Je l'admets, Arbuthnot", dit l'Homme de Sang et de Fer, "J'ai regardé la femme comme aucun homme ne devrait regarder une dame."

« Vous n'avez pas dit « putain », seigneur Brasset ? » lançait un chercheur sage en quête de connaissances.

"Je l'ai peut-être fait, Mme Arbuthnot, j'avoue que je l'ai peut-être fait."

"Je pense que cela devrait baisser sur les dépositions", dis-je, avec une approximation de l'attitude de mon oncle, le juge, qui était très tolérable pour un amateur.

"Je vous en *honore* , seigneur Brasset. N'est-ce pas, Mary ?"

— Tâchez de ne pas embarrasser le témoin, dis-je. Continuez, Brasset.

"Brasset, voici ta bière", dit Jodey en se levant de table et en tendant personnellement la bière Burton avec une grande solennité.

"J'ai peut-être damné ses yeux", a poursuivi le témoin, "ou je ne l'ai peut-être pas fait. Vous voyez, elle était à moins de deux pouces de la vieille fille, et j'ai peut-être perdu la tête pendant un moment. Je l'admets. qu'aucun homme ne devrait damner les yeux d'une femme. Attention, je ne dis pas que je l'ai fait. Et pourtant, je ne dis pas que je ne l'ai pas fait. Tout s'est passé avant qu'on puisse dire « couteau », et je l'admets. J'ai été secoué."

"Le témoin admet qu'il a été secoué", dis-je.

"Tu l'aurais été aussi, mon vieux fils", a poursuivi le témoin avec magniloque. "Dans deux pouces, sur mon serment."

"Y a-t-il eu des représailles de la part de la dame dont vous aviez damné les yeux dans un moment de contrainte mentale ?"

" *Plutôt* . Elle a maudit le mien en néerlandais. "

Sensation.

« Comment saviez-vous que c'était du Hollandais, Lord Brasset ? » lança un chercheur de connaissances.

"Par le comportement des chiens, Mme Arbuthnot."

"Comment se sont-ils comportés ?"

"Les mendiants se sont enfuis."

Sensation.

"Ma tante!" » dit l'occupant de la table du petit-déjeuner avec un ton solennel et hors de propos.

"Vous aussi", dit le noble Maître. "Je n'ai jamais entendu quelque chose de pareil. À mon avis, il n'y a pas de langue comme le néerlandais quand il s'agit de jurer. Et puis, avant que je puisse cligner des yeux, sa main s'est levée et elle m'en a donné une sur la tête avec sa cravache."

Sensation.

"Sur ma parole d' honneur solennelle . Cela ne me dérange pas de montrer la marque à qui que ce soit."

« Où est-il, seigneur Brasset ?

Mme Arbuthnot se leva de sa chaise dans une quête extatique d'informations de première main. Ses yeux étaient écarquillés et brillants comme ceux de sa petite fille, Miss Lucinda, lorsqu'elle entend l'histoire des « Trois Ours ».

"Montre *-moi* la cicatrice, Reggie," dit une voix semblable à celle de Minerva.

— Voyons ça, Brasset, dit l'occupant de la table du petit déjeuner en renversant un morceau de Chippendale de la meilleure époque et en en cassant par hasard le dos.

Les investigations quelque peu mélodramatiques d'une épaisse couche d'huile de Macassar de Rowland et d'une fine couche de cheveux blonds ont révélé une marque indubitable immédiatement au-dessus de la tempe gauche du noble martyr pour la cause du devoir public.

"Si ça ne vaut pas les combats de coqs !" » dit Jodey sur un ton d'admiration non dissimulée.

"S'il n'y avait pas eu le bord de ma casquette", a déclaré le noble martyr en réponse à l'enthousiasme du public, "j'aurais dû ouvrir la tête."

"À mon avis", a déclaré Mary Catesby, s'exprimant *ex cathedra* , "cette femme est un parfait diable. Reggie, si seulement vous faites preuve de fermeté, vous pouvez compter sur un soutien. Ils peuvent tolérer ce genre de choses dans un cirque continental, mais nous ne le faisons pas. Je ne supporte pas la chasse à Crackanthorpe .

— Fermeté, Brasset, dis-je, désireux, comme tout le monde, de faire écho à l'oracle.

La petite moustache blonde a subi un traitement inhumain.

"C'est très bien, tu sais, mais à quoi ça sert d'être ferme avec une personne qui est aussi ferme que toi ?"

La Grande Dame renifla.

"Pendant trois ans, Reggie, vous avez assez bien rempli un poste difficile. Ne laissez pas une petite chose comme celle-ci vous perdre."

"Très bien, Mme Catesby, mais je ne peux pas la frapper à la tête, n'est-ce pas ?"

"Non, mais qu'en est-il de Fitz ?" » dit une voix depuis la table du petit-déjeuner.

"Oui, je n'y avais pas pensé."

"Et je n'y penserais pas si j'étais toi", dis-je cordialement. "Fitz, avec toutes ses erreurs, est un type plus costaud que toi, mon fils."

La mâchoire de Brasset tomba d'un air dubitatif — c'est d'ailleurs une assez bonne mâchoire.

« Entraînez-vous un peu à gauche, Brasset », fut le conseil de la table du petit déjeuner. "Je connais un gars de Jermyn Street qui a suivi des leçons avec Burns. Nous pourrions venir le voir après le déjeuner. Apportez un Bradshaw, Parkins. Et je pense que nous ferions mieux d'envoyer un télégramme."

"Je n'étais pas si mauvais avec ma gauche quand j'étais à Trinity", a déclaré Brasset.

Mme Arbuthnot frissonna bruyamment. Elle est depuis longtemps une fervente admiratrice du nez du noble Maître. Certes, son contour est d'une grande élégance et raffinement.

« Brasset », dis-je, « permettez-moi de vous conseiller de ne pas écouter de mauvaises communications. Si vous étiez Burns lui-même, vous feriez bien de jouer très légèrement avec Fitz. Il était mon pédé à l'école, et bien que parfois il y ait eu l'occasion de lui rendre visite, lui avec un frêne ou une fourchette à griller de la manière prescrite par les règlements de la maison de cet ancien siège d'apprentissage, je ne devrais pas vous conseiller, ni à personne d'autre, d'entreprendre un projet de châtiment personnel.

"Certainement pas, Reggie", dit Mary Catesby en réponse au regard implorant de Mme Arbuthnot. "Odo a parfaitement raison. D'ailleurs, tu dois te comporter en gentleman. C'est à la femme avec qui tu dois avoir affaire."

"Eh bien, je ne peux pas la frapper, n'est-ce pas ?" dit Brasset plaintivement.

"Si la femme d'une crique me frappait à la tête avec une cravache", dit la voix du jeune, "j'aurais envie d'atteindre la crique où se trouvait la femme qui m'a frappé, et Odo aussi. Je vois qu'il y a un train à deux- quinze ans arrivent en ville à cinq heures.

Les yeux de Brasset sont d'un bleu aussi doux et translucide que ceux de Miss Lucinda, mais dans eux était la lumière de la bataille. Il ne tira plus sur sa lèvre supérieure, mais la caressa doucement. Pour ceux qui connaissaient ces mystères, ce présage était sinistre.

"Est-ce que Génée est à l'Empire ?" a-t-il dit.

"Parkins le sait", a déclaré Jodey.

Parkins le savait.

"Oui, monseigneur", dit ce factotum sans égal, "elle l'est."

Entre parenthèses, je dois mentionner que Parkins est la *pièce de résistance* de notre modeste établissement. Non seulement il est hautement accompli dans tous les arts polis pratiqués par l'homme, mais il constitue également un recueil ambulant d'informations exactes.

"Comment c'est?" dit Jodey en lisant à haute voix le télégramme qu'il avait composé avec un soin studieux. "Dînez seul et avec mon copain Romano à 7h30. Empire ensuite. Réservez trois stands au centre ."

"Le côté ne serait-il pas meilleur ?" dit Brasset. "Alors tu es hors du projet."

Avant que cette importante correction puisse être apportée, Mary Catesby éleva la voix dans toute sa majesté naturelle.

"Reginald Philip Horatio", dit le plus auguste de son sexe, "en tant que personne qui a habillé des poupées et composé des hymnes avec votre pauvre chère mère avant de contracter son imprudent mariage, je vous défends absolument de vous battre avec un homme tel que Nevil Fitzwaren . Ce n'est pas convenable, ce n'est pas chrétien, et Nevil Fitzwaren est un homme bien plus puissant que vous. »

"La science vaincra la force brute à toute heure du jour ou de la nuit", telle était l'opinion exprimée à la table du petit-déjeuner.

Mme Catesby a préparé la table du petit-déjeuner avec son invincible œil du nord.

"Joseph, je t'en prie, tais-toi. C'est un très mauvais conseil que tu donnes à un homme qui est plutôt plus âgé et aussi stupide que toi."

Le Bayard du petit-déjeuner a réfuté l'accusation.

"Le conseil est assez judicieux", dit-il. "Mon copain de Jermyn Street a remporté une infinité de pots en tant que poids moyen, et il va bientôt s'essayer aux poids lourds maintenant qu'il a pris l'habitude de souper au Savoy. Il remettra Brasset en ordre. Il est aussi intelligent que daylight, un élève de Burns. Je vous dis quoi, Madame C., si Brasset commence avec un gauche et un droit et enchaîne avec un crochet à demi-bras sur la pointe, à mon avis il aura un coup de pied. ".

"Reggie, je vous l'interdis *absolument* ", a déclaré la première collaboratrice de la mère du noble Maître. "C'est tellement barbare ; d'ailleurs, si Nevil Fitzwaren était le premier à commencer avec un crochet à demi-bras sur la pointe, nous aurions probablement besoin d'un nouveau maître. Et ce serait si gênant. C'était toujours une maxime de mon cher père, que les renards étaient les seules choses qui bénéficiaient d'un changement de maître à la mi-décembre.

"Votre cher père avait raison, Mary", dis-je gravement.

"Cher père était infaillible. Mais sérieusement, Reggie, si quelque chose t'arrivait, nous ne devrions vraiment avoir personne pour nous en prendre maintenant que, pour une raison obscure, ils ont fait d'Odo un député."

"Si la femme d'une crique me frappait", disait le refrain de la table du petit-déjeuner dans une sorte de bourdonnement, "j'aurais envie de frapper la crique où se trouvait la femme qui m'a frappé. Assurez-vous que ce télégramme soit envoyé, Parkins, et dites-le à Kelly. que je cours en ville à 14 h 15 et que j'y passerai la nuit.

"Jodey, ne sois pas idiot", dis-je. "Brasset, je veux dire ceci. J'espère que tu écoutes, Mary, et toi aussi, Irène. En ce qui concerne Fitz et sa femme, nous devons tous jouer avec légèreté."

J'ai réuni tout le sérieux dont je suis capable. Même Mary Catesby était impressionnée par un tel air de conviction.

"Je ne vois pas", dit-elle, "pourquoi nous devrions être si particulièrement attentifs aux sentiments des Fitzwaren , alors qu'ils sont les derniers à considérer les sentiments des autres."

"Vous pouvez me croire, Mary, que Fitz et sa femme ne doivent pas être jugés selon les normes ordinaires. Ce sont des gens extraordinaires."

"Dites-moi ce que vous entendez par le terme extraordinaire ?" dit mon époux inquisiteur.

"Est-ce que ça demande vraiment des explications, *mon enfant* ?"

"Cela signifie", dit Mary au ton franc, "que Nevil Fitzwaren est un type extraordinairement téméraire et dissolu, et que Mme Nevil est un type de femme extraordinairement désagréable."

Je suis le premier à admettre que cette chose inefficace, le simple mâle humain, n'est pas de nature à s'opposer ouvertement à un jugement réfléchi de la Grande Dame. Mais au grand étonnement des hommes et sans doute des dieux, pour une fois, d'une certaine manière, son opinion fut publiquement contestée.

On aurait pu entendre une épingle tomber dans la pièce lorsque l'occupant de la table du petit-déjeuner prenait la jauge.

"Fitz est un mauvais chapeau." Joseph Jocelyn De Vere ôta la pipe de ses lèvres. "Tout le monde le sait. Mais Mme Fitz est mille fois trop belle pour le groupe qui l'a épousée."

Une telle expression d'opinion laissa sa sœur bouche bée. Mary Catesby baissa le menton et les cils devant une indiscrétion si inquiétante.

"Les Fitzwarens ", disait cette grande autorité, "sont une très vieille famille, et Nevil a l'éducation, sinon les instincts, d'un gentleman, mais quant à cette cavalière de cirque qu'il a amenée de Vienne, elle n'a ni la naissance, ni la naissance, l'éducation ni les instincts d'une dame.

Cette déclaration formidable aurait immédiatement mis la plupart des gens hors de combat. Mais c'était là un homme courageux.

"Elle est tophole ", a déclaré Bayard. "Je ne l'ai jamais vue égale. Si vous me demandez mon avis, il n'y a pas un seul gars dans la Chasse qui soit apte à ouvrir une porte à Mme Fitz."

Le jeune homme avait assez le mors aux dents et ne s'y trompait pas.

"On ne vous demande pas votre avis, Joseph", dit Mary Catesby avec une franchise qui eût abattu un bœuf. "Pourquoi devrait-on prier ? Je ne connais personne de moins apte à exprimer une opinion sur n'importe quel sujet."

"J'ai suivi sa ligne de toute façon, et j'ai été fier de la suivre. Elle peut aussi monter rusé, remarquez. Je ne l'ai jamais vue égale nulle part, et je ne pense pas que je le ferai jamais."

"Personne ne remet en question son équitation. Elle est née et a grandi dans un cirque. Mais une femme plus pure n'a jamais sauté à travers un cerceau en collants roses."

C'était en dessous de la ceinture, et non seulement Jodey mais Brasset, qui, aussi inefficace qu'il soit dans la plupart des domaines, est incontestablement un sportif de premier ordre, l'ont également ressenti.

" Mme Fitz a des manières étrangères ", dit le noble Maître, " mais elle peut être aussi gentille que n'importe qui quand elle le souhaite. Je l'ai connue être terriblement polie. "

« Elle n'est pas sans charme », dis-je, sentant que c'était à moi de jouer un peu.

"Elle l'est ", a déclaré Jodey. "C'est le genre de femme qui ferait un gars——"

« Se tirer une balle », gazouilla le noble Maître.

Le dégoût et l'indignation sont des termes doux à appliquer à la colère de Mme Catesby.

"Paire de fous ! Tu es aussi méchant que lui, Reggie. Mais ça a toujours été dans l'ordre de ta pauvre mère de prendre les choses tranquillement."

"Oh, allez maintenant, Mme Catesby, n'ai-je pas dit depuis le début qu'elle n'avait pas le droit de me frapper à la tête avec sa cravache ?"

"De toute façon, c'est l'endroit le plus sûr pour te frapper." La Grande Dame risquait de s'emporter.

La question de Mme Fitz était très délicate à la chasse à Crackanthorpe . Il avait déjà divisé cette fière institution en deux sections : les partisans épais et minces de cette dame et ceux qui ne voulaient pas d'elle à tout prix. Il n'est pas nécessaire de faire remarquer aux esprits judicieux que les partisans masculins de la Chasse, presque comme un homme, admiraient, autant qu'ils l'osaient dans les circonstances, une personnalité très remarquable ; tandis que ses patronnes féminines, avec une unanimité sans précédent dans cet auguste corps, conspiraient pour humilier, aussi profondément qu'il était en leur pouvoir, un personnage qui avait mis trois comtés par les oreilles.

La Grande Dame entreprit de tempérer sa colère avec un pathétique extrêmement digne.

"C'est un mystère pour moi", dit-elle, "comment des hommes qui se disent gentlemen peuvent tenter de défendre une créature qui a fait un affront public au duc et à la chère Evelyn."

"Je suppose que tu parles de l'affaire du bazar ?" dis-je.

"Oui; un fracas lamentable. La chère Evelyn n'a jamais quitté son lit pendant quinze jours."

"Cher moi ! Devons-nous comprendre qu'une véritable violence physique a été infligée à Sa Grâce ?"

"Ne sois pas enfantin, Odo ! J'étais présent et j'ai tout vu, et je peux en répondre qu'aucune violence n'a été utilisée."

"Alors pourquoi la grande dame s'est-elle couchée ?"

"Par pure contrariété. Et vraiment, on ne se pose pas de questions. Ce n'était rien de moins qu'une insulte publique."

"Dites-moi, Mary, précisément en trois mots ce qui s'est passé au bazar. Tout le monde est d'accord pour dire que c'était une affaire désespérée, et pourtant personne ne semble savoir exactement ce qui s'est passé."

Mme Catesby s'est enveloppée dans ce manteau de haute diplomatie qu'elle se plaît si souvent à assumer.

"Non, mon cher Odo, je ne pense pas qu'il serait gentil envers le duc et ma chère Evelyn de dire réellement ce qui s'est passé. À mon avis, ce n'est pas une chose dont il faut parler, mais je peux vous dire ceci : a été mentionné à Windsor!"

l'attitude de la Grande Dame qu'à cette annonce, nous devions tous nous signer. Cependant, seule Mme Arbuthnot l'a fait.

"Oh, Marie !" Les yeux bleu porcelaine flottaient d'extase.

« Si vous souhaitez nous faire comprendre, ma chère Mary, lui dis-je, qu'une commission royale a été nommée pour enquêter sur le sujet, toute l'expérience tend à enseigner qu'il y aura moins de chance que jamais de découvrir ce qui s'est passé. au bazar. »

"Dites-nous ce qui s'est réellement passé au bazar, Mme Catesby", dit Brasset. "Je suis désolé de ne pas être là."

"Non, Reggie, j'aime *beaucoup* trop ma chère Evelyn pour révéler la vérité à quiconque. Mais je peux vous dire ceci : l'incident était bien pire que ce qui a été rapporté."

"Je comprends", dis-je en mentant solennellement à l'instigation du sens histrionique, "que Windsor souhaitait sincèrement que l'incident, quel qu'il soit, soit minimisé autant que possible."

L'appât a été englouti, l'hameçon et tout.

"Comment as-tu entendu ça, Odo ? Même moi, on ne m'a pas dit ça."

"Qui t'a dit *ça* , Odo ?" Mme Arbuthnot gazouillait à bout de souffle.

"Il y a eu une rumeur l'autre jour à la Chambre."

« Les ragots inutiles des lobbies », fut émue d'affirmer la Grande Dame.

Mais nous nous éloignions du sujet. Et la question était de savoir de quelle manière la décence publique devait-elle marquer son sentiment d'indignation face à la conduite de Mme Fitz ?

CHAPITRE IV

LE PARCOURS MOYEN

Même si de nombreuses rumeurs contradictoires circulaient quant à l'affront sans précédent qui avait été fait à Strawberry Leaf, certains récits racontaient que « la chère Evelyn » avait été traitée de « chat » devant le maire et d'autres dignitaires civiques de Middleham, tandis que d'autres se plaisaient à affirmer qu'elle s'était fait botter les oreilles sous les yeux horrifiés du journaliste de l' *Advertiser* - il y avait le mot implicite de Brasset selon lequel il avait été soumis non seulement à des expressions impudiques dans une langue étrangère, mais en réalité victime de violences physiques dans son honorable s'efforcer de maintenir la dignité et la discipline de la chasse à Crackanthorpe .

J'espère et je crois que je suis un juge indulgent à l'égard des infractions d'autrui - les collègues de notre banc local se font un plaisir de me le dire - mais même moi, j'étais tellement imprégné de l'esprit de la réunion qu'il était permis qu'une sorte d'avis officiel soit nécessaire. à prendre en compte de la conduite scandaleuse de Mme Nevil Fitzwaren . Dès la première heure de son apparition parmi nous, il y a à peine quinze mois, elle avait rassemblé à son sujet les nuages d'orage de la controverse. Presque aussitôt qu'elle est apparue, elle est devenue la personne dont on parle le plus dans le comté. Ses méthodes étaient incontestablement étrangères et « non conventionnelles » ; et certainement, en selle et hors de celle-ci, sa personnalité ne peut être décrite que comme un peu accablante.

Au début, c'est peut-être Fitz lui-même qui a contribué le plus à la notoriété de son épouse continentale. Cinq ans auparavant, le seul fils survivant d'un père peu recommandable avait loué la maison de ses ancêtres en très mauvais état, ainsi que les acres paternelles, à un magnat de la ville , et s'était rendu, Dieu seul savait où. Mais les sages étaient plus que disposés à ce que le Président des Destins conserve la possession seule et exclusive de ces informations. Personne n'avait le moindre désir de savoir où se trouvait Fitz le Jeune, descendant incontestable d'une dynastie quelque peu déplorable, à l'exception peut-être de quelques commerçants londoniens qui, s'ils étaient des hommes sages, seraient épargnés de leurs larmes. Ils auraient pu être touchés bien plus durement qu'il ne l'a été. Partout où Fitz était allé, ceux qui le connaissaient le plus et la souche dont il était issu espéraient sincèrement qu'il y resterait.

Pendant cinq ans, nous ne l'avons pas connu. Et puis, un bel après-midi de septembre, il se présenta à la Grange avec une automobile, un chauffeur français et une épouse étrangère. Cela ne semble peut-être pas gentil de le dire, mais dans l'intérêt de cette histoire étrange mais pourtant très vraie, il convient de déclarer clairement que son retour a été très déconcertant pour toutes les couches de la communauté. Son nom était encore une offense aux oreilles d'un pays obséquieux et nullement censuré à outrance. L'Angleterre rurale est étonnamment indulgente « envers Squoire et ses relations », mais Maître Nevil s'était montré trop rigide, même pour sa patience.

Cependant, Fitz avait à peine passé une semaine dans sa maison ancestrale avec sa femme étrangère et sa voiture quand des signes d'augmentation du stock de Fitzwaren ont commencé à apparaître . Le bruit courait qu'il payait ses dettes, remplissait des obligations longtemps négligées, qu'il avait renoncé au bol, et qu'en un mot il faisait de son mieux pour effacer un bilan assez noir. En effet, la tendance à la hausse du titre Fitzwaren était si bien entretenue, qu'il fut décidé par le Comité pour le maintien de la décence publique que l'auguste Mme Catesby ferait appel à sa femme et ouvrirait ainsi la voie à l' *entente* . Après tout, les Fitzwarens étaient les Fitzwarens , et notre vénéré Vicaire – le curé le plus dur de cinq comtés – a conclu l'affaire avec la citation la plus pertinente des Saintes Écritures à laquelle il ait jamais pu se livrer.

L'auguste Mme Catesby apporta le rameau d'olivier sous la forme de deux morceaux de carton à la Grange en temps voulu ; Mme Arbuthnot, l'épouse du Vicaire, Laura Glendinning, et la base des gardiens de la décence publique emboîtèrent le pas ; et une telle atmosphère du meilleur type de magnanimité chrétienne régnait, que c'était tout à fait sur le *tapis* que « la chère Evelyn » elle-même, la présidente perpétuelle et l'ancienne grande maîtresse de cette société ardue, tirait une carte à la Grange. Pour montrer qu'il ne s'agit pas là de ragots vains, il y a la propre déclaration de Mme Catesby, faite dans le salon de Mme Arbuthnot en présence de Laura Glendinning et de la femme du Vicaire, "que Mme Fitz avait seulement été Présentée, elle était en mesure de savoir que la chère Evelyn aurait fait appel à elle.

C'était l'heure à laquelle le titre Fitzwaren atteignait son apogée. Dès lors, les prix ont baissé. Néanmoins, il fut convenu que Fitz était un personnage réformé. Un verre de bière au déjeuner, un verre de vin au dîner et un maximum de trois whiskies et sodas *par jour* ; belle indemnité versée à la fille du propriétaire des Fitzwaren Arms ; propitiation à profusion pour les personnes de tous degrés et nuances d'opinion; apparition avec le parti ducal au tournage de Cockfoster ; fréquentation régulière de l'église tous les dimanches matins. Fitz a rendu le rythme si rapide que les sages ont déclaré que cela ne pourrait pas durer. Mais ils avaient tort, comme le font parfois les sages. Fitz avait plus de résistance que ce que ses amis et voisins étaient prêts à concéder au fils de son père. Mais malgré tout cela, la crise s'est poursuivie régulièrement une fois qu'elle s'est installée.

Ceux qui avaient connu Fitz avant la Réforme ne tardèrent pas à croire que ce n'était pas la force de sa nature intérieure qui avait fait de lui un vase de grâce. C'était évidemment excessivement honorable pour la brebis galeuse du troupeau, mais tout le mérite de la réclamation n'appartenait pas à la prodigue, mais à la dame indéfinissable du continent qui n'avait pas été présentée à la Cour. L'engouement de Fitz pour cette créature non conventionnelle était vraiment grotesque.

Pour une intelligence purement masculine, il aurait semblé qu'une influence aussi bénéfique sur quelqu'un d'aussi souillé que le pauvre Fitz devait compter pour cette dame comme étant juste sur l'échelle de la Haute Cour. Mais le Comité pour le maintien de la décence publique est arrivé à une tout autre conclusion. Le simple homme ne peut faire mieux que de donner *in extenso* le rapport du Comité sur la question, et pour le texte de cette perle judiciaire, nos remerciements vont à l'auguste Mme Catesby. "Si elle avait été n'importe qui", annonça cette grande et bonne femme, "on aurait jugé juste d'encourager Nevil Fitzwaren dans son effort louable, mais comme la chère Evelyn a été informée, de source irréprochable, qu'elle avait l'habitude de chevauchant à cru dans un cirque de Vienne, il est bien évident que le misérable est en proie à un engouement.

Après cette constatation du Comité, les détenteurs du stock Fitzwaren ont déchargé rapidement. Pourtant, certains de ces spéculateurs étaient réticents à s'engager dans cette voie. Fitz, le harum-scarum, les ongles coupés, était un personnage moins pittoresque que le Don Juan provincial ; mais il y avait ceux qui ne tardaient pas à affirmer que la belle *cavalière* qu'il avait eu l'audace d'importer de Vienne était la figure la plus romantique qui ait jamais chassé avec les chiens de Crackanthorpe .

Sans aucun doute, elle était née dans une écurie et élevée au lait de jument, mais la voir montée sur la souche du Godolphin Arabian, avec un grand chapeau, des gants militaires et un manteau écarlate était un spectacle que peu de spectateurs pouvaient oublier. De l'avis du Comité, il ne fait aucun doute que cela a précipité la fin de la douairière. La vieille dame se rendit au rendez-vous de Cross Roads, derrière ses gros vieux poneys et son gros vieux cocher John Timmins, dans la pleine jouissance de toutes ses facultés, avec un esprit astucieux, une conscience tranquille et un bon appétit, jeta un coup d'œil. chez Mme Nevil Fitzwaren , a dit à John Timmins dans un murmure rauque de rentrer chez lui immédiatement, a eu un accident vasculaire cérébral avant son arrivée et est décédée sans reprendre connaissance, en présence de ses conseillers spirituels, médicaux et juridiques.

Dans l'état d'inflammation de l'opinion publique, il fallait que les personnes d'opinion modérée se méfient. J'avais vu Mme Fitz chasser, et ici je peux avouer que j'étais scellé de la tribu de ses admirateurs. Non seulement du point de vue athlétique, mais du point de vue esthétique . Une toute jeune femme, avec de superbes yeux noirs et une forêt de cheveux corbeau, une peau d'olive lustrée, un nez et un menton d'une décision et d'un caractère extraordinaires ; une personnalité plus impérieuse que je ne me souviens pas avoir vue. *Les cavaliers* viennois professionnels sont sans doute une race à part. Ils ont peut-être l'habitude d'exiger de leur monde un hommage qui, dans le nôtre, est plus ou moins réservé aux « chères Evelyn » et à leurs camarades. Mais le regard de cette hautaine reine de la sciure, lorsqu'elle daignait l'exercer, était la chose la plus directe et la plus saisissante qui ait jamais exigé un tribut du mâle anglais ou fait agiter les déviances de la femelle anglaise scandalisée . Son "qu'est-ce-que-je-prière-tu-fais-sur-la-terre ?" l'air était si vital qu'il envoyait un frisson dans les veines. Il n'était pas étonnant que le malheureux Fitz ait lutté avec autant de courage pour se ressaisir. Elle était une femme pour faire un homme ou le gâcher. Comme Fitz était déjà mariée, le champ de ses activités était limité en conséquence.

Comme la plupart des hommes aux opinions modérées, je reconnais au fond être un peu lâche. En tout cas, il aurait fallu des chevaux sauvages pour m'arracher l'aveu que j'étais un admirateur inconditionnel du « Pétrel orageux », comme l'avait baptisée avec une rare félicité le curé de la paroisse. Car à cette époque, notre petite république était divisée en deux. Il y avait les Mme Fitzites , ses humbles admiratrices et ses esclaves volontaires, dont vous devinerez facilement le sexe ; et il y avait les Anti-Mme- Fitzites , adversaires impitoyables qui avaient juré d'avoir son sang, ou à défaut, puisqu'Atalante était en effet une amazone, de lui rendre l'endroit si chaud que, selon les mots de mon amie Mme. Josiah P. Perkins, "elle devrait arrêter".

Comment la déloger, tel était le problème des dames de la Chasse à Crackanthorpe . C'est en quête d'une solution que l'illustre Mme Catesby nous avait fait l'honneur d'un coup de fil matinal.

" Odo Arbuthnot ", a déclaré cette femme notable, " j'ai l'intention de parler clairement. Mme Fitz doit quitter le quartier . Nous comptons sur vous, en tant qu'homme marié, père de famille et membre du comté, pour concevoir un moyens pour son enlèvement.

" Délivrez un mandat ", dis-je. " Cela semble la solution la plus simple. Si notre ami Brasset, agressé et battu, prête serment pour une dénonciation, je serai heureux de signer le mandat. "

"Pensez-vous qu'elle pourrait être emmenée en prison ?" » dit Mme Arbuthnot, avec espoir.

"N'essayez pas de poser la question." La Grande Dame ne devait pas se laisser détourner du parfum. "Soyez plus viril. Nous attendons de vous un esprit civique. Certes, cette affaire est extrêmement désagréable, mais elle n'excuse pas votre pusillanimité. À mon avis, votre attitude a toujours suggéré que vous essayiez de courir avec le lièvre et de chasser avec le lièvre. les chiens."

C'était un coup terrible pour un amateur confirmé du milieu de gamme. J'espère que je ne manque pas totalement de courage, mais une telle accusation n'était pas facile à réfuter. Pendant que j'assumais un port d'homme d'État, ne serait-ce que pour gagner un peu de temps pour couvrir ma position exposée, ma relation par alliance, avec une audace certainement remarquable chez quelqu'un qui n'est pas par nature un propulseur, reprenait les bâtons. .

les laisserais faire leur sale boulot."

J'ai senti le regard de Mary Catesby passer devant moi comme un éclair du ciel.

"Sale boulot, Joseph ? J'exige une explication."

"Je l'appelle sale", a déclaré ce gladiateur. " Moi-même, j'aime les choses simples . Si vous pensez qu'une crique demande des ennuis, donnez-le-lui personnellement. Ne vous attaquez pas aux autres. "

Avant que la femme aux vertus imprenables à qui était adressé ce joyau de moralité puisse rendre visite au Bayard à table du petit déjeuner selon son mérite, nous nous trouvâmes tout à coup précipités dans le domaine du drame.

Car c'est à ce moment-là que je pris conscience que Parkins tournait autour de ma chaise et qu'une annonce sensationnelle était sur ses lèvres.

"M. Fitzwaren désire vous voir, monsieur, pour des affaires très urgentes."

L'effet était électrique. Mary Catesby a suspendu son acte d'accusation avec un geste semblable à celui de Boadicea, royal mais féroce. La perplexité rose de Brasset se rapprochait d'une nuance de vert ; les yeux de Madame étaient comme des lunes — dans les circonstances, un peu de licence poétique est sûrement pardonnable — tandis que quant à l' attitude du narrateur de cette histoire si vraie , je peux en répondre qu'elle était d'un profond désarroi.

"M. Fitzwaren ici?" furent mes premiers mots incrédules.

"Je l'ai fait entrer dans la bibliothèque, monsieur", dit Parkins solennellement.

"Tu ne peux pas le voir, Odo", dit le despote de notre maison. "Il ne doit pas venir ici."

« Une affaire importante, Parkins ? dis-je.

« Affaire la plus *urgente* , monsieur. »

"Très mystérieux !" Mme Catesby était heureuse d'affirmer.

La venue de Nevil Fitzwaren était certainement très mystérieuse. Un moment de réflexion me convainquit de la nécessité d'apaiser la curiosité générale. Je me suis dirigé vers la bibliothèque avec de nombreuses spéculations qui me venaient à l'esprit. Rien n'était plus éloigné de mes attentes que d'être consulté par Nevil Fitzwaren sur des affaires urgentes.

CHAPITRE V

ABONNE DE SENSATIONS

Si étonné que je fusse de la venue d'un pareil visiteur, l'apparence et les manières de ce personnage dont on parle tant ne faisaient rien pour diminuer mon intérêt.

Je l'ai trouvé arpentant la pièce dans un état d'agitation. Son visage était hagard, ses yeux injectés de sang, il était négligé et presque pitoyable à regarder. Et plus étrange encore, son pardessus ouvert, que sa détresse ne pouvait permettre de garder boutonné, révélait un devant de chemise froissé, une cravate de travers et un smoking qui avait visiblement été enfilé la veille.

"Bonjour, Fitz", dis-je avec autant d'insouciance que possible.

Il ne m'a pas répondu, mais a immédiatement fermé la porte de la chambre. D'une manière ou d'une autre, l'action m'a donné un frisson.

"Il n'y a aucune possibilité que nous soyons entendus ?" dit-il dans un murmure rauque.

"Aucun du tout. Laisse-moi t'aider à enlever ton manteau. Puis assieds-toi sur cette chaise près du feu et prends un verre."

Fitz se soumit, sans doute sous la contrainte. Mes quatre années d'ancienneté à l'école m'avaient généralement permis de m'en sortir avec lui. C'était assez pénible de voir l'effort que faisait le malheureux pour se ressaisir ; et quand j'ai mesuré un cognac et un soda assez ferme, son refus était nettement poignant.

"Je ne devrais pas l'avoir, mon vieux", dit-il, avec ses yeux fous regardant dans les miens comme ceux d'un animal muet. "Ça ne marche pas, tu sais."

« Buvez-le tout de suite, lui dis-je, et faites ce qu'on vous dit. »

Fitz l'a fait à contrecœur. L'effet sur lui était ce que je n'avais pas prévu. Sa sauvagerie hagarde céda tout à coup la place à un éclat de larmes. Il se couvrit le visage de ses mains et pleura douloureusement.

J'ai attendu en silence que cette explosion passe.

« J'ai parcouru le pays depuis neuf heures hier soir, dit-il, et j'ai l'impression de perdre la tête.

"Qu'est-ce qu'il y a, mon vieux fils ?" dis-je en prenant une chaise à côté de lui.

"Ils ont ma femme."

« De qui voulez-vous dire par « ils » ?

"Je ne peux pas, je ne dois pas vous le dire ", dit Fitz avec enthousiasme, "mais ils l'ont eue, et... et j'imagine qu'elle est morte maintenant."

Des mots aussi sauvages que ceux-ci, accompagnant cet air surmené, ne suggéraient que trop clairement une forme aiguë de trouble mental.

"Tu ferais mieux de tout me dire", dis-je d'un ton persuasif. "Peut-être que je pourrais aider un peu. Deux têtes valent mieux qu'une, tu sais."

Je dois avouer que je n'avais pas beaucoup d'espoir de pouvoir aider très matériellement ce malheureux, mais à ma grande surprise, il répondit d'une manière parfaitement rationnelle.

"Je suis venu ici avec l'intention de tout te dire. J'ai besoin d'aide et tu es le seul ami que j'ai."

"Un parmi tant d'autres", dis-je en mentant cordialement.

"C'est vrai", a déclaré Fitz. "Le seul. Comme ce type de la Bible, la main de tout homme est contre moi. Je le mérite; je sais que je n'ai pas joué le jeu; mais maintenant je dois avoir quelqu'un pour me soutenir, et j'ai viennent à vous."

"Eh bien," dis-je, "ce n'est pas plus que ce que vous feriez de ma part dans des circonstances similaires."

"Vous ne voulez pas dire cela", dit Fitz avec une expression de profonde misère. "Mais tu es quand même un vrai type."

"Écoutons les ennuis."

"Le problème est le suivant", dit Fitz, et pendant qu'il parlait, l'air sauvage revint dans ses yeux. "Ma femme est allée en voiture faire quelques courses à Middleham à trois heures hier après-midi, espérant être de retour à cinq heures, et ni elle ni la voiture ne sont revenues.

"Et on n'a aucune nouvelle d'elle ?"

"Pas un mot."

« Avait-elle un chauffeur ?

"Oui, un Français du nom de Moins que nous avons récupéré à Paris."

« Je suppose que vous avez communiqué avec la police ?

"Non, voyez-vous, toute cette affaire doit rester aussi obscure que possible."

"Ce sont certainement les personnes qui peuvent vous aider, surtout si vous avez des raisons de soupçonner un acte criminel."

"Il y a toutes les raisons de le soupçonner. Je crains qu'elle ne puisse déjà plus aider la police."

"Pourquoi devrais-tu penser ça ?"

Fitz hésita. Son air désemparé était très douloureux.

"Arbuthnot", dit-il lentement et à contrecœur, "avant de tout vous dire , je dois vous promettre un secret absolu. D'autres vies, d'autres intérêts, plus importants que les vôtres et les miens, sont impliqués dans cela."

J'en ai donné l'engagement et, ce faisant, j'ai été impressionné par une profondeur de responsabilité dans la manière de mon visiteur, dont je n'aurais guère dû m'attendre à ce qu'il soit capable.

« Avez-vous vu hier soir dans les journaux qu'il y avait eu un attentat contre le roi d'Illyrie ?

"Je l'ai lu dans le journal de ce matin."

"Cela vous surprendra d'apprendre", dit Fitz, s'efforçant de retrouver un calme qu'il ne parvenait pas à atteindre, "que ma femme est la fille unique de Ferdinand XII, roi d'Illyrie. Elle est donc princesse héritière et héritière apparente de l'aînée. monarchie en Europe. »

"Cela me surprend certainement " , fut la seule réplique que je pus faire pour le moment.

"Je veux de l'aide et je veux des conseils ; je sens que je n'ose pratiquement rien faire de ma propre initiative. Vous voyez, il est très important que le monde dans son ensemble n'en sache rien."

"Pourquoi, puis-je demander ?"

"Il y a deux partis en guerre en Illyrie. Il y a le parti du roi, les partisans de la monarchie, et il y a le parti républicain, qui a commis trois attentats contre la vie de Ferdinand XII et deux contre celle de sa fille."

"Mais je suppose, mon cher ami, que son père, le roi, sait où se trouve la princesse héritière en Angleterre ?"

"Non, et il est essentiel qu'il reste dans l'ignorance. Notre fuite d'Illyrie s'est déroulée de façon aléatoire. Ferdinand a remué ciel et terre pour savoir où elle est, parce qu'elle a été formellement fiancée à un grand-duc de Russie, et si si elle ne revient pas à Blaenau, il ne pourra pas assurer la succession."

« Ne vous y trompez pas, dis-je, la princesse héritière est en route pour Blaenau. Pas de son plein gré, bien sûr. Mais les agents de Sa Majesté ont réussi à jouer le tour.

"Vous avez peut-être raison, Arbuthnot. Mais une chose est sûre : ma pauvre et courageuse Sonia ne reviendra jamais vivante à Blaenau."

Fitz enfouit tragiquement son visage dans ses mains.

"Elle l'a promis, vous savez, au cas où quelque chose de ce genre arriverait, et j'y ai consenti." La simplicité de ses paroles avait une certaine grandeur que peu de gens auraient pu s'attendre à trouver chez un homme ayant la réputation de Nevil Fitzwaren . "Tout le monde ne croit pas à ce genre de choses, Arbuthnot, mais ma princesse et moi y croyons. Elle ne se couchera jamais dans les bras d'un autre. Que Dieu l'aide, âme courageuse, noble et malchanceuse !"

Ce n'était pas le Fitz que le monde avait toujours connu. Je me souvins soudain de la créature aux cheveux blonds, étrange, intense, quelque peu tordue, totalement malheureuse, qui m'avait rendu de bons services dans notre enfance. J'avais toujours apprécié la réputation, dans notre maison à l'école, que moi seul, et personne d'autre, pouvais gérer Fitz. Je me souvenais de sa passion pour la Morte d'Arthur , de sa véhémence anguleuse, de sa sombre docilité. Dans ces jours lointains, j'avais senti qu'il y avait quelque chose en lui ; et maintenant, dans des circonstances qui semblaient curieusement poignantes, la prophétie s'accomplit.

" Supposons, mon cher, " dis-je, essayant d'être utile dans une situation de difficulté presque ridicule, " que ce n'est pas son père qui a enlevé la princesse Sonia. Supposons que ce soit le de l'autre côté, le parti républicain.

"Cela signifierait quand même la mort, non pas de sa propre main, mais de la leur. Ils ont attenté à sa vie à deux reprises à Blaenau."

"En tout cas, il est raisonnablement clair qu'il ne faut pas perdre un instant si nous voulons l'aider."

"Je ne sais pas quoi faire", a déclaré Fitz, "et c'est la vérité."

J'ai avoué que moi aussi je n'avais pas une idée très précise de la marche à suivre. Il m'est venu à l'esprit que la chose la plus sage à faire était de prendre une troisième personne dans nos conseils.

« Vous me demandez mon avis, » dis-je ; "il me semble que la meilleure chose à faire est de voir si Coverdale va nous aider."

"Cela impliquera de la publicité. J'estime qu'il faut à tout prix éviter cela."

"Coverdale est un homme astucieux. Il saura quoi faire; c'est un homme en qui vous pouvez avoir confiance; et il sera capable de mettre en mouvement la machine appropriée."

Mon insistance sur ce point et la reconnaissance involontaire par Fitz de la nécessité d'un remède désespéré l'ont poussé à un consentement sans enthousiasme. Dans mon esprit, j'étais persuadé de la valeur des conseils de Coverdale, quels qu'ils soient. Il était le chef de la police de notre comté et, à part un peu d'emphase extérieure, sans laquelle on laisse entendre qu'il est difficilement possible pour un chef de la police de jouer ce rôle, c'était un homme astucieux et bon cœur, qui en savait beaucoup sur les choses en général.

Le pauvre Fitz n'écoutait aucune suggestion de nourriture. C'est pourquoi j'ai immédiatement fait faire le tour de la voiture et j'ai incidemment informé le chef de la maison et l'assemblée qui l'entourait que Fitz et moi avions des affaires privées à régler qui nécessitaient notre présence immédiate dans la ville de Middleham.

" Odo, " dit celle dont la parole fait loi, avec un air de sombre suspicion, " si Nevil Fitzwaren vous persuade de lui prêter de l'argent, je vous interdis d'envisager cette idée. Vous êtes vraiment si faible dans de telles affaires. Vous avez vraiment aucune idée de la valeur de l'argent."

"Cela ne vous servira à rien non plus auprès de vos électeurs", a déclaré Mary Catesby, "d'être vu à Middleham avec Nevil Fitzwaren ".

À ces voix d'avertissement, j'ai fait la sourde oreille et j'ai fui la pièce d'une manière si précipitée que cela suggérait une culpabilité.

On ne perdit pas de temps pour partir. Alors que nous passions devant la maison, j'étais au moins inconfortablement conscient d'une batterie d'yeux hostiles en embuscade derrière les vitres. Il ne faisait aucun doute que chaque détail de notre parcours était dûment marqué. Dieu sait quelles théories étaient avancées ! Pourtant, quelle que soit la forme qu'ils prendraient, j'étais sûr que toute l'ingéniosité du monde ne parviendrait pas à trouver la vérité. Aucun exploit de pure imagination n'était susceptible de révéler quelle était réellement l'affaire qui m'avait amené à être identifié de manière aussi ouverte et flagrante avec le mari de la malheureuse cavalière de cirque de Vienne.

CHAPITRE VI

OPINION D'EXPERT

À chaque kilomètre parcouru jusqu'à Middleham, Fitz était aussi sombre qu'une tombe. Malgré la confiance qu'il avait été amené à accorder à mon jugement, il semblait totalement incapable de l'étendre à celui de Coverdale. Il avait une peur morbide de la police et de la publicité qui entourerait toute relation avec elle. La préservation de l'incognito de sa femme était sans aucun doute une question d'une importance capitale.

Il était midi et demi lorsque nous arrivâmes à Middleham. Nous avons eu la chance de trouver Coverdale dans son bureau de la salle des séances .

"Eh bien, que puis-je faire pour toi ?" » dit chaleureusement le chef de la police.

« Vous pouvez faire beaucoup pour nous, Coverdale, lui dis-je. Mais la première chose que nous vous demanderons de faire est d'oublier que vous êtes un fonctionnaire. Nous venons vers vous en votre qualité d'ami personnel. À ce titre, nous sollicitons tout conseil que vous pourriez vous sentir capable ou disposé à nous donner. Mais avant de vous donner des informations, nous aimerions avoir votre assurance que vous traiterez toute l'affaire comme si elle vous avait été racontée dans le plus strict secret.

Coverdale a un sens de l'humour aussi actif que sa position exaltée lui permet de le maintenir. Il y avait quelque chose dans ma manière de m'adresser qui semblait l'attirer.

« Je le promets à une condition, Arbuthnot, » dit-il ; "c'est-à-dire que vous ne cherchez pas à m'impliquer dans la composition d'un crime."

"Oh non, non, non, non !" Fitz éclata.

L'exclamation de Fitz et son visage tragique chassèrent le sourire qui se cachait au coin des lèvres de Coverdale.

J'ai jugé préférable que Fitz raconte à nouveau l'histoire de sa tragédie, et c'est ce qu'il a fait. Au cours de son récit, la sueur coulait sur son visage, ses mains se contractaient douloureusement et ses yeux injectés de sang devenaient si sauvages que ni Coverdale ni moi ne voulions les regarder.

Coverdale resta muet et grave à la conclusion de l'histoire remarquable de Fitz. Il s'était retourné sur son siège tournant pour nous faire face. Ses jambes étaient croisées et le bout de ses doigts réunis, à la manière dont on dit qu'une autre célébrité dans une branche de sa vocation affecte.

"C'est une drôle d'histoire de votre part, Fitzwaren ", dit-il enfin. "Mais le monde en est plein, quoi ?"

"Aidez-moi", dit piteusement Fitz. Sa voix était celle d'un homme qui se noie.

"Je pense que nous y parviendrons", a déclaré Coverdale. Il parlait avec le ton apaisant d'un chirurgien habile .

"La première chose à savoir", a déclaré le chef de la police, "c'est le numéro de la voiture".

"GY 70942 est le numéro."

Coverdale le nota pensivement sur son buvard.

"Avez-vous un portrait de Mme Fitzwaren ?" Il a demandé.

"J'ai ça", a déclaré Fitz.

manière la plus naturelle, il ouvrit son pardessus, ôta sa cravate du soir, déchira son col et sortit de dessous le devant de sa chemise froissée un médaillon suspendu par une fine chaîne d'or autour de son cou. Il contenait une miniature de la princesse, exécutée à Paris. Coverdale et moi l'avons examiné avec curiosité, mais ce faisant, je crains que nos esprits n'aient qu'une seule pensée. C'était que Fitz était un peu fou.

"Veux-tu me le confier ?" dit Coverdale.

L'indécision de Fitz était pathétique.

"C'est le seul que j'ai", marmonna-t-il. "Je ne pense pas que je pourrai jamais en obtenir une autre. J'aurais dû avoir une réplique pendant que j'en avais l'occasion."

"Je m'engage à le restituer dans les trois jours", dit Coverdale avec une gentillesse simple pour laquelle je l' ai honoré .

Fitz lui tendit le médaillon impulsivement,

— Bien sûr , prenez-le, bien sûr, dit-il précipitamment. "Je sais que tu t'en occuperas. Le fait est que tu sais, je suis un peu renversé."

"Naturellement, mon cher ami", a déclaré Coverdale. "Nous devrions tous l'être aussi. Mais j'irai en ville cet après-midi et j'aurai une conversation avec eux à Scotland Yard.

"J'avais peur que cela arrive. Je voulais que cela reste un secret absolu, tu sais."

"Vous pouvez compter sur le Yard pour être l'âme de la discrétion. Ce n'est pas la première fois qu'on leur confie les affaires intérieures d'une famille régnante. Si la princesse est toujours dans ce pays et qu'elle est toujours en vie, et qu'il y a aucune raison de penser autrement, je crois que nous n'aurons pas à attendre longtemps pour avoir des nouvelles d'elle.

Coverdale parlait sur un ton calme et rassurant, qui était au moins éloquent de son tact et de sa connaissance des hommes. Aussi surmené qu'était Fitz, cela n'était pas sans effet sur lui.

"Ne faut-il pas surveiller les ports ?" il a dit.

"Je ne pense pas que ce soit nécessaire. Mais si Scotland Yard pense autrement, ils seront bien sûr surveillés. Quoi qu'il arrive, Fitzwaren , vous pouvez être sûr que rien ne sera laissé de côté dans nos efforts pour découvrir ce qui est réellement arrivé à la dame que nous accepterons d'appeler Mme Fitzwaren . De plus, vous pouvez être sûr qu'une discrétion absolue sera utilisée.

Nous avons quitté Coverdale, imprégnés d'un sentiment de gratitude pour son optimisme cordial, et je pense que nous avons tous deux senti qu'une affaire particulièrement délicate ne pouvait être entre des mains plus compétentes. C'était un homme d'un bon jugement et d'une discrétion infinie. Tout au long de cet entretien singulier, il s'était révélé être un homme astucieux, plein de tact et éminemment bon cœur.

A la suite de cette visite à la salle des séances de Middleham, le pauvre Fitz s'autorisa un peu d'espoir. Il avait été dûment impressionné par l'homme d'affaires qui avait pris l'affaire en main. Cependant, il n'était toujours pas lui-même. Il était toujours dans un état étrangement excité et sombre ; et cela était aggravé par son manque d'amitié et le sentiment que la main de tous était contre lui.

Dans ces circonstances, je me sentis obligé de céder à son souhait exprimé de l'accompagner à la Grange. À vol d'oiseau, il se trouve à moins de six kilomètres de chez moi.

La maison des Fitzwarens est un endroit assez décousu, sombre et délabré. Il y règne un air d'avoir couru jusqu'aux graines. Chaque Fitzwaren qui l'a habité de mémoire d'homme a été un joueur et un *roué* sous une forme ou une autre. Les Fitzwarens sont, de loin, la famille la plus âgée de notre région du monde, et, tout aussi loin, leur bilan est le plus malheureux. Issu d'une longue lignée de vies mal réglées, les lourdes factures tirées par ses ancêtres sur la postérité semblaient être devenues payables en la personne du malheureux Fitz. Il n'était sans doute pas juste que quelqu'un qui, selon l'expression de Mme Catesby, était un homme marié, père de famille et membre du comté, se présente comme l'apologiste d'un homme tel que Fitz. Mais, malgré ses erreurs, je n'avais jamais trouvé dans mon cœur d'agir à son égard comme tant de ses voisins n'hésitaient pas à le faire. Le fait qu'il m'ait cédé à l'école et le fait de savoir qu'il y avait un côté aimable, pathétique et même héroïque chez quelqu'un envers qui le destin avait été implacablement cruel, m'empêchait de le considérer comme totalement hors du commun.

Je ne pourrai jamais oublier notre arrivée à la Grange en ce perçant après-midi d'hiver. Ma voiture appartenait à cette phase antérieure de l'automobile où le voyageur était plus exposé au climat britannique que la science moderne ne le juge nécessaire. La neige, au gré d'un terrible nord-est, nous battait au visage sans pitié. Et quand nous sommes entrés à moitié gelés dans la maison, nous avons été accueillis sur le seuil par un acarien de quatre personnes. Elle était l'image de sa mère, avec la même peau d'olive brillante, la même masse de cheveux corbeau et les mêmes yeux noirs provocants. Dans sa main se trouvait une poupée mutilée. Il était transporté à l'envers et avait été décapité.

"Je veux ma maman", dit-elle avec un air d'autorité qui ressemblait ridiculement à celui du cavalier de cirque de Vienne. "As-tu amené ma maman ?"

"Non, ma perle de prix", dit Fitz en balançant l'acarien jusqu'à son visage couvert de neige, "mais elle sera bientôt là. Elle vous a envoyé ceci."

Il embrassa le petit elfe, qui avait tout le dédain d'une princesse et la sorcellerie d'une fée.

"Qui est-ce?" dit-elle en me montrant avec sa poupée.

"Dis, mon joyau de l'Est, est notre aimable ami M. Arbuthnot. Si vous êtes très gentil avec lui, il restera prendre le thé."

"Est-ce que tu aimes ma maman, Mistah' Buthnot ?" » dit le dernier descendant de la plus ancienne dynastie d'Europe, avec une franchise qui était déconcertante pour une personne de quatre ans.

"Très bien, en effet", dis-je chaleureusement.

"Tu peux rester prendre le thé, Mistah ' Buthnot . Je t'aime beaucoup ."

La cordialité prompte du verdict était certainement agréable à une humble unité d'un pays monarchique. La créature étendit sa petite patte avec un geste si superbe qu'il ne restait plus qu'une chose à faire à un courtisan. C'était pour l'embrasser.

Le propriétaire de la patte semblait très satisfait de cette action discrète.

"Je t'aime beaucoup , Mistah ' Buthnot ; je vais te dire mon nom."

"Oh, fais-le, s'il te plaît!"

"Je m'appelle Marie Sophie Louise Waren Fitzwaren ."

"Phoebus, *quel* nom !"

"Et c'est Mistah ' Buthnot , ma patronne , Miss Green. C'est une imbécile de Tarn."

La dame ainsi désignée était entrée à l'improviste. Dame estimable et à lunettes, d'allure intransigeante, elle regardait ses protégés avec la plus grave austérité.

"Marie Louise, si j'entends encore cette phrase, tu iras te coucher."

Pendant que Miss Green parlait, cependant, elle me regardait par-dessus ses lunettes avec un air de réflexion humoristique.

Marie Louise haussa dédaigneusement ses petites épaules et, d'un ton pour le moins péremptoire, ordonna au majordome, qui paraissait assez vénérable pour être son arrière-grand-père, d'apporter le thé. Le *congé* que le vénérable serviteur effectua après avoir reçu cet ordre montrait clairement qu'il avait été un jour un serviteur confidentiel de la maison royale d'Illyrie.

"Je crains, Miss Green", dis-je timidement, "que votre poste ne soit pas une sinécure."

"Cet acarien de quatre ans a la volonté impérieuse d'une Catherine de Russie", dit Miss Green avec un sourire amusé. "Si jamais elle atteint le rang de femme, je frémis à l'idée de ce qu'elle sera."

Fitz m'a supplié de dîner avec lui. J'ai cédé dans l'espoir qu'un peu de compagnie pourrait l'aider à lutter contre sa dépression. Le repas n'était pas joyeux. Dans les conditions les plus favorables , Fitz n'est pas un individu joyeux ; mais je fus obligé de constater que ces dernières années il avait appris à exercer sa volonté. À bien des égards, je pensais qu'il avait changé pour le mieux. Il avait perdu la grossièreté de son langage ; il était scrupuleusement modéré dans ce qu'il mangeait et buvait, et son maintien avait gagné en réserve et en dignité. En un mot, il était devenu un être plus civilisé , plus développé que je n'aurais jamais cru possible qu'il le devienne.

Il était onze heures passées lorsque je retournai dans mon propre domaine. Le blizzard régnait toujours, et je trouvai Mme Arbuthnot dans le salon trônant devant un feu crépitant, ce qui heureusement servit à atténuer l' attitude arctique avec laquelle mon retour fut accueilli. Ceci, joint aux éléments adverses que j'avais déjà traversés, suffisait pour achever le renversement de la constitution la plus forte.

Le dirigeant de Dympsfield House— Dympsfield House est le nom pittoresque conféré à notre maison ancestrale par mon grand-père, M. George Arbuthnot de MM. Arbuthnot, Boyd and Co., la célèbre entreprise de raffineurs de sucre de Bristol—le dirigeant de Dympsfield House était apparemment engagé dans l'étude d'une œuvre de fiction à caractère sportif prononcé, avec une couverture jaune. Les ouvrages de cette nature et l'édition provinciale du *Daily Courier* , dont le tirage est garanti à dix millions d'exemplaires *par jour*, sont les seules formes de littérature que le dirigeant de Dymspfield House considère comme « saine » de parcourir.

Quand j'entrai dans le salon d'un air libre et facile qui voulait suggérer que ma conscience n'avait rien à cacher ni rien à défendre, la femme de mon cœur écarta son roman et me fixa avec ce regard froid que tous ceux qui sont nés Vane-Anstruther considère que c'est la marque de fabrique de leur caste.

"Où étais-tu, Odo ?" » fut le salut qui m'était réservé.

"Dîner avec Fitz", dis-je succinctement.

Une courte pause.

"Qu'est-ce que vous avez dit?"

J'ai réitéré ma modeste déclaration.

Un reniflement.

"Sur ma parole, Odo, je ne peux pas penser——!"

Cela demandait un bon jugement pour savoir quelle ouverture jouer.

"Fitz est en difficulté", dis-je.

"Est-ce que c'est *très* surprenant ?"

Il est difficile de restituer les véritables inflexions vocales de Vane-Anstruther en termes d'art littéraire. Un problème similaire est présenté par l'éclat inébranlable de l' œil bleu porcelaine et la courbe subtile de la lèvre.

"Dans le sens que vous souhaitez exprimer, *mon enfant*, c'est surprenant. Fitz est un de ces pauvres diables qui ne sont en aucun cas aussi noirs qu'on le peint."

Un coup de tête.

"N'oubliez pas que j'ai connu Fitz toute sa vie ; que nous étions à l'école ensemble ; et que d'une manière ou d'une autre, je l'ai beaucoup vu."

"Je ne m'en vanterais pas si j'étais toi. Cet homme est un synonyme, tu le sais. Ce n'est pas gentil avec moi."

J'avais une peur mortelle des larmes. Ce redoutable accessoire de la vie conjugale est autorisé par le Code De Vere Vane-Anstruther dans certaines situations. Cependant, même si le temps était très lourd, cela m'a été épargné pour le moment et j'ai respiré plus librement.

Joseph Jocelyn De Vere Vane-Anstruther, qui avait une cigarette aux lèvres et était allongé de tout son long sur un persan joliment dessiné en bleu et jaune, me demanda si j'avais parlé à Fitz du sujet d'une entrevue avec Brasset indigné.

" Si le temps ne s'améliore pas , " dit ce Corinthien, " nous monterons en ville demain, et mon copain de Jermyn Street mettra Brasset à travers ses parements. Avec un peu d'entraînement, Brasset devrait être capable de donne à Fitz sa bouillie. »

« Je ne vois pas, dis-je, pourquoi le malheureux mari devrait être traduit en justice pour les péchés de sa femme.

« Si vous prenez une femme, » disait mon parent avec un didactisme dont il se rend rarement coupable, « c'est pour le meilleur ou pour le pire ; et si votre femme passe outre le meilleur de la meute et alors... » c'est le Maître au-dessus de la tête avec sa cravache parce qu'il lui dit ce qu'il pense d'elle, vous cherchez les ennuis dans les deux sens.

"C'est une doctrine difficile", dis-je.

"Si un type est assez stupide pour se marier, il doit en subir les conséquences."

"Il doit!"

Une confirmation aussi prompte du raisonnement du jeune homme ne peut être qualifiée que de sinistre. Un éclair des yeux bleu porcelaine vint du voisinage du foyer.

"Comment Mme Fitz s'est-elle comportée à table ?" » demanda celui qui partageait mes joies. "Est-ce qu'elle a mangé avec son couteau et bu dans les bols à doigts ?"

"Non, *mon enfant*, je suis obligé de dire qu'elle ne l'a pas fait."

Mme Arbuthnot fronça les sourcils, incrédule.

"Vous en surprenez un."

"Peut-être que ce n'est pas tout à fait remarquable."

"Une question d'opinion, sûrement."

"Personnellement, je préfère considérer cela comme un fait. Vous voyez, Mme Fitz n'était pas à table."

"Où était-elle, puis-je demander ?"

"Elle était allée en ville."

"Et est-ce pour cela que son mari était si bouleversé ?"

"Il y a des raisons de croire que c'était le cas."

"Oh!"

Il y avait une grande vertu dans cette exclamation. Mon aimable coadjutrice, je le savais parfaitement, brûlait de poursuivre ses recherches, mais sa condition d'être humain ne lui permettait pas d'aller plus loin. La fière condition d'un De Vere Vane-Anstruther présente de nombreux avantages, mais cette éminence presque inhumaine a aussi ses inconvénients. Les principales sont les limites imposées à une curiosité parfaitement naturelle et saine. Il n'est pas convenable qu'un membre de ce clan distingué se mêle de manière trop exhaustive des affaires de ses voisins .

Le lendemain matin, malgré le mauvais temps, nous avons eu la faveur d'une visite matinale de Mme Catesby. Elle était en pleine forme.

"Vous avez entendu la nouvelle, bien sûr !" » proclama-t-elle à l'intention de Mme Arbuthnot et avec une expansion de manière qu'elle ne se permet pas toujours. " Bien sûr, Odo vous a raconté ce qui a amené Nevil Fitzwaren ici hier matin."

"Oh non, il ne l'a pas fait", dit Mme Arbuthnot, plutôt mécontente.

"Est-il concevable, ma chère enfant, que vous n'ayez *pas* entendu la nouvelle ?"

"Je sais seulement, Mary, que Nevil Fitzwaren est en difficulté. Odo n'a pas pensé à fournir les détails, et en réalité les affaires des Fitzwaren intéressent si peu qu'on ne se sent pas enclin à s'enquérir."

"La créature s'est enfuie, ma chère."

Malgré la détermination de Mme Arbuthnot à ne pas s'intéresser aux affaires des Fitzwaren , elle n'était pas à l'abri de cette annonce mélodramatique.

« Boulonné, Mary !

« Bolted, mon enfant. Et avec qui penses-tu ?

"On dirait avec le chauffeur", hasarda promptement Mme Arbuthnot.

Le visage de Mme Catesby tomba. Elle ne cherchait pas à dissimuler sa déception.

"Alors Odo te *l'a* dit après tout."

"Pas une syllabe, je vous l'assure, Mary. Mais je suis certain que si Mme Fitz s'est enfuie avec quelqu'un, ce doit être avec le chauffeur."

« Comme vous êtes intelligent, mon cher enfant ! » L'admiration de la Grande Dame était ouverte et sincère. "C'est un sentiment si juste ! Elle s'est certainement enfuie avec le chauffeur."

"Odo", dit Mme Arbuthnot, triomphante, mais impérieuse, "pourquoi ne m'as-tu pas dit tout cela ?"

« *Mon enfant*, lui dis-je du ton le plus doux dont je suis le maître, vous m'avez bien fait comprendre que les affaires des Fitzwaren n'avaient pour vous aucun intérêt possible.

Mme Arbuthnot alla jusqu'à se mordre la lèvre. En cachant une nouvelle aussi sensationnelle, j'avais été coupable d'un outrage sans précédent envers la nature humaine. Mais elle ne pouvait pas nier mon argument de justification.

"Nevil Fitzwaren a bien plus de chance qu'il ne le mérite", a déclaré la Grande Dame. "C'est une dispense miséricordieuse que la chère Evelyn ne lui ait pas fait appel. Je suis sûr qu'elle l'aurait fait si je ne l'avais pas implorée de ne pas se précipiter."

"Mais Mary, j'avais l'impression que tu l'avais invoquée toi-même."

" C'est ce que j'ai fait, Odo. Mais c'était simplement par respect pour la mémoire de la mère de Nevil. De plus, il était normal que quelqu'un voie à quoi ressemblait sa maison. "

"Comment c'était, Mary ?" dis-je.

Mme Catesby serra les lèvres.

"Je vous le demande, Mary. Vous seule vous êtes sacrifiée sur l'autel de la décence publique ; vous seule êtes en possession des sinistres faits."

"Soyons charitables, mon cher Odo. Après tout, que peut-on attendre d'un personnage d'un cirque continental ?"

"Quoi en effet !" fut ma pieuse objuration .

"Je crains que Nevil n'ait qu'une seule chose à faire maintenant", dit la Grande Dame. "Il doit divorcer et épouser sa cuisinière."

L'auguste matrone nous a refusé l' honneur de sa compagnie au déjeuner. Elle devait se rendre au presbytère. Et il y avait lieu de croire qu'elle boirait le thé au Prieuré et dînerait au Château. Il était si nécessaire que la joyeuse nouvelle de la justice divine qui avait rattrapé les méchants se répandît à l'étranger.

CHAPITRE VII

RAPPORT DE COVERDALE

Dans l'après-midi, je me rendis à cheval à la Grange pour savoir s'il y avait des nouvelles et voir comment Fitz se comportait. Il se portait certainement exceptionnellement bien. Son visage était moins hagard, ses yeux n'étaient pas si fous, tandis qu'un changement de linge et un rasoir avaient considérablement amélioré son apparence.

Coverdale avait télégraphié pour dire que la voiture avait été attribuée à un garage de Regent Street et qu'il espérait être en possession d'autres informations d'ici peu.

Fitz semblait considérer la découverte de la voiture comme un présage favorable . Au moins, ses émotions étaient bien mieux contrôlées que la veille. Son comportement n'était plus excessif et il était capable d'avoir une vision plus pratique de la situation.

Il promit de me tenir au courant de tout nouveau développement, et je le quittai sans appréhension. Il semblait beaucoup plus apte à faire face aux événements que lorsque je l'avais quitté la nuit précédente.

C'est dans l'après-midi du lendemain que je revis Fitz. Il se trouve que j'étais sur le point de sortir de chez moi lorsqu'il est arrivé dans une charrette à chiens. Il était accompagné de Coverdale.

Fitz a un visage curieusement mobile. Il n'hésite pas à annoncer les émotions passagères de son propriétaire. Cet après-midi, il y avait une lueur dans ses yeux et un air de résolution et de vigilance qui disait que la nouvelle était arrivée et que, quelle que soit sa nature, Nevil Fitzwaren n'était pas prêt à se soumettre docilement au destin.

"J'étais sur le point de venir vous voir", expliquai-je en les faisant entrer.

La présence de Coverdale semblait indiquer un développement important. Il aurait été difficile, cependant, de déduire autant de l'attitude du chef de la police. C'est un individu si discret et si sagace qu'aucune quantité d'informations particulières n'est capable de nuire ou d'ajouter à son air habituel d'importance posée.

Mes visiteurs recevaient un peu de nourriture sous forme liquide avant que je leur demande des nouvelles ; puis, en réponse à ma demande, Fitz a demandé à Coverdale de me mettre *au courant* des dernières informations.

Il apparut que Coverdale s'était empressé de mettre Scotland Yard dans ses confidences, et que cette célèbre organisation avait pu, dans un laps de temps étonnamment court, faire la lumière sur la mystérieuse disparition de Mme Fitz.

"Elle a été retracée jusqu'à l'ambassade illyrienne à Portland Place", a déclaré Coverdale.

"En effet!" dis-je. "Dans ce cas, nous pouvons vous féliciter, Fitz, car il est probable qu'elle ne subira aucun mal dans cette digne retraite."

"Oui, cet aspect de l'affaire est décidément favorable ", a déclaré Coverdale. "Mais d'après ce que le commissaire peut savoir, la dame est, à toutes fins utiles, une prisonnière proche."

"Un état de choses bien singulier, sûrement."

" Décidément singulier. Mais il ne fait aucun doute que l'ambassadeur illyrien agit selon les instructions strictes de son souverain. "

"Il doit être plutôt cool pour kidnapper la femme d'un Anglais dans ce pays en plein jour, et le monarque pour lequel il agit semble également être un client plutôt sympa."

Coverdale éclata de rire. Il fit tomber les cendres du bout de son cigare avec un air de plaisir réfléchi.

« Les rois sont rois en Illyrie », dit-il. "Sauf la présence du gendre de Ferdinand XII, Sa Majesté ne croit pas à cette foutue absurdité constitutionnelle. Il a ses propres idées et sa propre manière de les mettre en œuvre."

"Il l'a apparemment fait. Mais malheureusement pour Ferdinand Douzième et heureusement pour son gendre, Fitz, nous, dans ce pays, sommes plutôt des partisans résolus de cette foutue absurdité constitutionnelle. J'ose dire, Coverdale, votre ami le commissaire pourra pour mettre Sa Majesté illyrienne sur le point.

L'air furtif de jouissance qui flottait autour du visage rubiconde de Coverdale semblait s'approfondir.

"Vous le penseriez, n'est-ce pas ?" dit-il avec une bouffée joyeuse, "mais il semble que ce ne soit pas aussi facile qu'on pourrait le supposer."

J'ai avoué ma surprise.

"Vous voyez, Arbuthnot, même dans un pays comme le nôtre, les rois ont droit à une certaine mesure de respect. La famille régnante d'Illyrie - sous la faveur de notre distingué ami" - le chef de la police salua Fitz avec une onction solennelle qui à mon l'esprit était indescriptiblement comique - « a des liens de sang avec presque toutes les maisons royales d'Europe ; l'ambassade illyrienne n'est en aucun cas une quantité négligeable à la cour de

Saint-Jacques, car si l'Illyrie n'est pas très grande, elle est diablement bien connectée ; et encore une fois, comme me l'assure le commissaire, une ambassade est une terre sacrée qui échappe à sa juridiction.

"Il semble s'être heurté à une proposition plutôt difficile."

"Il est le premier à l'admettre. Nous avons ici un outrage flagrant commis sur la propriété personnelle d'un Anglais respectueux des lois, sous sa propre vigne et son figuier, dans son propre petit comté; les auteurs de l'outrage restent indifférents Portland Place ; pourtant, il ne semble y avoir aucun mécanisme dans cette île admirablement gouvernée et hautement constitutionnelle qui puisse remédier à ces difficultés flagrantes. »

"Mais sûrement, Coverdale, on peut trouver un moyen ?"

"Le commissaire a catégoriquement refusé d'entreprendre quoi que ce soit sous sa propre responsabilité. En conséquence, nous nous sommes rendus au ministère des Affaires étrangères et avons eu un entretien avec un fonctionnaire. Le fonctionnaire ne semblait pas savoir quelle était la pratique du ministère dans de tels cas, car la simple raison que c'était la première fois que l'Office semblait y avoir acquis une certaine pratique. Mais sur un point, il était parfaitement clair : c'est que le commissaire ferait bien de revenir sans tarder à ses empreintes digitales et à ses photographies notoires. criminels, et s'ingénient à oublier que « L'Affaire Fitz » avait été portée à sa connaissance.

"Mais c'est absurde."

"C'est ainsi que les choses se présentent en tout cas", a déclaré Coverdale avec un air de détachement.

"Le fonctionnaire s'est-il entretenu avec le ministre ?"

"Oui ; et le ministre conféra avec le fonctionnaire ; et leur sagesse commune se résuma à ceci : si un sujet britannique s'offre le luxe d'un Ferdinand XII pour beau-père, il doit s'en rapporter à Dieu pour les petites différences qui pourraient survenir." surgir entre eux, parce que la loi anglaise n'envisage pas et refuse de prendre connaissance de ces domesticités. »

"C'est incroyable!"

"Je suis d'accord avec vous, Arbuthnot; et pourtant, si vous examinez l'affaire sous tous ses aspects, il est difficile de voir à quelle autre conclusion on aurait pu arriver. Toute l'affaire est truffée de difficultés. Il n'y a aucune preuve spécifique que la Couronne La princesse d'Illyrie a en réalité besoin d'aide. Bien que de nombreux détails de sa fuite de Blaenau il y a cinq ans soient connus du ministère des Affaires étrangères, celui-ci ignore totalement qu'elle résidait dans ce pays. tout cela est bien trop délicat pour risquer une chute avec l'ambassadeur illyrien.

" Certes, l'horreur nationale de paraître stupide semble justifier le rôle de FO dans le *rôle* d'Agag. Mais à mon humble avis, son inactivité magistrale est désespérément dure pour un sujet britannique. "

"Eh bien," dit Coverdale, ayant recours à la philosophie de l'homme simple, "si un sujet britannique veut bien avoir un Ferdinand Douzième pour beau-père !"

Au cours de notre discussion extrêmement piquante – pour moi c'était certainement cela, aussi docile et plat que cela puisse paraître dans la simple prose dans laquelle elle est maintenant investie – la personne la plus affectée par cela était une étude dans une sombre autorépression. Il ne disait pas un mot, il ne faisait presque aucun geste ; pourtant, toute son attitude avait une signification. Et quand enfin vint le moment de parler, il délibéra tranquillement, comme si chaque mot avait été recherché et pesé d'avance.

"Il n'y a qu'une chose à faire", a-t-il déclaré. "Comme la loi ne m'aidera pas, je dois aider la loi."

Non seulement dans le fond, mais aussi dans la manière de le prononcer, une telle annonce était tout à fait digne du gendre de Ferdinand XII.

J'ai vu les sourcils plutôt amusés de Coverdale, mais connaissant le calibre inhabituel de l'orateur, j'ai senti instinctivement qu'à ce stade, une démonstration de scepticisme serait déplacée. Fitz était tout à fait capable d'aider le droit anglais, s'il sentait vraiment qu'il avait besoin de son aide.

"Je ne peux pas vous remercier, Coverdale," dit-il simplement. "Vous avez fait pour moi ce que je ne peux pas rembourser. Cela s'applique également à vous, Arbuthnot. Je n'oublierai jamais ce que vous avez fait pour moi. Mais maintenant je vais vous demander à tous les deux, en tant que compatriotes anglais, avec femmes et enfants de votre côté, pour me soutenir pendant que j'essaie de faire preuve de fair-play. »

De tels mots nous touchaient tous les deux.

« Vous pouvez certainement compter sur moi pour ce que je vaux, dis-je, mais franchement, mon cher, je ne vois pas ce que vous pouvez faire face au décret du ministère des Affaires étrangères.

"Je jouerai Ferdinand à son propre jeu et je le battrai comme je l'ai fait auparavant aujourd'hui."

C'était une vantardise que Fitz avait le droit de faire. La fuite de Blaenau a dû être l'œuvre d'un homme audacieux et ingénieux.

"Je suis convaincu d'une chose", poursuivit Fitz : "il n'y a pas une heure à perdre. Ma femme peut être ramenée à Blaenau à tout moment. Je suis sûr que von Arlenberg , l'ambassadeur, a des ordres de Ferdinand. Si je je veux sauver la vie de Sonia, je dois agir sans tarder."

Coverdale hocha la tête en silence, tandis que je ressentis un pincement de consternation. L'argument était assez clair, mais l'impuissance de Fitz face aux événements faisait de lui un sujet de pitié.

Son attitude , cependant, ne trahissait aucune conscience de cela. Dans ces yeux étranges, il y avait un but, et quelque chose était entré dans sa voix.

"Je veux qu'une demi-douzaine de bons gars, sportifs, me soutiennent. Vous en êtes un, Arbuthnot. Vous aussi, Coverdale. Vous serez à mes côtés, hein?"

Le chef de la police avait l'air un peu inquiet. Pour les autorités, une telle demande était décidément ambiguë, pour ne pas dire inconfortable.

« Je serais heureux, Fitzwaren , dit-il, si vous me disiez précisément quelles responsabilités j'encourrai si je m'engage dans cette voie.

"Cela dépend des circonstances", a déclaré Fitz. "Mais si je me retrouve dos au mur, comme j'ose le dire avant d'en avoir fini avec cette affaire, j'aimerais avoir à mes côtés quelques hommes en qui je peux avoir confiance."

« Tant que vous ne me chargez pas de lancer une bombe dans l'ambassade ! dit Coverdale.

Le plan de Fitz pour récupérer ses biens légitimes n'était pas si drastique que cela, mais quand il fut mis en œuvre, il était de nature à faire réfléchir deux Anglais convergeant vers l'âge mûr, engagés spécialement à observer la loi.

" J'ai l'intention de la faire sortir de Portland Place. Elle doit repartir demain. Il n'y a pas une heure à perdre. Mais je dois trouver quelques amis qui sont doués dans le besoin, car ce ne sera pas un jeu d'enfant, vous. savoir."

"Ce ne sera certainement pas un jeu d'enfant", a reconnu le chef de la police, "si vous avez l'intention de pénétrer par effraction dans l'ambassade d'Illyrie et de capturer la princesse héritière par la force."

"Il n'y a aucune aide pour cela", dit Fitz doucement.

Coverdale devint pensif. Il était assez clair que Fitz envisageait un acte de violence ouverte ; et comme une violation de la paix doit à tout moment être interprétée comme une violation de la loi, il ne lui appartenait guère de l'aider et de l'encourager. Au fond, néanmoins, le digne chef de la police était un homme franchement honnête, sincère et authentique. Il n'en a pas dit autant, mais il y avait quelque chose dans son comportement qui impliquait qu'il était parvenu à la conclusion que les dépositaires de la justice, nationale et internationale, Scotland Yard et le Foreign Office, étaient complices d'une franche injustice envers un compatriote britannique. .

"C'est un cas difficile", a déclaré Coverdale; "et dans ces circonstances, je ne vois pas vraiment comment vous pourriez être blâmé si vous prenez des mesures raisonnables pour récupérer vos biens."

« En d'autres termes, Coverdale, dis-je, êtes-vous prêt à accepter le raid contre l'ambassade illyrienne ?

Le chef de la police éclata de rire.

"Je ne dis pas cela exactement. Et pourtant, après tout, nous sommes un pays libre; et si un paquet de maudits étrangers mettait ma femme en sac et que la loi ne pouvait m'accorder aucune réparation, j'ai peur, je suis triste. effrayé--"

"Ce serait 'Up Guards et at ' em ' ?"

« Sur ma parole, Arbuthnot, je ne suis pas sûr que ce ne serait pas le cas !

"Merci, Coverdale", a déclaré Fitz. "Et je suppose que vous monterez tous les deux à Londres avec moi demain."

« Que nous demandez-vous précisément de faire ?

« Laissez-moi les détails » : l'air de Fitz était celui d'un officier d'état-major. "Vous pouvez me faire confiance pour ne pas chercher des ennuis. Mais il ne sert pas à grand-chose qu'un seul homme tente de pénétrer de force dans l'ambassade d'Illyrie dans le but d'effectuer le sauvetage de la princesse héritière. ".

"Ce serait suicidaire pour un seul homme de tenter cela", avons-nous convenu.

« De quelle assistance minimale aurez-vous besoin ? » dis-je.

" Une demi-douzaine de gros gars devraient pouvoir s'en sortir confortablement. Il y a Coverdale et vous et moi. Si je peux en recruter trois autres d'ici à demain, c'est presque fait. "

Le ton calme et optimiste de Fitz était certainement surprenant. Le chef de la police et moi-même avons échangé des regards plutôt tristes. Nous semblions nous être engagés à adopter une ligne de conduite qui pourrait avoir les conséquences les plus graves et les plus lourdes de conséquences.

CHAPITRE VIII

PRÉPARATIFS DE LA CAMPAGNE

Une chose était parfaitement claire ; nous étions plutôt dans une situation de bâton fendu. Nous avions si chaleureusement épousé la cause d'un homme gravement blessé, que refuser une aide pratique, maintenant qu'elle était si cruellement nécessaire, n'était guère possible. Pourtant, il ne faisait aucun doute que la déconfiture et la perplexité commençaient à jouer contre la placidité officielle du chef de la police. Moi aussi, « un homme marié, père de famille et membre du comté », j'ai commencé à avoir des scrupules.

« Trois autres gros gars, dit Fitz, qui n'ont pas peur des endroits exigus et à qui l'on peut confier un revolver, sont presque une nécessité. La difficulté est de les trouver.

Depuis, à plusieurs reprises, j'ai eu l'occasion de revoir ma conduite dans cette crise. Qu'il s'agisse d'une unité de la société sensée, soucieuse de la justice et respectueuse des lois, je n'ai jamais été en mesure de le déterminer. Sans aucun doute, j'ai commis une erreur flagrante. Je protesterai néanmoins toujours que Nevil Fitzwaren était un homme gravement blessé. De plus, maintenant que l'appel aux armes lui était venu, la nature avait jugé bon de l'investir de ce pouvoir occulte qui fait de l'homme le leader des autres. Je n'aurais pas pu croire qu'une telle transfiguration était possible. Il semblait soudainement émerger comme possédant une détermination ferme et une force de volonté qui commandaient la sympathie presque dans la même mesure que son impuissance pathétique l'avait en premier lieu suscitée.

"Pouvez-vous suggérer trois solides gaillards, Arbuthnot ? Des messieurs, si possible, et des types de confiance. Bien sûr, ils devront savoir le pourquoi et le comment de tout cela."

Sous le charme que Fitz exerçait sur moi, je fus victime d'une inspiration. En un éclair, les trois joueurs nécessaires pour terminer la *fête* me sont venus à l'esprit . Il s'agissait de Jodey, son ami de Jermyn Street, « qui avait reçu des leçons de Burns », et de cet homme très endurant mais au bon cœur, le maître du Crackanthorpe . Pendant un instant, je réfléchis avec le regard napoléonien de Fitz sur moi. Et puis, par pure faiblesse humaine, j'ai commis l'indiscrétion la plus flagrante dont une existence assez irréprochable ait jamais été coupable. J'ai laissé passer les noms de ces trois champions sur mes lèvres.

Coverdale tourna vers moi ses yeux sombres . Ils étaient dépourvus de colère, mais extrêmement pleins de chagrin.

« Espèce de vieux fou ! dit-il dans un souffle. "Vous avez l'air de nous atterrir équitablement."

"Eh bien," murmura le I flagrant, "nous ne pouvons pas laisser le pauvre type dans le pétrin à ce stade de la procédure, n'est-ce pas ?"

"Je suppose que non, mais cette affaire semble me coûter mon logement. Prions Dieu qu'il n'ait pas l'intention de tirer sur l'ambassadeur."

"Pas lui", dis-je, prenant une gaieté que je ne ressentais pas, dans l'espoir de minimiser mon écart par rapport à la voie étroite de la prudence. "C'est un garçon très sensé et diablement courageux."

Le résultat immédiat de mon indiscrétion fut qu'on me pressa de convoquer mon parent par alliance, afin de pouvoir solliciter ses précieux services. Dans ce but, Parkins fut envoyé à sa recherche. Il revint trop tôt avec l'information qu'il était au Hall en train de jouer au billard avec Lord Brasset.

"D'une pierre deux coups !" dit Fitz avec exultation. "La meilleure chose que nous puissions faire est d'aller les voir."

La salle n'est qu'à une centaine de mètres de notre modeste domaine ; et à la demande de Fitz, nous partîmes à la recherche de recrues.

"Bel état des choses !" grogna Coverdale *en route* .

Le moment venu, nous fûmes introduits dans la salle de billard de Brasset. Le propriétaire de celui-ci et mon parent par alliance se livraient à une partie amicale mais unilatérale de snooker en shilling. Ce dernier, conformément à sa pratique invariable consistant à "mettre sa meilleure jambe en premier" pour expier le handicap de toute une vie d'être né un fils cadet, empochait trois fois plus de balles que son adversaire charmant, aimable et courtois.

"Bonjour, les gars", dit Brasset. "Prenez exemple et rejoignez-nous."

La présence à cet endroit du mari de Mme Fitz était tout à fait inattendue, mais aucun des joueurs ne trahit sa surprise. Toute surprise qu'ils devaient afficher était attendue plus tard.

La plupart des gens qui se sont mêlés à leurs semblables sont des dissimulateurs plus ou moins accomplis. Mais Brasset et Jodey n'étaient nullement à l'abri de l'extraordinaire récit que Fitz était venu raconter.

"Héritière de la plus ancienne famille régnante d'Europe !" s'écria Brasset dont l'inquiétude et l'égarement étaient extrêmement comiques. "Dans ce cas, elle avait le *droit absolu* de me frapper à la tête avec sa cravache, même si elle est allée assez loin en dépassant Challenger."

Quant à Joseph Jocelyn De Vere Vane-Anstruther, son visage était une étude.

"Eh bien, j'ai toujours dit que c'était elle , " murmura-t-il avec ravissement.

" Restez à vos côtés... *plutôt* ! " dit Brasset. "Je ne suis que trop fier. J'ai un magnifique revolver Colt dans mon bureau. J'ai tué un lion avec en Afrique."

"Alors vous devriez être capable de diriger un ambassadeur à Portland Place", dis-je.

"Plutôt *!* "

"C'est parti, alors ?" dit Fitz. "Je peux compter sur vous, les gars, pour me donner un coup de main. Nous devrons peut-être le faire passer à ce porc d' Arlenberg , même si, bien sûr, il ne fait qu'obéir aux ordres de Ferdinand."

"Oui bien sûr."

Les deux recrues de la cause de la Princesse Héritier rayonnaient de joie. Ils prêtèrent serment de fidélité, qui prenait simplement la forme d'une promesse de dîner chez Ward's avant l'événement, et d'une promesse de souper au Savoy après.

La sixième personne essentielle au succès du projet de Fitz était le sportif inconnu de Jermyn Street, qui avait reçu des leçons de Burns. Jodey a été catégorique dans sa déclaration selon laquelle son ami, qu'il a proclamé « le champion amateur des poids moyens du Royaume-Uni », ne serait que trop impatient de saisir l'une des grandes opportunités de sa vie. Un télégramme fut immédiatement concocté pour ce paladin, qui fut prié de se présenter chez Ward le lendemain à l'heure dite. « Apportez un revolver avec vous. Il y aura un peu de plaisir après le dîner », était une clause que l'auteur du télégramme tenait à insérer.

Les avis étaient partagés quant à l'opportunité d'insérer la clause en question. Pour l'esprit officiel avisé et prudent, représenté par Coverdale, il suffirait d'exhorter un citoyen sensé et respectueux des lois à éviter le dîner proposé. Personnellement, j'étais de l'avis de Coverdale ; Fitz et Brasset « n'y voyaient rien d'extraordinaire », tandis que son auteur était convaincu que la clause en question serait si peu susceptible de dissuader son ami O'Mulligan qu'elle investirait dans une banale invitation à dîner chez Ward's et à souper. au Savoy avec suffisamment de piquant de romance pour empêcher « le meilleur sportif jamais sorti d'Irlande » d'avoir un engagement préalable.

La jeunesse sera servie. L'argument lucide de Jodey avait suffisamment de poids pour que le télégramme soit envoyé à Jermyn Street dans toute son intégrité. Coverdale avait tout de même l'air triste, et je sentais sur moi son regard de grave reproche. Le dirigeant de l'entreprise était cependant loin de partager les appréhensions du Chief Constable. Au contraire, il estimait que la cause de la princesse Sonia avait gagné trois précieuses recrues.

Certes, l' attitude de Brasset et de mon lien de parenté ne laissait rien à désirer au point de vue de la sincérité. Ils n'étaient que trop désireux de saisir l'occasion de réparer un tort notoire. Coverdale et moi ne pouvions en aucun cas être à la hauteur de leur enthousiasme. Nous avions tous deux plus de quarante ans, et à cette époque de la vie, l'homme moyen ne peut évoquer cette qualité, à moins que ce ne soit dans la poursuite d'une pairie, mais au plus profond de notre cœur, nous tenions à sentir que cela leur faisait honneur .

À la suggestion de Brasset de dîner avec lui ce soir-là, afin d'élaborer, autant que nous le pouvions, un plan de campagne, nous répondîmes volontiers. D'ailleurs, il est peut-être bon de préciser que Brasset n'est pas marié et que sa mère passait l'hiver à San Remo.

C'est dans un état d'esprit douloureux que je suis retourné à Dympsfield House et que je me suis mis à la recherche de l'arme qui était conservée dans ma loge par mesure de précaution contre les cambrioleurs. Malheureusement, il fut retiré de son sanctuaire et examiné. Puis je suis parti à la recherche du chef de la maison. L'ayant trouvée en train de bricoler dans la serre, je lui ai annoncé que je dînais au restaurant ce soir-là et que le lendemain, le devoir m'appelait à la métropole, car je craignais que la bronchite chronique de ma vieille grand-mère ne s'aggrave.

Ces deux annonces furent acceptées avec plus de sérénité que ce que la surveillance intérieure m'avait laissé prévoir.

"Bien sûr, dînez avec Reggie Brasset, même si je pense qu'il a très tort de ne pas me le demander. Et bien sûr, allez à Londres demain pour voir la pauvre chère grand-mère, et"... c'est ici que la première petite mouche » fut révélé dans la pommade : « prends-moi. Maintenant que le temps est en ruine, c'est le bon moment pour voir les nouvelles pièces ; et je dois avoir au moins deux nouvelles robes et un de ces manteaux de chinchilla que tout le monde porte. ".

Il y a des occasions où les natures les plus réciproques peuvent considérer le mariage comme une institution surfaite.

"Mais, ma chère enfant," haletai-je, "ne m'as-tu pas promis sur ta parole sacrée d' honneur que si tu avais cette jument au début de novembre, tu ne voudrais pas dépasser ton allocation vestimentaire avant l'été ?"

"Ai-je?" » dit une voix fade et interrogatrice.

"Vraiment, *mon enfant* !"

"Mais alors vous voyez que la pauvre bête boite depuis bien quinze jours."

C'était le travail de l'homme de convaincre Mme Arbuthnot, délicatement, tendrement, mais très fermement, que ses demandes ne pourraient pas être satisfaites un seul instant. Comment cela a-t-il finalement été inventé, je n'essaierai pas de l'expliquer. Qui d'entre nous est compétent pour traduire ces diplomaties meurtrières dans une notation juste ? Mais par des moyens occultes, j'ai pu parvenir à un compromis à des conditions que seul un tempérament sanguin aurait pu espérer. Il me serait permis de dîner avec Brasset et de jouer tranquillement une partie de bridge, et le lendemain j'irais en ville passer le week-end avec ma grand'mère ; en contrepartie de ces avantages, la deuxième partie au contrat devait passer le week-end avec ses admirables parents à Doughty Bridge, Yorks, et recevoir une étole en sable et une chaîne de manchon en argent oxydé .

Je ne pouvais m'empêcher de penser qu'un tel pacte était extrêmement honorable pour le côté politique de ma nature. J'avais été préparé pour des boucles d'oreilles en perles ou au moins une nouvelle cape d'opéra. Il ne fait guère de doute qu'une présence assez régulière à la Chambre des communes au cours de trois sessions ne suffit pas à équiper un homme pour les phases les plus complexes de la vie civilisée .

Le dîner improvisé de Brasset ce soir-là fut un succès incontestable. Il devait cet heureux résultat à la prévoyance de son aimable et toujours déploré père. Le vin était excellent. Même le chef de la police, qui avait l'air aussi sombre qu'un cardinal et aussi triste que Don Quichotte, avalait le sherry brun avec approbation, jouait avec les millésimes plus légers, sirotait le porto avec une sage approbation, admirait le vieux cognac et racontait à l'un des les meilleures histoires que j'ai jamais entendues dans ma vie.

A la fin de ce chef-d'œuvre de ribauderie raffinée, Brasset donna un petit coup péremptoire sur la table et se leva.

"Messieurs," dit-il, "je vous demande de boire à la santé de la princesse héritière d'Illyrie. Que Dieu défende le droit ! Avec le toast, je vous demande de pouvoir associer le nom de notre ami et voisin , M. Nevil. Fitzwaren ."

Le toast a été honoré en bonne et due forme.

"Merci, messieurs." La réponse de Fitz fut faite avec une simplicité touchante. "Dieu *défendra* le droit. Il le fait toujours. Mais je vous remercie tous du fond du cœur d'être à mes côtés pour veiller à ce que je sois fair-play. C'est bien de naître Anglais."

"Écoutez, écoutez, tout à fait", dit le chef de la police.

Cependant, du coin d'un œil triste, le chef de notre gendarmerie m'a favorisé d'un regard à la fois fantaisiste et lugubre. L'idée était toujours présente dans ce sein officiel que le moindre accroc dans une aventure décidément précaire serait lourd pour tous ceux qui y seraient impliqués de conséquences qu'il ne se souciait pas d'envisager.

CHAPITRE IX

AU RÉVEILLON

Une enquête sereine sur l'affaire rendait inconcevable que deux piliers de la Constitution s'engagent irrévocablement dans un plan d'action dont la véritable sphère était les planches d'une salle de théâtre ou les pages d'un roman sinistre. Par quelle faute de raison s'étaient-ils laissés entraîner dans une position si ridicule et pourtant si éminemment dangereuse ? Peut-être que c'était une bonne chose pour une jeunesse irresponsable ; c'était peut-être une bonne chose pour des hommes au tempérament comme l'héroïque Fitz ; mais pour le lieutenant-colonel John Chalmers Coverdale, CMG, défunt des carabiniers de Sa Majesté, et Odo Arbuthnot, député de la division Uppingdon du Middleshire , c'était de l'aveu d'une folie flagrante.

Nous avions tous deux dépassé l'âge où un tel projet aurait séduit notre bonne humeur comme une sorte de « chiffon » supérieur. Une fois lancé, qui devrait dire où il mènera ? Il était impossible de prédire le déroulement d'une telle aventure. Deux de ces défenseurs de la loi et de l'ordre ont bien fait d'entretenir des doutes, même avec la coupe de vin à la main.

En ce qui concerne l'autre côté du tableau, Fitz avait pleinement le droit de se considérer comme un homme gravement blessé. Il est vrai qu'il s'était permis dans un premier temps de contracter un mariage morganatique avec une princesse en ligne directe de succession d'une maison régnante. Mais dans un pays comme le nôtre, où la liberté du sujet et le droit de l'individu de façonner son propre destin constituent la clé de voûte de l'arche sur laquelle repose le tissu social, il était impossible de ne pas sympathiser vivement avec Fitz. Tous les Anglais nés libres ne pouvaient manquer d'éprouver du ressentiment face à l'intervention d'un tiers irresponsable, déterminé de manière imprudente à rompre un lien qui avait la sanction de Dieu.

Autour de nos cigares, lorsque les domestiques eurent quitté la salle, on discuta des ordres du lendemain.

« J'espère, Fitzwaren , dit le chef de la police, que vous réalisez pleinement l'extrême gravité de votre entreprise. Une seule erreur de jugement, une seule erreur dans votre manière de procéder, et nous sommes certains de nous retrouver très mal atterris. " Personnellement, j'espère vraiment que vous laisserez de côté les armes mortelles. Si nous les portons , nous nous heurtons à la loi ; et non seulement elles porteront préjudice à notre cause, mais on ne sait pas ce qu'elles peuvent conduire. "

« Je voudrais, dis-je, m'identifier à ces remarques de Coverdale. Je suis entièrement d'accord. »

Fitz ôta le cigare de ses lèvres et s'adossa au dossier de sa chaise. Il semblait réfléchir profondément.

"Je respecte l'opinion de vous deux", dit-il, s'exprimant avec beaucoup de réflexion après une pause quelque peu longue. "Vous avez tout à fait raison dans un sens, mais dans le sens le plus important, je suis sûr que vous avez tort. Je voudrais que tous ceux qui se lancent dans ce métier comprennent clairement que cela risque fort de s'avérer extrêmement grave. Nous devons prendre toutes les précautions raisonnables, car dès que nous entrons dans la maison de von Arlenberg, nous portons notre vie entre nos mains. Je sais que ces Illyriens dès qu'ils comprendront notre jeu , ils n'utiliseront ni loi ni loi, ils nous tireront dessus comme des chiens ; ils pensent que c'est nécessaire. Et je peux vous assurer qu'ils penseront que c'est nécessaire, à moins que nous ne les mobilisions."

"Je n'aime pas les armes mortelles", a déclaré le chef de la police.

"Je ne les aime pas non plus", a déclaré Fitz, "mais si nous voulons mener à bien cette affaire, nous serons obligés de les porter." Soudain, sa voix baissa. « La vérité est que ce jeu est si dangereux que je n'exhorte personne à y participer. Que quiconque pense que la cause est assez bonne me suive avec un revolver chargé dans la poche droite de son pantalon ; tout homme qui ne s'en éloigne pas et je serai le dernier à lui en vouloir.

Dans le langage, il n'y avait peut-être pas de force de persuasion, mais il y avait beaucoup de ton dans le ton. Les manières de Fitz étaient celles d'un leader parmi les autres ; de celui qui prévoyait les risques qu'il encourait ; qui les a embrassés délibérément ; qui, après avoir formé son plan, s'y est tenu quoi qu'il puisse impliquer.

Coverdale avait servi au Zoulouland, au Transvaal et en Egypte ; Brasset et moi avions pris une modeste part aux récentes transactions en Afrique du Sud ; pourtant, de manière inconsciente, nous étions tous sensibles au jeu d'une volonté puissante et d'une personnalité magnétique. Les cyniques diront peut-être que c'est le vin qui a fait pencher la balance – le jus du raisin est à l'origine de nombreuses résolutions courageuses – mais je préfère penser que c'était la qualité de Fitz lui-même. Une retraite à la onzième heure aurait pu être considérée comme déshonorante , mais des hommes comme Coverdale n'avaient pas besoin d'être incroyablement gentils sur le point d' honneur . C'est, je pense, que Fitz était porteur de conviction. C'était le don inestimable de s'élever avec son thème. Dieu le savait ! l'entreprise était téméraire, mais l'homme lui-même était une bonne entreprise à suivre.

Néanmoins, lorsque nous avons ajourné notre réunion avec l'accord selon lequel nous devions nous rassembler le lendemain à la gare de Middleham, à temps pour prendre le train de 15 heures 30 pour Londres, je suis rentré chez moi dans un état de dépression. Si j'avais été pendu au chant du coq, je n'aurais pas trouvé mon lit plus antipathique. Je restai éveillé la majeure partie de la nuit dans un état d'appréhension des plus indignes. L'intangibilité même des affaires du lendemain semblait en faire un cauchemar. S'il s'agissait d'un duel, ou d'une confrontation définitive d'une force connue contre une autre, cela aurait semblé moins inconfortable, moins sinistre. Dans l'état actuel des choses, nous ne savions pas précisément à quoi nous nous engageions. La chose pourrait s'avérer simplement ridicule. Au contraire, cela pourrait impliquer des combats, des meurtres et des morts subites.

Une douzaine de fois, dans l'obscurité lugubre, la question a été posée de savoir par quel enchaînement d'événements un hédoniste légèrement égoïste, le mari d'une charmante dame, le père d'une joyeuse fille aux yeux bleus, doté d'une compétence raisonnable et d'une ambition d'exceller dans son domaine. le golf, venu mettre en péril toutes ces choses délicieuses ? Simplement aux ordres d'un débauché sauvage qui se sentait lésé.

Exposé aussi crûment que cela devant la Haute Cour de la raison, tout cela semblait absurde. Il y avait tellement à perdre et si peu à gagner. Le projet était absurde. Nevil Fitzwaren est peut-être victime d'une injustice, mais qu'en est-il de Miss Lucinda et de sa maman ? Il est vrai que Coverdale était également partie prenante au projet ; mais il était de nature aventureux, en quête de nouveauté. Certes, il mettait en péril son logement, mais on croyait qu'il disposait de moyens privés.

"Odo Arbuthnot", dit la voix ténue de la raison à trois heures du matin, "vous devez vous retirer de cette procédure incroyablement stupide et répréhensible."

Cependant, la voix de la raison ne nous influence jamais entièrement. En conséquence, j'ai préparé un petit-déjeuner particulièrement faible, j'ai écrit une lettre à ma grand-mère dans Bolton Street, j'ai couru à toute vitesse avec Madame, l'air extrêmement gai et engageant, en route vers ses chers parents à Doughty Bridge, Yorks, j'ai lu l'histoire immortelle des "Trois Ours". " à Miss Lucinda pour la mille et unième fois, j'ai soigneusement révisé l'arme à six chambres qu'un criminel professionnel n'avait pas encore mise à l'épreuve et, dans un état d'esprit misérable, je me suis assis pour déjeuner en compagnie de mon parent par alliance.

Il se peut que l'état sacré du mariage fasse de nous tous des lâches. Joseph Jocelyn De Vere Vane-Anstruther n'était certainement pas gêné par de tels scrupules. Il était encore plus sereinement magnifique que d'habitude dans un costume de tweed gris à carreaux agressifs et un gilet qui menait une violente querelle avec une cravate Zingari ; tandis que son air plein d'espoir et de joie de la vie telle qu'elle était et telle qu'elle allait être, provoquait des réflexions assez fécondes sur le crime d'homicide.

" O'Mulligan est branché. Fou passionné. Un cinglé ordinaire. "

Le puits de l'anglais intact devient de plus en plus abondant au fil des âges. Par quelle mystérieuse alchimie la qualité de l'acuité folle transforme son possesseur en « un véritable cinglé » ? J'étais trop déprimé pour l'élucider.

"Fitz est un gibier à plumes, n'est-ce pas ?" Un jeune flamboyant versa chaleureusement une demi-bouteille de sauce Worcestershire sur sa côtelette. "Je ne pensais pas qu'il avait ça en lui. Cela montre simplement comment on peut être trompé."

J'ai gémi en esprit, mais j'ai trouvé le courage de grignoter tristement un morceau de pain grillé.

"Ce type Coverdale est un peu un cinglé . Il s'est fait plutôt con à propos de ces armes à feu."

J'acquiesçai faiblement.

"Je parie qu'ils veulent nos photos pour le *Morning Mirror* ."

Je me levai de table et fis un tour dans le potager. Lorsque votre cœur est dans vos bottes, la société de vos pairs a ses inconvénients.

A deux heures et demie, ponctuellement à la minute près, le bruit de la voiture se fit entendre à la porte du hall. Miss Lucinda a reçu un salut d'adieu et une boîte de chocolats illicites qui l'ont énormément consolé de la perte temporaire – peut-être permanente dans le cas de l'un – de ses deux parents.

J'avoue faire partie de ces mortels faibles qui, au cours d'un voyage, sont invariablement accompagnés par la conscience d'avoir laissé quelque chose de défait ou d'avoir omis d'emballer un nécessaire dont on ne se souvient pas mais tout à fait indispensable. Aux trois quarts du chemin jusqu'à la gare, j'étais hanté par ce sentiment sous une forme plus aiguë que d'habitude, et puis tout à coup, avec un spasme de joie perverse, je me suis rendu compte que j'avais laissé l'ennemi du cambrioleur dans son réceptacle secret. .

"Dieu merci pour ça!" » était la pieuse hyperbole qui montait au ciel.

A la gare, nous ne sommes pas arrivés les premiers sur les lieux, même s'il nous restait un bon quart d'heure. Fitz, vêtu d'un pardessus de fourrure plein de prétentions, avait un air d'importance recueillie qui était tout à fait en accord avec le *rôle* qu'il avait à remplir.

« Les billets sont pris, dit-il, et les voitures sont réservées pour cinq personnes.

Devant la librairie, une affiche jaune affichait le contenu d'un journal du soir londonien, paru à midi. "L'attentat contre la vie du roi d'Illyrie. Derniers détails."

« Des imbéciles maladroits », dit sombrement le gendre de Ferdinand XII. "Ils semblent avoir sérieusement gâché leurs affaires, mais ils gâchent tout en Illyrie."

"Son Excellence l'Ambassadeur semble être une exception à la règle générale."

Fitz m'a lancé un regard meurtrier.

Brasset arriva cinq minutes avant l'express de Londres. Rose et chérubin, sa perplexité récente avait cédé la place à un regard de paix omniprésent. Son air soigné suggérait qu'il prenait un simple plaisir à être en vie.

La question, cependant, pour les quatre conspirateurs rassemblés sur la plate-forme de Middleham était : qu'était-il arrivé au chef de la police ? Était-il concevable que le noble Brutus nous ait laissé tomber ? En me souvenant de mon propre travail spirituel, qui durait encore, il me semblait très naturel et convenable à mon jugement partiel, qu'un homme aussi sage se soit repenti de sa folie à la onzième heure.

Cependant, mes lèvres étaient scellées sur ces pensées illicites. Fitz lui-même ne soupçonnait aucune trahison. Il nous fit entrer dans le compartiment réservé avec une immense dignité et conserva le siège du coin gauche, dos au moteur, pour le guerrier disparu.

"Coverdale s'en sort bien", ai-je osé remarquer.

« Il reste encore une minute », dit Fitz avec une insouciance qui, pour employer une expression très abusée, était napoléonienne.

Un porteur qui souffrait de rachitisme s'est fait mal à la tête.

« Tout Londres, messieurs ?

"Oui", dit Fitz, introduisant un shilling dans une paume crasseuse mais consentante. "Et veillez simplement à ce que le chef de gare garde le train quelques minutes pour le colonel Coverdale."

— Agen le règlement, vous savez, monsieur, dit le portier avec une inquiétude polie.

"Contre quelles réglementations ?" » a déclaré Fitz, invaincu.

"De l'entreprise."

"Contre les règlements de la Compagnie ! Qui diable est la Compagnie pour qu'elle *ait* des règlements ?"

C'était un poseur pour le portier, qui a présenté des excuses plutôt inefficaces pour une telle hypothèse de la part de la société. Mais la cloche du chef de gare sonnait, et moi, regardant furieusement par la fenêtre, dans le vain espoir que mon mentor, mon espoir, mon remplaçant pourrait finalement apparaître, je ne pouvais jamais voir un signe du lieutenant-colonel John Chalmers Coverdale. , CMG, défunt des Carabiniers de Sa Majesté.

CHAPITRE X

ALARUMS ET EXCURSIONS

Mais qu'est-ce que c'est ? Une agitation sur la plate-forme, sous l'horloge. Oui, c'est lui, le fidèle et le vaillant ! Du moins, ce n'est pas lui, mais un certain Baguley, un sergent de police surannée, dépourvu d'œil au service de la paix publique. Il avance en titubant sous le fardeau oppressant d'un sac aux dimensions prodigieuses, et vingt pas derrière lui, déambulant le long du quai avec la nonchalance la plus tranquille du monde, fadement indifférent au fait que l'express de Londres doit sortir, se trouve l'impressionnant et masse légèrement pompeuse du cinquième conspirateur, le grand chef de la police.

Il y a un formidable rassemblement de chapeaux le long de la plate-forme. Même ce véritable olympien, le garde du London Express, parvient à dissimuler sa légitime impatience, tandis que Coverdale et son sac montent à bord du compartiment réservé.

"C'est plutôt bien coupé, n'est-ce pas ?" dis-je avec un tremblement de soulagement dans la voix.

"C'est assez temps", dit le chef de la police, s'apaisant avec un grognement et un regard noir dans le coin gauche.

Un coup strident du garde, un sifflement et un reniflement du moteur, et nous étions irrévocablement livrés aux mains insensibles du destin.

Nous étions un groupe assez disparate. Fitz l'incarnation d'une détermination magistrale, avec ses yeux noirs brillant de leur feu intérieur ; Brasset et Jodey aussi joyeux et presque aussi *blasés* que deux étudiants en route pour assister à un meeting de course point à point ; Coverdale et l'humble individu responsable de ce récit, silencieux, saturnien et profondément inconfortable.

Il est vrai que j'ai eu la faveur d'un fragment du discours du chef de la police. Il a été communiqué avec une brièveté enceinte à dix milles de Bedford.

« Espèce de vieux fou ! était son contexte.

"C'est Fitz qui a gardé le train pour toi", répliquai-je faiblement.

Quel que soit le responsable, nous en étions désormais responsables ; et se plaindre était vain.

"Je suis content pour votre ami O'What's -his-name", a déclaré Fitz à Jodey. "Un homme de main, hein ? Au fait, je crois que vous avez mentionné un revolver."

Mon parent par alliance a souri d'une manière affirmative et presque dégoûtante.

« Je suppose que vous avez tous pensé à en apporter un ?

D'une manière ou d'une autre, mon apparence m'a trahi.

"Tu en as apporté un, Arbuthnot ?"

J'ai commencé à transpirer.

"Le fait est", dis-je, "j'avais un Webley majuscule .38, mais il semble être égaré."

"Cela peut être facilement résolu. J'en ai amené trois en cas d'urgence."

"Quelle chance", dis-je sans sincérité.

Nous convergeions trop tôt vers la métropole.

"J'ai réservé six chambres au Long's Hotel", a déclaré Fitz.

"Seulement cinq seront nécessaires", dis-je, "car O'Mulligan habite Jermyn Street."

"Tu as oublié Sonia."

Il est vrai que pour le moment j'avais oublié la cause de tous nos malheurs. Fitz, cependant, ne l'avait pas fait ; en fait, il n'avait rien oublié. Non seulement il semblait avoir tout arrangé, mais il semblait avoir pris connaissance du moindre détail.

"J'ai commandé un petit dîner assez convenable chez Ward", dit-il. "Vous pouvez toujours compter sur une bonne cuisine anglaise simple, solide et à l'ancienne. Ils vous donnent le meilleur mulligatawny de Londres. Je dois dire moi-même que si je dois faire le travail d'un homme, j'aime avoir un repas d'homme. Et Je pense que nous pouvons compter sur du madère très décent."

"C'est très satisfaisant de savoir cela", a déclaré Coverdale avec son grognement le plus profond.

"Il n'y a rien de tel que Madère à mon avis", a déclaré Fitz, "si vous voulez être occupé et que vous voulez rester au frais".

"C'est quelque chose à savoir", dit le chef de la police sans enthousiasme.

"Je devrais penser que c'était le cas", a déclaré Fitz. "Savez-vous qui m'a donné le pourboire ?"

Le chef de la police poussa un grognement négatif.

"Ferdinand lui-même. Et ce que ce vieux porc ne sait pas de la plupart des choses n'est pas grand-chose en termes de connaissance. Il m'a dit un jour qu'il avait pratiquement vécu à Madère pendant toute la campagne d'Autriche et que la nuit précédant Rodova, il avait bu six bouteilles. Il dit que rien ne vous garde aussi cool et vif que Madère.

"Euh," grogna le chef de la police.

Brasset et Jodey, cependant, deux subalternes extrêmement zélés du Middleshire Yeomanry, furent très impressionnés.

En trois taxis, nous avons convergé vers l'hôtel Long ; Brasset et Jodey dans le premier ; le chef de la police et son sac dans la seconde ; Fitz et moi dans le troisième. Un blizzard très respectable faisait rage ; les rues de la métropole étaient dans un état vraiment horrible, totalement impropres à l'homme ou à la bête ; et l'atmosphère avait la fraîcheur crue particulière d'une nuit d'hiver tout à fait désagréable à Londres. Mais à chaque mètre que nous avancions de manière précaire dans la boue à moitié fondue des rues, Fitz semblait devenir plus napoléonien. Il n'était en aucun cas agressif ; il n'y avait aucune trace d'élévation mentale ou morale excessive, mais il possédait une qualité subtile qui semblait le rendre égal à toute occasion.

"Il n'y a qu'une seule chose qui pourrait nous détruire", m'a-t-il avoué.

"Destin?"

"Non ; à mon avis, le destin n'est jamais votre maître, si vous voulez vraiment en être le maître. Mais il se peut qu'il y ait un espion. Von Arlenberg est aussi rusé qu'un renard. Et s'il pense que j'ai peut-être quelque chose à dire dans le peu importe, il veillera à ce que rien ne soit fait à son insu. Nous sommes probablement suivis.

Pour tester ses soupçons, Fitz a soudainement ordonné au conducteur de s'arrêter. Il passa la tête par la fenêtre et, un instant plus tard, il ordonna à notre Jéhu de continuer sa route.

"C'est exactement ce que je pensais", dit-il. "Il y a un autre taxi derrière."

Mon compagnon se tut.

"Il faudra faire quelque chose", a-t-il déclaré. "Il ne faut pas que von Arlenberg en sache trop."

Pendant le reste du voyage, Fitz ne trouva pas un mot à dire.

Lorsque nous sommes arrivés au calme hôtel familial de Bond Street, notre chef semblait toujours préoccupé. Certes, il avait des raisons de s'inquiéter. Un quatrième taxi s'est arrêté derrière les trois véhicules que nous avions affrétés ; et j'ai observé qu'un homme en descendait et, débarquant son taxi, entra dans l'hôtel. En passant devant moi, j'ai pris soin de noter son apparence. C'était un individu petit, jaunâtre, d'apparence étrangère, avec le col de son pardessus relevé ; une créature assez banale, qui, la plupart du temps, passait sans remarque.

Pendant que nous demandions nos chambres, il s'est assis discrètement dans le salon. Sans la propre conviction de Fitz sur ce point, il ne me serait jamais venu à l'esprit que nous étions soumis à un processus d'espionnage.

A peine Fitz eut-il sécurisé sa chambre qu'il dit, d'un ton considérablement plus fort que d'habitude, qu'il avait quelques affaires à régler après et qu'il serait de retour dans une heure.

L'homme assis dans le salon ne pouvait manquer d'entendre cette annonce. Et effectivement, à peine Fitz était-il sorti de l'hôtel, que l'homme se leva et prit lui aussi congé.

"Quel est le jeu de Fitzwaren maintenant ?" demanda Coverdale.

Je me suis abstenu d'avancer une quelconque théorie quant à la nature du jeu de Fitz. D'ailleurs, je n'avais aucune théorie à avancer. Il était clair que les soupçons du chef de notre entreprise étaient pleinement justifiés, mais je ne pouvais absolument pas deviner à quoi sa sagacité pourrait lui servir. J'étais convaincu que l'affaire qui l'avait appelé si soudainement dans l'obscurité des rues chargées de neige fondue avait à voir avec l'homme qui était sorti de l'hôtel sur ses talons ; mais il était vain de conjecturer précisément quelle était cette affaire.

Avant notre départ pour Ward's, le temps pesait lourdement sur nos mains. Brasset et Jodey en utilisèrent une partie pour donner à leur apparence encore plus de peine que de coutume. De nos jours, il n'est pas nécessaire de porter de la poudre, des volants et un gilet en brocart pour dîner chez Ward's, mais il existe une loi non écrite qui exige que vous portiez un gilet blanc au moins avec vos vêtements de soirée. Même Coverdale et moi avons cru bon de nous conformer à cette loi somptuaire. Nous avions tous deux dépassé l'âge où le tailleur est tout-puissant ; mais à Rome, ceux qui passeraient pour des hommes du monde ont soin de faire comme les Romains.

Quatre spécimens de virilité britannique soigneusement soignés ont accueilli Fitz dans le hall de l'hôtel à son retour. Il était alors sept heures moins cinq et notre mentor entra d'une manière parfaitement calme et sereine. Il s'est excusé , peut-être en profondeur, pour la nécessité qui nous avait privés de sa société. Vingt minutes plus tard, il avait l'air aussi impeccable que nous tous.

Tandis que le portier de l'hôtel sifflait les moyens nécessaires à notre transport vers Saint James's Street, je trouvai Fitz à mes côtés.

« À propos, dit-il d'une voix nonchalante, avez-vous parlé aux autres de l'homme qui nous suivait dans le taxi ?

La réponse a été négative.

"J'en suis content. Je pense qu'il serait sage que tu ne le fasses pas. Cela pourrait les inquiéter, tu sais. Et il n'y a pas lieu de s'inquiéter pour lui maintenant."

"L'avez-vous dérouté ?"

"Oui", dit Fitz doucement. "Nous n'aurons plus de problèmes avec ce sportif."

Je me suis abstenu de laisser ma curiosité s'exprimer davantage sur ce sujet. Derrière le ton calme et cordial de Fitz se cachait la suggestion qu'il me remercierait de l'ignorer. Cependant, je n'avais aucune idée de ce qui s'était passé dehors dans la rue et j'avais hâte de le savoir.

Il était une demi-heure passée lorsque nous arrivâmes chez Ward's, mais le ponctuel O'Mulligan était déjà là. Il se réjouissait au nom d'Alexandre ; ses taches de rousseur étaient nombreuses et il avait une touffe de cheveux roux. Son nez était du genre retroussé ; ses oreilles étaient dressées à angle droit ; ses yeux étaient vert clair ; et sa mâchoire était carrée et massive et la plus magnifiquement agressive que l'esprit humain puisse concevoir. D'un point de vue purement esthétique , Alexander O'Mulligan pouvait être un sujet de discussion, mais il était aussi plein de « points » qu'un bouledogue primé. Il n'était pas aussi grand que Coverdale, mais chaque once de lui était constituée de muscles solides ; sa poitrine était profonde et large, ses mains étaient cordées et il avait la poigne d'un garrot .

Alexander O'Mulligan a serré la main de tous avec la plus grande complétude. Ce faisant, il souriait jusqu'aux oreilles dans la pure joie de faire connaissance. Fitz fut sa première victime et moi sa dernière, mais chacun de nous serrait la main d'un gibbon aussi volontiers qu'à notre ami O'Mulligan . Ce type était si abominablement chaleureux. Il serra la main comme si c'était l'affaire de tous les autres qu'il aimait faire le mieux au monde.

Le dîner fut admirable. Que ce soit la force de l'exemple ou la présence magnétique d'Alexander O'Mulligan , je ne suis pas prêt à le dire, mais nous nous sommes certainement très bien débrouillés. En entrant pour la première fois dans l'enceinte sacrée de Ward's, je n'étais pas d'humeur à apprécier « une très bonne cuisine anglaise à l'ancienne ». On aurait pu croire que seuls les dîners les plus *recherchés* nous tenteraient dans notre état d'esprit actuel. Mais d'une manière ou d'une autre, notre nouvel ami O'Mulligan a créé une atmosphère de bonne humeur gargantuesque .

A peine avions-nous affronté le célèbre mulligatawny, ce qui était tout à fait approprié aux conditions régnant à l'extérieur, que notre dernière recrue a insisté pour que tout le monde dîne avec lui le lendemain, puis se rende au

National Sporting Club. dans le but d'assister à "le travail de Burns avec le 'Gunner'".

Si je vis jusqu'à l'âge de cent vingt ans, je n'oublierai pas notre petit dîner chez Ward. Six spécimens banals des *hommes moyens des sensuels* avec des armes mortelles dans leurs poches et tout ce qui va du lancer au lancer jusqu'à l'homicide involontaire dans leur cœur ! En réalité, c'était l'incongru porté à la limite du *bizarre* .

Fitz, en tête de table, était aimable dans une certaine mesure. Le bonhomme révélait toute une gamme de qualités insoupçonnées. Son sang-froid, son *insouciance* mi-gaie, mi-sinistre , sa vigilance, son savoir, sa faculté d'action, qui semblait croître en proportion des exigences qui lui étaient imposées , un tel éventail de qualités était curieusement incompatible avec l'insouciance. le déchet que le monde avait toujours jugé comme étant.

Maintenant qu'il avait affronté le destin, le véritable Nevil Fitzwaren émergeait avec une puissance considérable. En ce qui concerne « l'homme marié, le père de famille et le membre du comté », le pouvoir démoniaque de l'homme était la cause de son dîner assez bien. Quant à Coverdale, après avoir avalé son assiette de mulligatawny, son regard cessa de me faire des reproches. Sa philosophie habituelle et la cuisine anglaise à l'ancienne ont commencé à aller de pair. Les affaires de la soirée risquaient fort de lui coûter son logement, mais au moins, elles seraient certainement très amusantes. En outre, lorsqu'il était assez engagé dans une chose, il avait l'habitude d'aller jusqu'au bout.

Le dîner s'est déroulé dans un esprit d'harmonie tranquille, dû aux traditions venant de l'ombre de John Ward, qui a quitté cette vallée de larmes en 1720. Fitz nous a assuré que rien n'était pressé. Si nous avancions vers neuf heures, nous aurions tout le temps de nous occuper de nos affaires avec Son Excellence.

"Vous n'avez pas tout à fait expliqué les ordres du jour, mon cher", dit Coverdale en buvant une gorgée révérencieuse du célèbre vieux cognac.

CHAPITRE XI

LES COMMANDES DU JOUR

"Les ordres du jour n'ont pas besoin de beaucoup d'explications", a déclaré Fitz. "Veillez simplement à ce qu'il y ait six cartouches dans votre revolver; gardez-le dans la poche de votre pantalon avec votre main dessus, puis suivez l'homme de chez Cook."

« Comme tous les projets de première grandeur, dis-je, cela semble être la simplicité même. »

"C'est cette foutue affaire de revolvers", dit Coverdale, "que j'aimerais voir disparaître. Elle pourrait si facilement nous attirer de sérieux ennuis."

"Il est bien plus probable que cela nous évite de graves problèmes", a déclaré Fitz. "Mais je peux le promettre : ils ne seront produits qu'en dernier ressort."

Il était clair que la question des revolvers avait inquiété Coverdale autant qu'elle m'avait mis moi-même ; mais la seule chose à faire maintenant était de fonder une confiance implicite sur le bien-fondé du jugement de Fitz. Certes, il avait suscité le respect. Sa méthode pour communiquer à Alexander O'Mulligan la nature de la cause et la nécessité d'une obéissance absolue au mot d'ordre, a semblé susciter la crainte et l'admiration à parts égales dans la poitrine du champion des poids moyens du Royaume-Uni.

"Faites exactement ce qu'on vous dit, O'Mulligan , et ne faites rien sans ordre, à moins qu'ils ne commencent à tirer, et alors vous commencerez à tirer aussi. À propos, Arbuthnot, ai-je bien compris que vous aviez oublié d'apporter un revolver?"

J'ai admis la mise en accusation.

« J'en ai plusieurs de rechange dans mon pardessus » — le ton de la réprimande était délicat. "Y a-t-il quelqu'un d' autre qui a oublié de s'en munir ?"

"Il y en a aussi un de rechange dans ma chambre au coin de la rue", a déclaré Alexander O'Mulligan avec un air de fierté modeste.

Fitz honora la nouvelle recrue d'un bref signe d'approbation. Dans toute assemblée de contrevenants, le Bayard de Jermyn Street serait assuré d'être chaleureusement accueilli. Son visage s'était élargi jusqu'aux proportions les plus lunaires, que les taches de rousseur et les oreilles proéminentes mettaient en valeur de façon fantastique ; et dans les yeux verts il y avait une expression d'extase véritable, à côté de laquelle l'émotion dans ceux de Brasset et de Jodey n'était qu'une attente pleine d'espoir.

Fitz sortit sa montre et l'étudia avec l'air de l'Homme du Destin.

« Neuf heures moins quatorze minutes », dit-il. "A neuf heures, je me rendrai seul au n° 300 Portland Place, en taxi. A neuf heures quatre minutes, Coverdale et Arbuthnot suivront. Ils demanderont l'ambassadeur, Coverdale donnant le nom du général Drago, et Arbuthnot le nom du général Drago. nom du comte Alexis Zbynska . Vous serez conduit dans une salle d'attente pendant que vos noms seront présentés à Son Excellence, s'il n'y est pas, il vous recevra, s'il n'y est pas, Grindberg, ou l'un des autres secrétaires, ou ; un des attachés vous parlera. Gardez vos cache-nez jusqu'aux oreilles et faites relever le col de vos pardessus. Si von Arlenberg n'est pas là, dites que vous l'attendrez. Vous pouvez utiliser l'illyrien, ou le français. ou un anglais approximatif. Bien sûr, votre objectif, dans tous les cas, sera de gagner du temps et de rester dans la maison jusqu'à ce que vous receviez des instructions supplémentaires.

"Raisonnablement clair", a déclaré Coverdale. "Si nous avons accès à la maison, nous ne devons pas la quitter jusqu'à ce que nous ayons de vos nouvelles ?"

"Il en est ainsi."

"Et qu'en est-il d'Alec, Brasset et moi ?" Le sérieux de ma relation par mariage était nostalgique.

" O'Mulligan partira quatre minutes après Coverdale et Arbuthnot. Il se donnera simplement comme capitaine Forbes, qui désire fixer un rendez-vous avec von Arlenberg sur une affaire privée importante. Il ne pourra pas le fixer ; mais ils enverront un type pour vous parler, O'Mulligan . Vous devez être très long et vous devez utiliser votre meilleur anglais, et vous devez perdre autant de temps que possible.

O'Mulligan rayonnait comme un séraphin.

— Et Brasset et moi ? dit la voix suppliante.

"Brasset partira quatre minutes après O'Mulligan . Ce sera M. Bonser, messager du ministère des Affaires étrangères, avec une lettre pour von Arlenberg . Voilà, Brasset, voici la lettre pour von Arlenberg ."

Avec un naturel vraiment inimitable, Fitz jeta sur la nappe la missive en question, copieusement enduite de cire à cacheter rouge.

"Brasset," dit Fitz, "vous vous garderez bien de confier cette lettre des plus importantes à qui que ce soit, sauf et excepté Son Excellence le baron von Arlenberg , ambassadeur et plénipotentiaire extraordinaire auprès de Sa Majesté le roi d'Illyrie, à la cour de Saint James."

"J'espère que la suscription est correcte", dis-je à tort.

Fitz m'a regardé avec les yeux d'un Frederick. La sympathie de la table était entièrement pour lui.

"Quelqu'un voudra en parler à l'ambassadeur", a déclaré Fitz. "Mais Brasset, vos instructions sont que vous remettiez ce document à Son Excellence en personne."

D'un air respectueux, Brasset inséra la lettre au sceau rouge sinistre dans son étui à cigares. Le plus exigeant des ministres n'aurait pas pu souhaiter un gardien plus digne de confiance ou plus éminemment discret pour un document qui fait époque que le maître du Crackanthorpe .

"Comment connaîtrai-je le vieux von Thingamy quand je le verrai ?" » demanda le messager du ministère des Affaires étrangères.

"Vous ne le verrez pas", a déclaré Fitz. "Mais vous devez faire croire que vous désirez particulièrement le voir."

"Mais si je le voyais ?"

Le maître du Crackanthorpe fut réduit au silence par un geste napoléonien.

"Où est-ce que j'entre ?" dit la voix suppliante du désert.

"Vous entrez, Vane-Anstruther", dit Fitz à mon parent par alliance, "quatre minutes après Brasset. Vous êtes le lieutenant von Wildengarth-Mergle de Blaenau, avec une lettre d'introduction à l'ambassadeur illyrien. Voici votre carte, et tu peux le donner à qui tu veux."

Le récipiendaire a été extrêmement satisfait de la carte du lieutenant von Wildengarth-Mergle du neuvième régiment de hussards lorsqu'elle lui a été décernée. Sa manière d'en disposer était exactement semblable à celle adoptée par Brasset dans le cas de la lettre du ministère des Affaires étrangères. Son allure aussi était évidemment calquée sur celle de cet ornement de la haute diplomatie.

« Je suppose, » dis-je, « que nous devons tous bluffer pour entrer dans l'ambassade illyrienne ; et une fois que nous y sommes , nous devons prendre soin de rester jusqu'à ce que nous soyons informés davantage ?

"Il en est ainsi."

"Mais supposons un instant que nous ne recevons aucun conseil ?"

" Si je ne viens pas vers vous avant dix heures moins dix, ou si vous n'êtes pas appelé d'ici là, vous devez tous quitter l'antichambre dans laquelle vous vous trouvez et vous devez monter directement l'escalier central en prenant note. de personne. S'ils essaient de vous arrêter, dites simplement que vous souhaitez voir l'ambassadeur.

"Et s'ils utilisent la force ?"

" Profitez-en vous-même, en faisant le plus de bruit possible. Et si vous n'avez toujours pas de mes nouvelles, alors il sera temps de penser à la retraite. Est-ce que tout le monde comprend ? "

Apparemment, tout le monde l'a fait.

"Il est neuf heures moins sept. Il est temps que nous commencions à récupérer nos taxis."

Fitz se leva de table et nous partîmes en groupe chercher nos manteaux et nos chapeaux. Pour mes camarades conspirateurs, je ne peux pas parler, mais mon cœur battait de la manière la plus absurde et mes veines picotaient. Il y avait en eux ce sentiment d'exaltation qui est généralement réservé à une petite vingtaine de minutes sur l'herbe.

"Donnez-moi ce revolver", dis-je.

Alors que Fitz passait clandestinement l'arme dans ma main, je pouvais sentir mon pouls s'emballer de manière immorale. Cette sensation était peut-être due à mon dîner chez Ward ; bien qu'il soit sans doute plus scientifique de l'attribuer à quelque instinct primitif qui a résisté aux ravages de la civilisation sur la nature humaine.

Alors que j'insérais furtivement l'arme dans la poche de mon pantalon, j'ai jeté un coup d'œil furtif au visage solennel du chef de la police. Le grand homme souriait avec bienveillance à ses pensées et fumait un gros cigare avec un air de joie homérique.

Alors que Fitz, portant un grand chapeau et un manteau de fourrure, descendait délicatement les marches couvertes de neige fondante jusqu'à l'endroit où son taxi l'attendait, il se tourna pour offrir un dernier mot d'instruction à ses partisans.

"Coverdale et Arbuthnot 9h4 ; O'Mulligan 9h8 ; Brasset 9h12 ; Vane-Anstruther 9h16. Si vous n'entendez rien entre-temps, à 9h50, vous montez à l'étage."

"Righto", avons-nous chanté en chœur , alors que Fitz montait à bord de son char avec une maîtrise de soi qui était même touchée par la langueur.

Nous l'avons regardé se transformer en Piccadilly, puis nous avons solennellement investi dans des manteaux et des cache-nez. Quatre minutes, ce n'est pas une longue période, mais il est tout à fait possible que cela paraisse un âge. Avant que l'horloge de la salle n'indique 9h4, on aurait pu se faire arracher une double molaire ou se faire couper la tête par la guillotine.

"300 Portland Place", a déclaré le chef de la police d'un ton qui semblait étonnamment fort, tandis que je me serrais le plus loin possible dans le coin le plus éloigné du véhicule pour mieux loger mon fidèle compagnon.

"Sale nuit", a déclaré le chef de la police. "Pas digne qu'un chien sorte. Vous avez le verre baissé ?"

C'était peut-être une imagination exagérée, mais je crus percevoir un léger tremblement, mais indubitable, dans la voix du chef de la police du Middleshire .

"Pas pour moi, merci", dis-je. "Ces choses sont tellement étouffantes."

Le chef de la police du Middleshire était d'accord avec moi. Cette impression était peut-être due à une imagination désordonnée, mais je crus déceler une note d'embarras dans le rire du commissaire.

De Saint James's Street à Portland Place, il n'y a pas loin, et ce soir nous semblons avoir accompli le voyage en très peu de temps. Après avoir déposé notre taxi devant la porte de l'imposante résidence de l'Ambassadeur, nous nous tournâmes chacun vers l'autre pour sonner à la porte de Son Excellence.

"Général," dis-je, "vous êtes mon aîné, et je sens que votre illyrien, ou votre français, ou votre mauvais anglais, ou toute autre langue à laquelle vous pourriez être amené à vous adonner, aura plus de poids que le mien."

"Oh, et toi ! Au fait, j'ai oublié mon nom."

"Général Drago."

"Et le vôtre?"

"Comte Alexis Zbynska ."

"Eh bien, voilà."

Le vaillant guerrier tira vigoureusement sur la cloche. Cela n'a suscité aucune attention ; mais au deuxième assaut contre la sonnette de l'ambassadeur, le portail massif fut rabattu, lentement et solennellement, par un magnifique domestique. Dans l'arrière-plan immédiat, il y en avait d'autres.

"Je suis le général Drago et je souhaite voir l'ambassadeur." La précision de la phrase du chef de la police était vraiment majestueuse.

Le vaillant Illyrien, qui semblait mesurer jusqu'à sept pieds de haut, du sommet de sa perruque jusqu'à la semelle de ses bas de soie, s'inclina et ouvrit la voie à l'intérieur.

Lorsque nous eûmes franchi le seuil de Son Excellence, et au moment où un intérieur somptueux se déroulait sous nos regards respectueux, un personnage d'aspect très urbain en tenue de soirée et une paire de gants de chevreau blancs nous prit en charge. Il nous fit traverser un hall spacieux contenant des piliers de marbre blanc, d'où nous passâmes dans une salle d'attente, immédiatement à droite d'un escalier en albâtre nettement imposant. Dans cet appartement, la lumière était faible et religieuse, et l'atmosphère était d'une froide solennité. Notre ami au chevreau blanc nous présenta chacun un bout de papier et nous indiqua un encrier sur la table.

"Écrivez nos noms en illyrien", murmurai-je à mon camarade conspirateur. "Ils auront plus de poids."

Le chef de la police inscrivit très laborieusement son propre nom sur le bout de papier, en caractère illyrien. Lorsqu'il eut accompli cet exploit, je procédai aussi bien que je le pouvais, et avec une délibération tout à fait égale à la sienne, à mettre sur papier le nom de Herr Graf Alexis von Zbynska . J'étais en proie à de nombreuses inquiétudes quant à la manière correcte de l'orthographier, et c'est pourquoi j'ai eu recours à un certain nombre de fioritures superflues afin de cacher autant que possible mon ignorance.

Lorsque le monsieur aux gants de chevreau blanc eut solennellement emporté les bouts de papier, le chef de la police entreprit d'enlever une goutte de sueur honnête de son front viril.

"De tous les maudits plans insensés !" il murmura. "Qu'est-ce que ce fou s'attend à ce que nous fassions maintenant !"

"Dites le moins et perdez le plus de temps possible", dis-je, "et à dix heures moins dix, si nous sommes encore en vie, nous devons monter cet escalier."

Le chef de la police du Middleshire sombra dans une incohérence mêlée de grossièretés.

Le monsieur aux gants de chevreau blanc nous avait fermé la porte. L'obscurité et le silence de la pièce étaient terriblement oppressants. Les nerfs à vif, j'ai inspecté son contenu. Le mobilier semblait être constitué d'une grande table aux pieds massifs, d'une demi-douzaine de chaises recouvertes de cuir rouge, d'un portrait en pied à l'huile, par Bruffenhauser , de Sa Majesté illyrienne Ferdinand XII, dans lequel figurait le vainqueur de Rodova dans des insignes complets dans un cadre doré, un vieux monsieur vraiment magnifique ; tandis que sur une table séparée, au fond de la pièce, se trouvait l' Almanach de Gotha.

Il semblait que notre suspense allait durer éternellement . Pas un bruit ne nous pénétrait par-delà la porte fermée. Finalement, Coverdale sortit sa montre.

« Est-ce qu'il est déjà dix heures moins dix ? M'enquis-je anxieusement.

"Non, il lui faut encore quelques minutes moins neuf heures et demie."

Être condamné à supporter une telle tension pendant vingt minutes de plus, c'était mettre un terme à l'éternité.

« Ne ferions-nous pas mieux d'ouvrir la porte, dis-je, pour que nous puissions entendre s'il se passe quelque chose ?

Mon collègue conspirateur était d'accord.

J'ouvris la porte en conséquence et regardai en direction de l'escalier en albâtre. Un homme le descendait d'une manière assez languissante. Il y avait quelque chose de curieusement familier dans son apparence. Dès qu'il m'a vu debout au pied de l' escalier , il a accéléré le pas. Il était clair qu'il souhaitait me parler.

« Restez calme », dit-il, et à ma grande surprise, à moitié joyeuse, je reconnus la voix de Fitz. " Vous et Coverdale feriez mieux de laisser vos pardessus dans cette pièce et de monter. Allez dans la première pièce à gauche au premier étage ! "

Avec un sang-froid presque incroyable, Fitz traversa le large vestibule, les mains dans les poches, tandis que je retournais à Coverdale avec ce dernier ordre.

Nous y avons obéi avec un sentiment de soulagement. Tout valait mieux que de compter les secondes dans cette salle d'attente funèbre. Dépouillés de nos pardessus, nous montâmes l'escalier en faisant de notre mieux pour paraître tout à fait à l'aise, comme si la situation n'avait rien d'inhabituel.

A mi-hauteur, nous avons été confrontés à deux hommes qui descendaient. Ils nous regardaient avec une attention tranquille et semblaient enclins à parler. Coverdale a transmis son regard fixe et ses muscles faciaux rigides, un art dans lequel, comme tant de ses compatriotes, il est grandement accompli. Son expression « Parle-moi-si-tu-oses » nous a été d'une excellente aide. Les deux hommes descendirent l'escalier sans oser nous adresser la parole, et nous remontâmes.

La première chambre à gauche, au premier étage, était un appartement plus grand et plus gai que celui d'où nous venions. C'était mieux éclairé; il y avait un bon feu, et elle était meublée avec goût, à la manière d'un salon. Il y avait des livres, des photographies et un piano.

La pièce était vide, mais nous y étions à peine une minute qu'un domestique entra pour nous offrir du café. Nous n'avons pas dédaigné la générosité des ambassadeurs. C'était un excellent café.

Nous jouions avec ce rafraîchissement lorsqu'un bruissement furtif nous avertit que nous allions également recevoir l'indulgence de la société féminine. Une jeune femme, grande et gracieuse, belle à l'œil et joliment vêtue, entra dans la pièce avec une partition à la main. La présence de deux parfaits inconnus ne la gênait pas.

"Est-ce que tu aimes Schubert ?" dit-elle avec une charmante intonation étrangère.

«Je trouve Schubert charmant», dis-je avec cordialité et promptitude.

La dame montra les dents dans un sourire rare et s'assit au piano. J'ai arrangé sa musique avec un soin plutôt élaboré.

Ce n'est pourtant pas Schubert qu'elle commence à jouer, mais un petit "Impromptu" envoûtant de Schumann. Son jeu était agréable à écouter, car son toucher était très instruit ; c'était aussi fascinant d'observer ses mouvements, car elle était une œuvre de la nature extrêmement gracieuse et vivante.

Très assidûment, je feuilletais sa musique. L'occupation en elle-même était agréable ; cela semblait aussi donner une sorte de sanction à notre présence illégale. Coverdale, les mains enfoncées au fond de ses poches, parut écouter d'un œil très critique le jeu de la dame ; même si, comme je l'ai entendu le déclarer lui-même, la seule forme de musique qui l'intéresse est « une très bonne fanfare ».

Au cours de l'interprétation des "Impromptu" de Schumann, le public du beau pianiste a gagné en nombre et en autorité. Comme le célèbre joueur de flûte de Hamelin, la délicatesse palpitante de son toucher commença à attirer les bêtes pittoresques de leur antre. Alexander O'Mulligan entra dans le salon vers le quatrième bar. Il arborait son sourire le plus séraphique et ses oreilles étaient écartées pour capter les accords mélodiques les plus illusoires . Il a fait un signe de tête jovial à Coverdale et m'a fait un clin d'œil. Il était clair que le champion amateur de Grande-Bretagne des poids moyens s'amusait énormément.

A peine Alexandre O'Mulligan nous avait-il fait part de sa cordiale présence, que Brasset et mon parent par alliance arrivèrent sur la pointe des pieds. La vue de nous tous avec une inconnue discutant de Schumann pour notre bénéfice était sans doute aussi rassurante qu'inattendue. Dans l'émotion du moment, Jodey a donné au champion amateur des poids moyens un coup fraternel dans les côtes.

Cependant, notre fête ne pourrait être considérée comme complète sans la présence du chef des joueurs. L'"Impromptu" avait suivi son cours et la gracieuse dame au piano avait été convaincue de jouer quelque chose de Brahms, lorsque le maître d'esprit, dont nous attendions nerveusement l'arrivée, réapparut sur la scène. Fitz entra dans la pièce, ressemblant à chaque centimètre carré à l'homme du destin.

CHAPITRE XII

L'HOMME DU DESTIN

Ce n'était pas seulement par son apparence que Fitz ressemblait à l'Homme du Destin. La décision péremptoire de ses manières le convenait parfaitement au rôle. La belle musicienne et ses cadences subtiles n'avaient d'importance pour lui que dans la mesure où elles pouvaient servir sa volonté. Fitz entra au milieu d'une rhapsodie divinement jouée ; et, d'un air indifférent, il s'approcha du piano et, avec une effronterie napoléonienne, il posa son coude sur la musique.

"Désolé de vous interrompre, Comtesse, mais il n'y a pas de temps à perdre."

La comtesse ôta ses doigts des touches et ses dents brillèrent dans un sourire qui avait du piquant.

Un haussement d'épaules du *pianiste* ; et Fitz commença à parler avec une volubilité considérable dans son illyrien courant. Mon éducation a coûté cher ; et selon l'admirable principe anglais selon lequel plus vous payez votre éducation, moins vous acquérez de connaissances pratiques, il n'est pas surprenant que ma connaissance de la langue illyrienne se limite à quelques jurons. Je n'ai donc pas pu suivre le cours de la conversation de Fitz.

Il fallait forcément que je me contente d'observer son jeu de gestes. Cela aussi était considérable. L'air de langueur qu'il lui avait plu de prendre dans les crises de son sort était abandonné au profit d'une ardeur et d'une conviction merveilleuses. Il tambourinait de ses doigts sur le piano et exprimait son point de vue avec une ferveur qui aurait pu émouvoir le Sphinx.

Au début, le beau musicien ne semblait pas disposé à prendre Fitz au sérieux. Son sourire était arc-en-ciel et enclin à être enjoué. Mais Fitz était d'humeur épique.

Il n'était pas parvenu à une entreprise aussi importante pour être contredit par la légèreté d'une femme. L'homme commença à devenir extrêmement gros. Il parlait à voix basse, mais les veines de son front étaient enflées et il frappait la paume de sa main droite avec le poing de sa gauche.

Face à une telle force de la nature, aucune femme ne pouvait maintenir son attitude négative. L'Illyrien de Fitz est devenu volcanique. A la fin, la dame au piano écarta les mains et dit : « Hein ! et se leva du tabouret à musique. Elle resta un moment indécise, mais le regard sur elle était celui d'un serpent fixé sur les yeux d'un oiseau. La détermination de l'homme avait gagné la journée. Car, clairement à son ordre, elle quitta la pièce, et Fitz, blanc et tendu, mais avec des yeux flamboyants, la suivit.

Pour le moment, il semblait qu'il avait oublié ses confrères conspirateurs. Mais dès qu'il fut sorti de la pièce, il fit demi-tour.

"Reste où tu es", dit-il. "Vous serez recherché tout à l'heure."

Nous restâmes tous les cinq à le regarder à travers la porte ouverte du salon. C'est le chef de la police qui a rompu le silence.

« Quel est son jeu maintenant ?

— Il semble qu'il s'emploie à convaincre une femme contre sa volonté, dis-je. Avez-vous pu suivre la conversation ?

"Pas tout à fait. Il semble avoir décidé que Madame ferait quelque chose, et Madame semble avoir décidé qu'elle ne le ferait pas. Mais de quoi s'agit-il exactement, je ne peux pas le dire. Cela ne me dérange pas de parier. un shilling tout de même, pour que ce damné obtienne ce qu'il veut. Ma foi, je n'ai jamais vu son égal ! »

Le chef de la police rit d'une voix creuse et ôta une autre goutte de sueur honnête de son visage.

Le départ de Fitz avec la comtesse marqua le renouvellement de notre suspense. Nous voici tous les cinq atterris indéfiniment, nous mordant les pouces. La situation était plutôt absurde. Cinq Anglais respectueux des lois se sont réunis avec une intention délibérée dans une maison privée, mais connaissant très peu de choses sur les affaires qu'ils avaient en cours. Chacun s'était frayé un chemin furtivement et sous de faux prétextes jusqu'au cœur même des lieux. Dans ce salon confortable, nous n'avions aucune *qualité pour agir* . Pour tous les membres de l'établissement, nous étions de parfaits inconnus, et pour nous, ils étaient tout aussi étranges. Fitz ne reviendrait-il jamais ? L'appel à l'action ne serait-il jamais lancé ? Un homme au front haut et à l'allure de fonctionnaire s'approcha du seuil de la pièce, nous regarda pensivement, puis repartit. Deux minutes plus tard, un deuxième individu a répété la même performance. Nous étions sans doute cinq oiseaux étranges et inattendus, mais toute cette affaire commençait à être ridicule.

J'ai regardé ma montre. Il était dix heures vingt-cinq. Puis l'invaincu O'Mulligan s'est assis au piano et a commencé à jouer le dernier chef-d'œuvre en vogue au Tivoli. Les accents de sa mélodie chercheuse eurent pour effet de nous amener un autre domestique avec une nouvelle provision de café.

"Pouvez-vous me dire si l'ambassadeur dîne dehors ce soir ?" Dis-je au serviteur.

"Oui, monsieur", dit l'homme qui était anglais. "Au palais de Buckingham, mais il sera chez lui avant onze heures."

"Est-ce que la princesse héritière dîne là aussi ?"

"Non, monsieur, je ne crois pas."

"Elle est dans la suite des chambres à l'étage suivant ?" Dis-je négligemment.

"Oui Monsieur."

Quand l'homme s'est retiré, j'ai été félicité.

"Bien joué, toi!" dit Coverdale. "Informations utiles."

"Je me demande si Fitz en sait autant", dis-je.

" Bien sûr que oui. Ce type infernal a plutôt bien réfléchi à cette chose. Il connaît le jeu auquel il joue. "

C'était rassurant de la part de quelqu'un dont l'habitude était opposée à l'optimisme.

Inspiré par le fait que Son Excellence dînait au palais de Buckingham, Alexander O'Mulligan commença à marteler plus chaleureusement que jamais le piano à queue droit.

"Donnez votre imitation des cloches d'église et d'un orgue de Barbarie, Alec", dit un humble admirateur, insinuant un peu plus d'aisance dans son attitude.

« Pensez-vous que cela les dérangera si nous fumons ici ? dit Brasset plaintivement. "Je meurs d'envie d'une cigarette."

Cependant, avant que le Maître du Crackanthorpe puisse avoir recours à cette aide à son existence, Fitz revint. Il était seul et il était péremptoire.

« Quel vacarme infernal vous faites, les gars ! Il fixa son regard démoniaque sur le champion amateur des poids moyens. "Laisse ce piano et viens te présenter à ma femme."

arrivions enfin aux chevaux. Il y eut un quadrillage d'épaules perceptible et une fusillade de menottes, puis Fitz sortit de la pièce en tête, suivi de Coverdale et du reste d'entre nous en ordre de revue. Nous montâmes un autre escalier de marbre et le long d'un long couloir, à travers une succession de salles de réception, jusqu'à ce que nous nous trouvions enfin dans un appartement plus grand et plus orné que tous les autres. Sa sombre richesse était vraiment imposante. Tableaux, tapisseries, candélabres, tapis et meubles se combinent pour lui donner des airs de chambre d'État.

Trois dames étaient assises au fond de cette magnifique salle. L'un était le beau musicien à qui Fitz avait imposé sa volonté ; une autre était une dame mûre et majestueuse, aux cheveux blancs comme neige et aux traits patriciens ; et le troisième, appuyé sur une chaise à haut dossier doré, était le « Stormy Petrel », la princesse héritière d'Illyrie.

Dès que nous sommes entrés dans la salle, les deux autres dames se sont levées, laissant la princesse assise en grande pompe. Fitz présenta à chacun de nous toutes les formalités que la royauté la plus sensible aurait pu souhaiter. Sa manière de nous recommander à Son Altesse Royale était digne, autoritaire et non dénuée de grâce. En ce qui nous concerne, j'espère que notre attitude n'a pas manqué de la ponctilio nécessaire.

Jusqu'à présent, nous avions eu le privilège de voir Mme Fitz chasser dans son célèbre manteau écarlate, alors qu'il est certain qu'elle avait été le centre de nombreuses observations critiques. Mais alors la princesse se confondait avec la brillante cavalière ; et cela prouve avec quelle facilité « la vraie chose » peut passer pour la simple audace de l'intrépide aventurière, si l'on en vient à considérer que l'allure de « la cavalière de cirque de Vienne » n'éveille aucun soupçon sur son statut.

Il serait facile de se livrer à une page de réflexion au sujet de Mme Fitz. Son style était aussi prononcé en selle qu'au salon, mais les experts en cette qualité insaisissable n'avaient pas réussi, comme ils le font parfois, à en apprécier l'authenticité. Sans doute, ils n'auraient pas réussi encore une fois à donner à la chose authentique sa raison d'être , si nous n'avions pas eu l'assurance de Fitz que nous étions en présence de l'héritière de la plus ancienne monarchie d'Europe.

Il est temps que je tente de décrire cette noble créature. Mais il est vain de chercher à peindre une grande œuvre de la nature. Je pense avant tout qu'elle doit être considérée comme telle. Elle était prodigue en beauté ; impérieuse dans la vivacité de son défi ; splendide dans la franchise saisissante de ses yeux sombres et dédaigneux. Il existait une puissance contraignante devant laquelle le monde des hommes et des choses était enclin à céder ; mais il y avait aussi du pathétique dans cette vaillante sécurité d'elle-même, qui savait si peu de choses et pourtant exigeait tant ; et par-dessus tout, il y avait la fascination immémoriale d'un être malchanceux, intensément sensible, qui semblait dans sa propre personne être l'incarnation de tout un sexe à l'aube du XXe siècle.

Un à un, nous rendîmes notre hommage, et il n'en fut pas moins rendu par le romantisme des circonstances.

"Vous êtes des hommes courageux !" dit-elle d'une voix merveilleusement basse et claire. "Nous, les Sveltkes, avons toujours su estimer les hommes courageux."

Coverdale, en tant que doyen du parti, a pris sur lui de parler en notre nom. Il se tenait droit et s'inclinait beaucoup trop raidement pour passer pour un courtisan. Mais il avait une sorte de sincérité simple, presque rude, qui compensait un peu son absence résolue de grâce.

"Si nous devons avoir le privilège, madame", a déclaré le chef de la police,
"de nous rendre utiles, je suis sûr que nous nous sentirons tous très fiers et
honorés ."

Il y a souvent quelque chose d'assez charmant dans la tentative d'un homme
simple d'orner. Une maladresse si honorable faisait briller les yeux de Son
Altesse Royale d' humour et de bienveillance.

" *Mais oui* , *mon cher* , je le connais bien, *les Anglais sont des hommes honnêtes* . »
Soudain, elle rit d'un rire tout à fait charmant et nous enveloppa tous les six
d'un regard de la plus haute bienveillance, avec lequel sans doute ses chiens
et ses chevaux préférés avaient souvent été gâtés. « Savez-vous qu'il y a
quelque chose dans *les Anglais* que j'aime beaucoup. Des gars tranquilles, hein,
toujours un peu *bêtes* , mais tellement—tellement dignes de confiance. Oui,
je les aime beaucoup."

Il y avait quelque chose de doux, de suranné et de tout à fait captivant dans
l'accent de Son Altesse Royale. Le sourire dans ses yeux était la franchise
même.

" J'espère, madame, " dit le chef de la police, travaillant toujours vaillamment
avec sa politesse, " que nous mériterons des éloges. "

La princesse continuait de sourire. C'était un sourire très caractéristique. On
aurait pu s'attendre à ce qu'une petite fille admirant son assortiment de
poupées, ou le vieux Frédéric de Prusse passant en revue son régiment de
géants, se livrent à un geste très similaire. Nous étions d'honnêtes Anglais,
des gars tranquilles, une petite *bête* , à qui on pouvait toujours faire confiance
; et sa *naïveté* était telle qu'elle devait forcément nous informer de ces faits.

"Vous devez connaître mes dames. Elles aimeront vous connaître, j'en suis
sûr."

L'aînée était la margravine du Petit Grabia ; la belle admiratrice de Strauss la
comtesse Etta von Zweidelheim . Les révérences étaient profondes ; et pas
un instant l'air de grande indulgence ne quitta le visage de Son Altesse Royale.

"La Margravine est une bonne et chère créature, colonel Coverdale. Elle m'a
souvent aidé lorsque je ne pouvais pas faire mes calculs. Je n'ai jamais pu faire
de calculs, parce que j'ai toujours pensé qu'ils étaient stupides. Mais c'est une
âme si gentille et si fidèle, mon cher colonel, et pas du tout bête, comme les
sommes qu'elle me mettait. Quant à sa cuisine, elle est excellente, si vous
n'êtes pas occupé autrement, mon cher colonel, je vous recommanderais de
l'épouser.

La plus jeune partie des gardes du corps de Son Altesse Royale, Brasset, Jodey
et O'Mulligan , céda brusquement du terrain. Le champion amateur de
Grande-Bretagne des poids moyens a failli nous déshonorer en s'étouffant

de manière audible. Mais en réalité, l'expression de consternation sur le visage buriné du chef de la police était prodigieuse. Cependant sa présence d'esprit et sa politesse de courtisan ne l'abandonnèrent pas un instant.

"Ravi, j'en suis sûr", murmura-t-il.

"J'en suis sûre, un homme aussi courageux que le colonel Coverdale a déjà une bonne épouse", a déclaré la dame aux traits patriciens, parlant un excellent anglais avec une grande amabilité.

L'entrée d'une quatrième dame dans la pièce a empêché tout développement ultérieur de ce sujet séduisant. Elle portait une cape d'opéra. De toute évidence, cela a été conçu pour l'usage de la princesse.

Son Altesse Royale préféra cependant s'attarder. Fitz, tournant autour de sa chaise, avait du mal à dissimuler son impatience. De toute évidence, ce retard, qui était injustifié et inutile, lui mettait les nerfs à rude épreuve. Sa femme devait en être consciente, puisqu'elle lui tapota la manche d'un air à la fois apaisant et maternel. Elle ne montra néanmoins aucune hâte de renoncer au confort de la chambre ni au plaisir de la société dans laquelle elle siégeait.

"J'espérais", a déclaré Fitz, "que nous pourrions nous enfuir avant le retour de von Arlenberg ."

Le sourire de la princesse était d'un rare éclat.

" Ah oui, cher baron. C'est peut-être mieux. "

Fitz prit le manteau des mains de la dame, mais avant qu'il puisse le placer autour des épaules de sa femme, des voix se firent entendre au fond de la longue pièce.

Trois hommes étaient entrés.

Le premier qui s'approcha de nous fut un personnage grand, gros et fleuri, vêtu de grand costume de cour et de tant de décorations qu'il ressemblait à une caricature. C'était certes une figure d'homme magnifique, mais, en ce moment, manquant un peu de sérénité. Son visage montrait des traces d'une consternation qui eût été presque comique si elle n'avait pas été assez douloureuse. A notre vue, nous six, il étendit les mains et gesticula vers ceux qui l'accompagnaient dans la pièce.

A voix basse, il dit quelque chose en illyrien que je ne comprenais pas.

En contraste frappant avec l'inquiétude de l'ambassadeur, les manières de la princesse étaient aussi aimables et posées que si elle était assise dans le château de Blaenau.

"Ah, baron, vous avez bien dîné ?"

"Excellent, madame, excellemment !" dit l'ambassadeur. La consternation sur son visage s'approfondissait peu à peu.

" *Très bien* ; c'est bien. J'ai entendu mon père dire que la cuisine était le seul art dans lequel les bons Anglais ne sont pas tout à fait parfaits. Et *le bon roi Edouard* , j'espère qu'il est en bonne santé ? "

"En bonne santé, Madame, en bonne santé."

Le désarroi dans les yeux de l'ambassadeur était plutôt tragique. Son regard voyageait sans cesse pour rencontrer celui de ses deux compagnons, des hommes impassibles qui ne parvenaient pourtant pas à cacher leur inquiétude. D'un autre côté, l'air de la princesse était délicieusement frais et *dégagé* .

« Baron, dit-elle, connaissez-vous mon mari ?

Son sourire, tout en parlant, prenait une malice qui faisait penser à une épée.

"Madame, je n'ai pas ce privilège", dit froidement l'ambassadeur.

D'une manière ou d'une autre, la manière de la réponse donnait une idée élargie du calibre de Son Excellence . Si dans une telle situation il est permis à un humble spectateur de parler de lui-même, j'ai senti ma gorge se serrer et mon cœur se mettre à battre.

"Eh bien, baron," dit la princesse, "c'est un privilège que vous convoitez, j'en suis sûre. Son Excellence le Herr Baron von Arlenberg , représentant de mon cher père en Angleterre, M. Nevil Fitzwaren , écuyer de Broadfields, dans le comté de Middleshire ."

L'ambassadeur s'inclina gravement puis lui tendit la main.

Fitz rendit légèrement et brièvement l'arc du représentant de Ferdinand XII, mais ignora complètement sa main.

CHAPITRE XIII

AUTRES PASSAGES AU NO. 300, PLACE PORTLAND

La princesse était amusée.

" *Aha, les Anglais ! Très bons enfants !* "

Les sourcils royaux se soulevèrent de plaisir malicieux.

"Et voici, cher baron," dit Son Altesse Royale, "c'est mon bon ami le colonel Coverdale, qui a senti la poudre dans les guerres de son pays."

L'impolitesse ouverte de Fitz semblait aider l'ambassadeur à maintenir son sang-froid. Il s'inclina et tendit la main au chef de la police d'une manière exactement semblable à celle qu'il avait utilisée pour le mari de la princesse.

Le chef de la police a serré la main de l'ambassadeur. C'était amusant d'observer la manière dont chacun de ces gros chiens regardait l'autre. Le représentant de Ferdinand XII était un homme d'une plus grande envergure que sa première apparition ne le laissait croire.

« Il est agréable, madame, dit-il, de vous trouver entourée de vos amis anglais.

Les yeux sombres débordaient de sens.

"Avouez, baron, que vous ne pensiez pas que j'en avais autant."

"Votre Altesse Royale n'est pas tendre avec mon intelligence", a déclaré Son Excellence.

"Avouez donc que vous ne pensiez pas que tel était leur courage ?"

"Je me parjurerai si Votre Altesse Royale le désire." Le rire de l'ambassadeur n'était pas si gai dans ses effets que dans ses intentions. "Mais pourrais-je croire que vous admettriez n'importe qui, sauf les plus courageux, à votre amitié ?"

"Alors vous reconnaissez , Baron, que mes amis sont courageux ?"

"Indiscutablement, madame, ils sont courageux."

" Expliquez donc, baron, pourquoi vous n'avez pas gardé les portes de ma prison ? Pour quelle raison, lorsque vous êtes sorti dîner ce soir, avez-vous oublié de les fermer à clé et de mettre les clés dans votre poche ? "

Devant le rire subtil dans les yeux de son interlocuteur, l'ambassadeur baissa le regard.

"J'espère que Votre Altesse Royale ne pense pas que l'un des plus anciens, voire l'un des plus humbles serviteurs du bon roi, ait si peu d'estime pour

Votre Altesse Royale qu'il cherche à lui interdire les plaisirs les plus simples ?"

"Il n'est pas venu à l'esprit de Votre Excellence que ce dont vous parlez comme du plus simple des plaisirs puisse s'avérer pour vous la plus grande des calamités ?"

A ce stade, l'ambassadeur fut tenté de dissimuler.

"Je n'arrive pas, Madame, à lire vos pensées."

"Menteur!" murmura Fitz à mon oreille.

"Votre Excellence semble avoir une réserve de simplicité naturelle", a déclaré la princesse.

L'ambassadeur s'inclina.

"N'est-ce pas une bonne chose à avoir, madame, de nos jours ?"

"N'a-t-il pas pensé à Votre Excellence que c'est un luxe que se refusent occasionnellement ceux qui veulent servir leur Souverain ?"

" S'il plaît à Votre Altesse Royale d'exercer votre esprit délicieux aux dépens du plus humble serviteur du bon roi ! "

"Cela ne me plaît pas, Excellence. Cela me chagrine jusqu'au cœur."

Avec un discours remarquable, la princesse changea de ton. Tout à coup, l'inflexion claire et douce d'une plaisanterie légère fut remplacée par une inflexion froidement formulée.

« Je suis désolé, madame », dit l'ambassadeur simplement et avec sincérité ; "Je suis mille fois désolé. Je ne me pardonnerai jamais si j'ai blessé les susceptibilités de Votre Altesse Royale. J'espérais déjà avoir fait comprendre que le moindre de vos serviteurs n'a pas été un agent libre dans tout ce qui a été fait. Je suis l'humble instrument d'un auguste maître.

"Je suis d'accord avec vous, Herr Baron, que le Roi, dans sa sagesse, ne peut pas faire de mal. Mais c'est parce que vous avez trahi le service de votre maître que je suis malheureux."

Le Herr Baron baissa les yeux.

« S'il vous plaît à Dieu, dit-il humblement, le moindre des serviteurs du roi ne trahira jamais le service de celui à qui il doit tout.

La princesse rit, un peu cruellement.

"Discours, baron", dit-elle.

« Votre Altesse Royale daignera-t-elle m'expliquer de quelle manière j'ai trahi le service de mon maître ?

" Si vous insistez sur la question, j'y répondrai. Sur ordre du Roi, vous me prenez de force et vous m'emprisonnez dans votre maison jusqu'à l'heure à laquelle je pourrai être transporté au château de Blaenau. Et puis, dans un moment de malchance, tu ouvres la porte de ma cage, et je suis à nouveau une personne libre en compagnie de mes amis.

La princesse se leva brusquement et, avec un dédain qui ressemblait à une rapière, laissa Fitz lui mettre le manteau sur les épaules.

L'ambassadeur gardait son sang-froid. Dans son maintien, dans l' éclat froid de ses yeux, dans la rigidité de sa mâchoire, se manifestaient une volonté inflexible.

"Les ordres, Madame, du Roi, mon maître, sont explicites", dit-il à voix basse. "Cela me chagrine amèrement de ne pas pouvoir permettre qu'ils soient mis de côté."

"Qu'il en soit ainsi, Herr Baron." Les grands yeux sombres de la princesse transperçaient l'ambassadeur comme une paire d'épées.

Au milieu de ces passages, Fitz reprenait son *rôle* de généralissime.

"Arbuthnot," me murmura-t-il, "vous, Brasset et Vane-Anstruther gardez la porte la plus éloignée. Que personne n'entre ou ne s'évanouisse. Coverdale et O'Mulligan veilleront sur l'autre."

En silence et sans ostentation, nous nous disposâmes en conséquence. De toute évidence, il n'était pas venu à l'esprit de l'ambassadeur de s'attendre à ce qu'une demi-douzaine de civils ordinaires en habits noirs soient forcés de se rendre dans sa propre maison.

A peine avions-nous pris place que Fitz, qui se tenait à côté de la princesse, reçut d'elle un regard qui était aussi un ordre. Alors, pour la première fois, il daignait s'adresser à l'ambassadeur.

"Baron von Arlenberg ", dit-il, "les amis de Son Altesse Royale ne souhaitent pas recourir à *la force majeure* , mais Son Altesse Royale désire que je vous informe qu'elle en dispose. Elle espère néanmoins que votre le bon sens naturel lui épargnera la nécessité de l'employer.

Les paroles de Fitz étaient bien prononcées, mais son ton, si scrupuleusement retenu qu'il fût, avait un ton sous-jacent de menace que l'ambassadeur et ses deux secrétaires ne pouvaient guère manquer de détecter. Les yeux froids de Son Excellence semblaient flamboyer de fureur, mais il ne répondit pas.

La princesse prit le bras de son mari et fit un pas en direction de la porte la plus éloignée. Au même instant, l'ambassadeur fit un mouvement vers la gauche, là où une corde de cloche pendait au mur.

"Baron von Arlenberg ", dit Fitz d'un ton qui l'obligea à rester là où il était, "si vous touchez cette corde , je vous ferai exploser la cervelle."

Fitz avait déjà le revolver en main. Il couvrit l'ambassadeur imperturbablement. Les deux secrétaires, bien que déconcertés par la rapidité de l'acte, s'avancèrent.

"Restez à l'écart de la corde de la cloche, messieurs", dit Fitz. "Je n'hésiterai pas."

Les secrétaires s'arrêtèrent indécis à côté de leur chef, et ce faisant, Coverdale quitta son poste par la porte la plus proche et, le revolver à la main, monta solennellement la garde au-dessus du cordon de la cloche.

"Je crains, messieurs", dit Fitz, "que vous n'ayez d'autre choix que de respecter les souhaits de la princesse. Et elle désire que vous restiez dans cette pièce jusqu'à ce qu'elle ait quitté l'ambassade."

Cependant, malgré tout son sang-froid, Fitz avait commis deux erreurs de calcul importantes. À droite, il y avait une autre corde de cloche, et il y avait aussi la dame aux cheveux d'argent, la Margravine du Petit Grabia . J'ai bondi de mon poste et j'ai littéralement arraché la corde de ses doigts, mais pas avant qu'elle ne l'ait tirée aussi fort qu'elle le pouvait.

Escortée par Fitz, la princesse sortit de la chambre, tandis que les amis de Son Altesse Royale prenaient un air d'hostilité tranquille, mais déterminée, pour empêcher l'ambassadeur, ses secrétaires, la margravine, qui paraissait furieuse, et le bon joueur. de Schumann, qui paraissait rongé de gaieté, de la suivre.

A peine la princesse eut-elle franchi la porte la plus éloignée, que Brasset et Jodey eurent l' honneur de lui tenir, que la comtesse Etta von Zweidelheim s'effondra sur un canapé commode.

"C'est plus méchant qu'Offenbach !" dit-elle en commençant à pleurer doucement.

Si c'était effectivement mieux qu'Offenbach, je ne suis pas compétent pour l'affirmer, mais je peux répondre que pour tous, à l'exception de cette charmante mais ridicule dame, c'était beaucoup plus grave. L'ambassadeur était un homme courageux et doté d'une forte volonté, mais, comme il convient à sa vocation, il n'était en aucun cas un imbécile. Il l'avait vu dans les yeux de Fitz qui lui avait assuré qu'un respect trop pointilleux de la volonté de son souverain serait non seulement vain, mais indiscret. Et à peine Fitz et la dame royale avaient-ils disparu de sa garde, qu'il y avait Coverdale et nous tous à affronter.

Le chef de la police, dos au mur, même sans arme à feu dans son poing ferme, est une figure très considérable d'un homme qui ne tolère les bêtises de personne. Ensuite, Alexander O'Mulligan , près de la porte la plus éloignée, avait une personnalité qui ne manquait en aucun cas de force de persuasion.

A peine la princesse était-elle partie, que la porte d'O'Mulligan fut tentée du dehors. Le champion amateur de Grande-Bretagne des poids moyens s'y est opposé avec beaucoup de succès.

"À l'aide!" appelé la Margravine dans une baie profonde, qui, à nos oreilles alarmées, semblait devoir être audible à un demi-mille. "Sauvez la princesse ! Au secours ! Au secours !"

En réponse à cet appel, une pression toujours plus forte s'exerça sur la porte. Les gonds gémissaient et les panneaux tremblaient ; et enfin Alexander O'Mulligan retira brusquement son poids, et plusieurs personnes tombèrent tête baissée, les unes sur les autres, pêle-mêle dans la pièce.

"Je pense que nous ferions mieux d'y aller", a déclaré Coverdale, au milieu de ce chaos.

Les cinq derniers champions de la liberté de la Princesse se rassemblèrent et, les armes toujours à la main, se retirèrent en excellent ordre. Mais un appartement resplendissant en entraînait un autre, également resplendissant, et, dans le labyrinthe des portes et des couloirs, nous ne trouvions pas l'escalier. Et immédiatement derrière nous, l'ambassadeur indigné et sa suite gagnaient à chaque instant en nombre et en moral.

La situation était ridicule, mais non sans danger. Il était difficile de savoir ce qui allait se passer et il restait très peu de temps pour formuler une conjecture. Il était d'ailleurs très important que nous descendions sans tarder, car notre présence là-bas risquait d'être cruellement nécessaire.

En fait, nos remerciements étaient dus à l'Ambassadeur qui nous a permis de trouver l'escalier. Car lui et un certain nombre de personnes excitées se précipitèrent devant nous et se dirigèrent directement vers nous. Ils sont descendus les premiers, mais nous les avons suivis de près.

Au rez-de-chaussée, tout était paisible. Les hommes en livrée et divers fonctionnaires égarés étaient sereinement inconscients de ce qui s'était passé. Fitz avait enfilé son pardessus et, avec un sang-froid prodigieux, se préparait à partir. Au moment où l'ambassadeur apparaissait, il conduisit la princesse dans le vestibule extérieur.

"Ils ne peuvent pas les arrêter maintenant", a déclaré Coverdale. "Nous ferions mieux de prendre soin de nos manteaux et de nos chapeaux, puis de nous diriger vers le Savoy."

C'était bien vrai, car la porte qui donnait sur la rue était déjà ouverte.

Un coupé électrique que Fitz avait eu la prévoyance de fournir attendait près du trottoir . Coverdale et moi récupérâmes nos biens dans la salle d'attente au pied de l'escalier, tandis que les autres partaient à la recherche des leurs ; et cela fut si vite accompli que nous pûmes être témoins d'un incident qui n'était pas le moins mémorable parmi tant d'autres de cette étonnante soirée.

L'ambassadeur comprit que la partie était perdue dès qu'il aperçut la porte ouverte et le coupé prêt. Il s'abstint donc de dépasser le vestibule intérieur. On attend d'un ambassadeur qu'il ne porte pas atteinte à sa dignité dans les situations les plus exigeantes.

Mais il reste un incident étonnant à enregistrer. Fitz, après avoir mis la princesse en sécurité dans le coupé, rentra dans la maison. S'approchant directement de l'ambassadeur, il lui adressa une insulte mesurée.

"Espèce de chien lâche", dit-il. "Je vous fusillerais comme un chien s'il n'y avait les lois du pays. Vous ne valez pas la peine d'être pendu. Mais je vous retrouverai à Paris à la première occasion. Voici ma carte."

Avant de pouvoir l' en empêcher, il donna à l'ambassadeur un coup sur la joue avec sa main ouverte. Ce n'était pas lourd, mais c'était prémédité.

Les membres de l'ambassade se sont rapprochés de Fitz.

« Entrez dans la salle de bal, monsieur », dit l'ambassadeur, qui était devenu mortellement pâle.

"Quand j'aurai mis la princesse en sécurité, je vous obligerai", a déclaré Fitz. "Mais ce serait plus pratique si nous organisions une rencontre à Paris."

"Vous allez me rencontrer maintenant, monsieur", dit l'ambassadeur.

Coverdale s'avança dans le cercle qui avait été formé.

"J'ai bien peur que ce soit impossible", a déclaré le chef de la police. "La pratique du duel n'a aucune sanction dans ce pays. Pour tous les intéressés, il sera sûrement plus commode de se réunir à Paris."

L'intention de Coverdale était pacifique et c'est un homme de poids, mais les principes de cette affaire risquaient d'être trop lourds pour lui.

"Arbuthnot," dit Fitz, "veuillez bien accompagner la princesse au Savoy. Nous arriverons tout de suite."

Pendant un moment, la question resta en suspens. L'ambassadeur avait exigé satisfaction et Fitz était plus que disposé à l'accorder. Mais Coverdale était tout aussi résolu. Au mieux de mes capacités, j'ai secondé ses efforts, mais avec des hommes si entêtés et si implacables, il était presque impossible d'exercer une quelconque autorité.

"Si vous ne voulez pas me soutenir", a déclaré Fitz à Coverdale, "peut-être que cela ne vous dérangera pas de prendre la place d'Arbuthnot. J'ose dire que vous, les autres gars, viendrez dans la salle de bal."

À notre grand désarroi, Fitz, reprenant la manière napoléonienne, se tourna vers l'escalier.

"Qu'y a-t-il à faire?" J'ai demandé anxieusement au chef de la police. "Je suis moi-même un homme de paix, mais l'un de nous doit l'aider à s'en sortir."

"Je suis d'accord avec toi, le maudit tison ! Mais l'un de nous doit rester et l'autre doit s'occuper de la princesse."

Le chef de la police n'a pas caché qu'il avait une prédilection pour cette dernière fonction.

« Je ne connais pas grand-chose aux affaires d' honneur , dis-je, et j'aimerais de loin qu'un homme plus expérimenté prenne en main une chose pareille ; mais je peux tout à fait croire que votre position officielle… »

« Au diable la position officielle ! dit le chef de la police. "Si vous pensez honnêtement que je serai plus utile que vous, il n'y a rien de plus à dire. Nous sommes ici pour nous rendre utiles et nous devons aller jusqu'au bout."

"Très bien, je vais m'occuper de la princesse, et toi, va à la salle de bal et fais ce que tu peux pour sauver la situation."

CHAPITRE XIV

UN INCIDENT DÉPLORABLE

C'est avec un sentiment proche du désespoir que j'ai vu Coverdale suivre les autres dans les escaliers. En premier lieu, ma propre position était odieuse. Mais il n'y avait rien à faire. Il ne faisait aucun doute que Fitz devait avoir à ses côtés un homme éprouvé comme Coverdale, tandis qu'il était également nécessaire qu'une personne ayant quelques prétentions à la responsabilité prenne en charge la dame qui se trouvait dehors en sécurité dans le coupé électrique. Pourtant, ce qui prédominait dans mes pensées était un souci plus insistant. L'affaire avait pris une bien mauvaise tournure. Fitz s'était montré un homme qui ne s'en tenait pas aux bagatelles, tandis que von Arlenberg , à moins que ses manières ne le démentirent, était coulé dans un moule similaire . C'est donc avec une certaine inquiétude que j'allai offrir mes services à Son Altesse Royale. Ce personnage distingué était assis très à son aise, mais avec un léger froncement de sourcils sur son visage quelque peu impérieux.

"Où est Néfil ?" dit-elle.

« Je dois vous dire, madame, » dis-je, « que M. Fitzwaren est… euh… discutant de certaines questions importantes avec Son Excellence, et que si cela vous convient, il désire que je vous accompagne à votre hôtel. "

"Quels sont les problèmes ?" Son regard direct semblait me traverser.

"Il y a… euh… certains détails qui doivent être ajustés."

"Eh bien, j'espère que Nefil sera capable de tirer droit."

Que j'aie été plus interloqué par le cynisme de la remarque ou par sa sagacité, il serait vain de se renseigner. Mais à cette pieuse espérance je n'avais rien à ajouter ; et je me sentais décidément mal à l'aise devant la portière de la voiture. Il n'y avait pas de place devant, à côté du chauffeur, et je n'avais reçu aucune invitation à m'asseoir à l'intérieur.

La pause était gênante, mais d'une manière ou d'une autre, cela ne semblait servir à rien.

"Bien?" » dit la dame, non sans un soupçon d'aigreur.

Même cela, je ne pouvais pas accepter une invitation à entrer. J'étais parfaitement conscient que mon embarras jouait contre moi.

"Aha, *les Anglais* !" La méchanceté n'était pas très géniale. "Voudriez-vous que j'ouvre la porte ?"

J'ai dit au chauffeur de se rendre au Savoy et j'ai pris le siège offert à côté de la princesse héritière d'Illyrie.

La découverte n'a aucune prétention d'être originale, mais pour découvrir ce qu'est réellement une femme, il faut s'asseoir seul avec elle et *en tête-à-tête* . L'occasion de faire preuve de franchise ne sera probablement pas négligée d'un côté ou de l'autre, puisque l'étalage de cette qualité engageante d'un côté semble automatiquement l'évoquer de l'autre.

A peine fus-je assis à côté de Mme Fitz que je me sentis plus à l'aise. Elle était si sensible, si réactive ; une créature qui, sous la réserve tranchante de ses manières, était vivante dans tous ses nerfs.

Elle m'a tapoté les genoux avec son éventail.

"Aha, *les Anglais* !" À la lumière des lampes, je pensais que ses yeux étaient comme des étoiles. "Si courageux, si honnête et si *bête* , je les aime tous !"

Le charme de sa présence semblait me submerger.

"Mon brave Nefil va le tuer, n'est-ce pas ?"

« Je crains, dis-je, que l'un d'eux ne voie pas demain.

"En effet, oui ; il ne peut en être autrement."

Son calme m'a étonné. Et pourtant, il n'y avait rien d'insensible ou d'anormal. Peut-être pourrait-on le décrire comme l'expression extérieure d'une nature impériale. C'est du moins l'impression que j'ai eue. Lorsque ses serviteurs tiraient leur épée pour sa cause, ils ne devaient pas chercher une piqûre dans le bras. Qu'ils se préparent à risquer leur vie et à les céder volontiers. J'ai légèrement frissonné; c'était barbare qu'une femme puisse ainsi offrir aux dieux le père de ses enfants, et pourtant c'était sublime.

Nous arrivâmes trop tôt au restaurant où Fitz avait commandé un dîner pour sept personnes. La salle se remplissait rapidement après les théâtres. Nous nous sommes assis sur un canapé dans le hall pour attendre notre fête ; J'avais une anxiété aiguë et un sentiment d'appréhension qui me tenait bouche bée ; mon compagnon avec un détachement d'esprit qui, dans les circonstances, semblait presque inhumain. Pour elle, un homme était en train d'être tué ; celui qu'elle aimait, ou celui que son père honorait . Mais quel que soit le décret du Destin, sa nature était instruite jusqu'à la soumission.

Assise à mes côtés dans le hall, elle a soumis la foule des spectateurs qui revenaient au théâtre à un examen franchement humoristique et malveillant. Ces Anglais si *bêtes* l'amusaient énormément. Les vêtements qu'ils portaient, les airs qu'ils se donnaient, les choses qu'ils faisaient et celles qu'ils s'abstenaient de faire, pas un détail n'échappait à cette intelligence audacieusement franche, à cette intelligence alerte et curieuse.

"Vos femmes ne sont pas comme vous, beaux gros chiens anglais", dit-elle en me tapotant de nouveau les genoux avec indulgence. " *Les Anglaises* , comme elles sont guindées et pincées, quelles robes elles portent et comment elles marchent ! Mais j'adore *vos jolis hommes* : fut-ce jamais une telle distinction, un tel charme, une telle bêtise ! *Mon père* aura un régiment anglais. Je le relèverai moi-même et j'en serai le colonel.

Son rire était profond, riche et plein de malice. Même moi, stupide et frappé de peur, j'étais pourtant suffisamment indiscret pour tenter de saisir l'occasion.

"Ce sera la chose la plus simple au monde, madame. Ne l'avez-vous pas déjà soulevée ?"

Une autre tape indulgente fut ma récompense.

" *Très bon enfant* ! *Quel esprit* ! Tu seras assis à mes côtés quand nous mangerons. "

Son ridicule avait une gaine de velours, mais même un Anglais, qui se sentait aussi lamentablement inefficace que moi, était susceptible de subir ce coup.

Il est difficile pour le Britannique moyen, parfaitement conscient d'être protégé par un supérieur, d'avoir une attitude facile, gracieuse et naturelle ; dire les choses appropriées de la manière appropriée et gérer la situation avec légèreté. À chaque instant où j'étais assis aux côtés de Son Altesse Royale, au centre du regard du public, je sentais ma position devenir de plus en plus odieuse. La pose de mon compagnon semblait devenir plus olympienne ; tandis que si j'osais une *riposte* timide ou une plaisanterie timide, j'en souffrais ; ou si je restais silencieux et respectueux — et c'est après tout la seule attitude à prendre en présence de nos meilleurs —, je fournissais un exemple supplémentaire de la lourdeur de mes compatriotes.

J'en étais arrivé à la conclusion que moins j'en disais, mieux je me porterais avec ma dignité trop sensible, mais même la prononciation occasionnelle d'un monosyllabe ne me sauvait pas.

"Quand j'entends grogner les gros chiens, les masteefs anglais , je me dis : 'Ah, les chers amis, comme ils parlent excellemment la langue !'"

À moins d'être issu de la Race Élue, il faut plus de trois générations pour produire un courtisan. Je me sentais de plus en plus raide et généralement plus malheureux dans mon comportement . Et puis, comme pour achever de me renverser, entra dans le foyer un souper dont je ne pus considérer l'apparition sur scène qu'avec horreur.

Qui n'a pas senti qu'il existe parmi les corps astraux une puissance maligne, une sorte de dramaturge de cour, qui arrange pour nous, humbles habitants d'en bas, de sinistres coïncidences et de mauvaises surprises, afin de divertir les spectateurs privilégiés assis au ciel ? Le dîner qui s'est tenu parmi nous, qui avait l'air d'avoir été pour voir "L'importance d'être sérieux", et qui avait été choqué par sa légèreté répréhensible, était composé de Dumbarton, notre illustre voisin , "chère Evelyn" haut de gamme. coiffés et vêtus de satin rose, l'auguste Mme Catesby et le très respectable George, avec un ou deux autres d'importance mineure en ce qui concerne ce récit, bien que dans d'autres domaines, ils ne soient pas enclins à céder la place d'honneur à qui que ce soit.

Il ressort clairement de la manière rigide, lente et constante avec laquelle le groupe ducal passa devant notre canapé que nous étions découverts. Mme Catesby, en particulier, baissait les yeux avec une solennité vraiment épouvantable ; George, le très respectable, arborant son expression Quarter Sessions ; Dumbarton, ressemblant à un duc royal peint à l'huile ; et « la chère Evelyn », son épouse en robe rose, une image vraiment admirable de ce qui peut être réalisé en termes de hauteur de grande race. Je peux seulement dire que, parlant pour moi, j'ai adressé une humble prière au ciel pour que l'étage s'ouvre et me laisse passer.

Un frisson d'appréhension m'envahit. Je m'assis tout près, n'osant pas bouger une paupière.

Hélas! à mesure que le cortège défilait, une note de dérision s'élevait ; une note claire et résonnante en forme de cloche.

"Ach, rose ! Rose dans ce climat et avec ce teint !"

Même le *chef de la réception* a été obligé de suivre l'exemple de Mme Catesby en baissant les yeux avec une solennité vraiment épouvantable.

La sueur montait à mon misérable front. Je ne fais plus jamais de cauchemars sans rêver de satin rose. La fête ducale passa hors de notre portée, me laissant complètement brisé et plus que jamais à la merci de mon compagnon. Cependant, à mon grand soulagement, le « Stormy Petrel » a commencé à trahir de l'inquiétude à l'égard de son mari. Il commençait à sembler que le but de son adversaire avait été le plus droit.

Fitz était certainement un homme désespéré, et mes relations avec la dame qu'il avait convaincue de partager son nom rendaient cet aspect de son caractère encore plus clair . Quel courage énorme cet homme doit-il avoir pour enlever une telle lionne et tenter de garder la maison avec elle sur un pied d'égalité. Mais avait-il enfin été renversé ? Avait-il tenté le destin une fois de trop ? Les aiguilles de l'horloge avançaient vers minuit.

" Néfil a raté son but. " La voix de la princesse tremblait.

Mais presque immédiatement, il s'est avéré que ce n'était pas le cas. D'autres arrivaient dans le hall ; cinq hommes entrèrent ensemble, et le premier d'entre eux fut Fitz.

C'était peut-être la faute de mon imagination débordée, mais il me semblait que chacun des cinq paraissait excité et pâle. Mon compagnon se leva pour les recevoir. "C'est bien", dit-elle. "C'est bien." Elle se tourna vers Fitz, qui avait l'air horrible, et lui tendit la main avec un geste que je ne peux que comparer à celui de Méduse. Fitz porta la main à ses lèvres.

"Ce qui s'est passé?" Dis-je à Coverdale dans un murmure rauque.

"Ne demandez pas!" dit-il en se détournant à moitié.

"Voulez-vous dire..." dis-je ; mais la phrase est morte dans ma gorge.

L'invasion de la salle du dîner était une épreuve assez grave à affronter. Le stress de cette journée, tissé du tissu même de l'excitation, m'avait frappé ; et de nouveau j'étais en proie à une peur sans nom. Au lieu de suivre la trace de Mme Fitz sous les yeux d'une publicité trop notoire, j'ai eu envie de m'enfuir et de me cacher.

La salle était remplie de gens qui étaient là pour voir et être vus. Nous avons dû passer devant un certain nombre de tables pour atteindre celle qui nous était réservée au fond de la pièce. Au milieu de notre progression, tel un lion dans le portail, se trouvait le groupe ducal jouant avec élégance avec les cailles et le champagne.

Chaque membre de la garde du corps de Son Altesse Royale, y compris l'indomptable O'Mulligan , avait l'air abattu et malheureux et loin d'être à son meilleur. Mais la dame elle-même, dans son attitude et dans ses manières, ne cachait pas son statut. Elle était l'héritière présumée de la plus ancienne monarchie d'Europe et condescendait à manger au milieu des barbares.

Il était clair que le parti ducal était pleinement déterminé à prendre une voie extrême. Par l'animation de sa conversation et son respect assidu pour les cailles et le champagne, il espérait évidemment faire comprendre que notre intimité serait respectée si seulement nous avions la décence d'accorder à la leur une pareille indulgence.

Hélas! dans certains types de guerre, il n'y a pas de caractère sacré.

"Ach, rose !" » dit Mme Fitz, de cette voix qui avait une si terrible qualité de pénétration. "Est-ce que quelqu'un peut dis -moi *pourquoi* rose————?"

L'imagination nerveuse d'un homme marié, d'un père de famille et d'un membre du comté, semblait déceler un rire dans les tables voisines. Coverdale s'avança sombrement . Son Altesse Royale, empreinte d'un dédain impitoyable et plein d'humour, s'avança également. Fitz, cependant, s'attarda un moment et toucha l'épaule de son distingué voisin avec une incroyable cordialité napoléonienne.

"Bonjour, Duc !" il a dit.

"Comment vas-tu, Fitzwaren ?" dit le grand homme d'une voix qui semblait sortir de ses chaussures.

"Peu importe la Missus!" » dit l'Homme du Destin avec un comique demi-dressage de l'œil gauche à l'aspect patricien de Sa Grâce. "C'est seulement son plaisir."

L'audace de cet homme, son cynisme, son manque de goût étaient stupéfiants. Mais quel courage sublime ce garçon avait. Il continua sa route, les mains enfouies dans les poches, à la suite de Coverdale et de Son Altesse Royale. Brasset et moi, marchant délicatement, nous nous pressions sur ses talons, lorsque ce qu'on ne peut qualifier que de sifflement péremptoire et insistant nous rappela dans la zone dangereuse.

"Reggie ! Odo Arbuthnot !"

Nous avons adressé un triste salut à la plus auguste de son sexe.

"Je vous demande pardon, Mme Catesby, je ne vous ai pas vue, vous savez ."

La faiblesse apologétique de Brasset contrastait singulièrement et douloureusement avec l'ampleur épique de l'inconcevable Fitz.

"N'osez pas me dire un mot, ni l'un ni l'autre", dit la Grande Dame dans un murmure de truculence homérique. " Vous commettez un acte de suicide social. Quand je pense à votre mère, Reggie, et à votre femme et votre fille, Odo Arbuthnot, je... mais je ne dirai rien. Mais c'est un suicide social pour vous tous, y compris celui-là . stupide agent de police.

La chair ne peut supporter plus qu'une quantité donnée de souffrance, même si la mesure de sa capacité est si terrible. Mais quoi qu'il en soit, j'en avais déjà dépassé le stade.

"Le rose est certainement une couleur éprouvante ", murmurai-je.

"Chère Evelyn ne le pardonnera jamais. Aucun de vous n'a le sens de la décence ? C'est de la folie !"

J'acceptai que c'était le cas et me retirai mollement vers la table suivante, mais deux.

Notre souper aurait dû être un événement lamentable, mais ce ne fut pas le cas. Il était tout à fait raisonnable de supposer qu'un incident s'était produit à l'ambassade, mais quelle qu'en soit la nature, les témoins commencèrent à se ressaisir sous l'influence magnétique de Mme Fitz. Sa gaieté impérieuse, si elle ne bannissait pas complètement la tristesse abyssale de Coverdale, contribuait beaucoup à la rendre moindre. Quant aux autres membres du parti, malgré leur conscience et leur cœur inquiets, il était impossible de ne pas répondre à son pouvoir.

Même le Maître du Crackanthorpe , dont le sens de l'humour est résolument d'un ordre primitif, s'est laissé aller à un rire bruyant à l'une de ses remarques piquantes.

« Retenez-vous, mon cher, pour l'amour du ciel ! Je l'ai réprimandé. "Dumbarton semble déjà catastrophique. Votre présence ici a déjà coûté cinquante livres au fonds avicole, voyez si ce n'est pas le cas. S'il vous entend rire de cette façon, il fermera ses couvertures et mettra des fils électriques."

"Je m'en fiche de ce qu'il fait !" dit le maître du Crackanthorpe , avec un éclat surnaturel dans les yeux.

La sirène avait en effet un pouvoir terrible. Le regard impérieux, la narine distendue, les lèvres mobiles, la peau d'olive luisante, la silhouette entière animée du charme envoûtant du sexe et du romantisme des siècles - qui étions-nous, *les hommes moyens sensuels* , que nous devrions avoir la force d'âme de résister à tout cela ? La nature avait façonné une sorcière ; et lorsqu'elle prend la peine de le faire, elle confère, en règle générale, une conscience de pouvoir à l'instrument qu'elle a choisi et la détermination de l'utiliser sans pitié. Nous avons vidé nos verres et avons profité de ses sourires.

Nos rires s'intensifièrent ; notre joie en sa présence est d'autant plus négligée. Je conservai assez de discrétion pour savoir qu'aucun détail de notre conduite ne fut perdu lors de l'auguste fête située à deux tables de là. Chaque rire dont nous étions coupables serait utilisé contre nous. Qu'était-il arrivé à la tradition impeccable de réticence et de bonne pensée selon laquelle des hommes d'une probité notoire devaient céder, avec cette publicité, aux caresses d'une reine de la sciure de bois ?

C'était une position désespérément malchanceuse ; mais nous y étions irrévocablement engagés. Plus rien ne pourrait désormais sauver notre réputation auprès de nos voisins . Pourtant, cette demi-heure après minuit était bondée et glorieuse. Qui étions-nous, médiocres à la volonté faible, pour résister à l'instant présent ? Après les passes que nous avions bravées au service d'un être si splendide et si maléfique, après le long suspens que nous avions enduré, pouvions-nous être insensibles à la musique gaie, mi-affectueuse, mi-insolente, de nos noms sur ses lèvres?

Coverdale était assis à droite de la sorcière, moi à gauche – des hommes responsables – et pourtant, même avec l'œil de Gorgone de la Grande Dame sur nous, nous étions obligés de publier au monde que nous n'étions ni moins ni plus que des esclaves. du cavalier de cirque de Vienne.

CHAPITRE XV

UN ENJEU INTERNATIONAL

Par une dispense miséricordieuse, le parti ducal se retira à midi vingt-cinq, sans doute pour éviter l'ignominie de la contrainte à la demi-heure. De cette manière, nous avons au moins été épargnés de toute nouvelle épreuve qui pourrait survenir de ce côté-là. Et pourtant, cela aurait-il été une épreuve ? Ce conflit qui, il y a quelque temps, paraissait si démoralisant aux nerfs surmenés, n'était que trop susceptible d'être désormais salué comme la sublimité de la bataille.

Nous étions réticents à obéir au décret inexorable de la loi sur les licences, mais nous n'avions pas le choix. Heureusement, les cinq minutes de départ dont jouissaient nos amis et voisins nous laissèrent le champ libre, et sans autre mésaventure, le « Stormy Petrel » fut escorté jusqu'à son char. Elle est partie avec Fitz jusqu'à son hôtel, tandis que le reste d'entre nous, sans envie de se reposer, a cédé à la suggestion d'Alexander O'Mulligan , "que nous devrions nous promener jusqu'à Jermyn Street et l'emmener boire un verre".

Il avait commencé à geler. Même si les trottoirs étaient comme du verre, les étoiles au-dessus étaient magnifiques. L'air astucieux était comme un baume pour les vapeurs du vin et l'esprit d'anarchie qui nous avait poussés à un degré d'exaltation presque dangereux. Nous décidâmes de marcher, ne serait-ce que pour apaiser la tension de nos nerfs. Les trois jeunes membres de la conspiration marchaient en avant, un peu turbulents , bras dessus bras dessous, incertains de leur démarche (l'état des rues offrait bien sûr toutes les excuses) et leurs chapeaux de travers. A une distance respectueuse et d'une manière plus convenable, ils furent suivis par le chef de la police et moi-même.

« Et maintenant, Coverdale, dis-je, avez-vous la bonté de m'expliquer ce que vous vouliez dire lorsque vous m'avez dit de ne pas demander ce qui est arrivé à l'ambassadeur ?

Je n'ai reçu aucune réponse.

"Mon cher," insistai-je, "je pense que j'ai le droit de savoir."

"Tu devrais pouvoir deviner !"

"Je ne comprends pas ; Fitz est certainement sain et sauf. Comment avez-vous réussi à les ramener à la raison ?"

"Ils n'ont pas été ramenés à la raison."

Le ton sombre m'a alarmé.

"Que veux-tu dire?"

Je me suis arrêté sous un réverbère pour regarder le visage de mon compagnon.

"Je veux simplement dire ceci", dit-il. "Le fou l'a abattu !"

Involontairement, je chancelai contre le lampadaire.

"Tu ne peux pas dire ça," dis-je faiblement.

« Si seulement nous pouvions nous tromper ! » dit Coverdale d'un ton rauque. "Tout le temps que je dînais avec cette... cette femme, j'essayais de me persuader que cela n'était pas arrivé. Toute cette affaire aurait dû être un rêve fantastique, mais mon Dieu, ce n'est pas le cas !"

"Eh bien, c'était sa vie ou celle de Fitz, je suppose ?"

"Oui, cela ne fait aucun doute. Les gens de l'ambassade l'admettent. Et il y a ceci à dire pour ces gars-là, ils savent comment jouer le jeu."

"C'est un jeu plutôt bas de toute façon. S'ils volent la femme d'un homme , ils doivent en assumer les conséquences."

"Je suis d'accord, mais les circonstances étaient exceptionnelles. Et rendez à ces gars ce qui leur est dû, dès que nous sommes arrivés à la salle de bal, ils ont joué le jeu jusqu'au bout."

« Que va-t-il se passer ?

"Personne ne peut le dire, mais on peut leur faire confiance pour ne rien révéler."

"Mais tout cela doit sûrement être révélé ?"

"Très probablement ; mais on préfère espérer que ce ne sera pas le cas. Il s'agit d'une affaire très laide, impliquant des questions internationales ; mais le Premier Secrétaire - j'ai oublié son nom - a semblé adopter un point de vue très concret et plein de bon sens. Après tout, Fitzwaren a simplement fait valoir ses droits.

Assez lamentablement, nous avons suivi le sillage des autres. Toute la journée, nous avions oscillé entre la tragédie et la farce, sans jamais vraiment savoir quelle serait l'issue de l'extravagance à laquelle nous participions. Mais maintenant, nous avions la réponse sans aucune incertitude.

"Depuis le début, une telle suite était à craindre", dis-je, "et pourtant je ne vois pas qu'un véritable blâme puisse nous être imputé."

"Vraiment ! Si vous me demandez mon avis, nous avons tous été coupables d'une folie impardonnable en soutenant ce camarade Fitzwaren . Vraiment, je ne peux pas penser à ce que nous avons fait. Avant d'avoir entendu parler de cette affaire, cela me frappe. qu'il y aura le diable à payer partout.

Dans mon cœur, je sentais très clairement que c'était la vérité.

Dans les appartements d'O'Mulligan, nous buvions dans de longs verres et avions le privilège d'inspecter ses « pots ». Les trophées du champion amateur des poids moyens de Grande-Bretagne, qui revendiquait Dublin comme sa ville natale, formaient un ensemble extrêmement courageux. Mais ni eux, ni le rafraîchissement qui nous était offert, n'ont pu dissiper la tristesse qui s'était abattue sur tout un chacun.

"Il y a une chose à dire sur ce type Fitzwaren ", a déclaré Alexander O'Mulligan , sur un ton qui n'était pas dénué de respect. "Il est courageux jusqu'au bout !"

Il y avait peut-être du vrai dans cette réflexion, mais il y avait peu de consolation. Malheureusement, nous avons dit adieu à Alexander O'Mulligan et sommes allés nous coucher à notre hôtel, mais pas pour dormir. Pour ma part, je peux répondre que toute la nuit j'ai eu de sombres pressentiments et des images déformées pour mes compagnons de lit ; et ce n'est que lorsqu'il fut presque l'heure de me lever que je pus enfin m'endormir brièvement.

Il était juste de supposer que le sommeil des autres avait été tout aussi précaire, car à dix heures je me trouvai le premier de notre groupe à table du petit déjeuner. Quelques minutes plus tard, je fus rejoint par Coverdale, qui tenait le journal du matin à la main.

Il a attiré mon attention sur la notice nécrologique de SE l'ambassadeur illyrien, qui, semble-t-il, avait trouvé la mort à l'ambassade illyrienne de Portland Place à 23 h 30 la veille au soir, dans des circonstances particulièrement tragiques et pénibles. Il apparaissait que Son Excellence, un tireur réputé qui s'intéressait vivement aux armes à feu de toutes sortes, était en train de démontrer à divers membres de l'ambassade certains mérites du mécanisme d'un nouveau type de revolver, dont Son Excellence prétendait être le inventeur, lorsque l'arme a explosé, tuant instantanément le malheureux noble. La brève description de l'événement tragique fut suivie d'un éloge funèbre, dans lequel les réalisations martiales, politiques et sociales du défunt ambassadeur, ainsi que la perte irréparable, non seulement pour son souverain, mais pour le système politique des nations, furent longuement évoquées.

"Ces gars-là ont bien réussi", a déclaré Coverdale. "Mais je serais heureux de penser que l'on en a entendu parler pour la dernière fois."

Je partageais cette conviction avec le chef de la police, mais il était bon de constater que jusqu'à présent la diplomatie illyrienne s'était montrée à la hauteur. Cela eut pour effet de me donner un meilleur appétit pour le petit-déjeuner, et en conséquence je commandai deux œufs à la coque au lieu d'un.

Il y avait un autre sujet d'un sinistre intérêt parmi les nouvelles du matin. En le parcourant, mon attention fut attirée par le bref récit d'une mystérieuse tragédie qui s'était déroulée à Hyde Park, près de Broad Walk, la veille au soir, entre six et sept heures. Un homme qui, selon les papiers trouvés en sa possession, portait le nom de Ludovic Bolland, d'origine illyrienne, avait été retrouvé mort, blessé par balle au cerveau. Il n'était pas clair s'il s'agissait d'un meurtre ou d'un suicide. La police penchait pour la première opinion, mais ne disposait actuellement d'aucun renseignement susceptible d'éclairer le sujet.

Je n'ai pas révélé à Coverdale les soupçons que je ne pouvais pas exclure de ma pensée. L'incident du taxi qui nous suivait, l'homme d'apparence étrangère qui était entré dans l'hôtel, les paroles de Fitz et son comportement ultérieur, tout conspirait pour former une théorie que j'étais très réticent à admettre et à laquelle je ne pouvais pourtant pas échapper. Cela a certainement eu pour effet de me mettre profondément mal à l'aise et a finalement rendu le deuxième œuf que j'avais commandé superflu.

Par-dessus tout, j'avais maintenant envie de retourner sans tarder dans ma maison de campagne. Les dernières vingt-quatre heures ont constitué une page de mon expérience que, même si elle était impossible à effacer, je souhaitais sincèrement oublier.

CHAPITRE XVI

CHEVAL ET CHIEN

Bien que Fitz ait accepté l' invitation d'Alexander O'Mulligan à assister à "l'affaire de Burns avec le "Gunner"" au National Sporting Club ce soir-là, il récupéra son moteur dans le garage de Regent Street, où la diplomatie illyrienne l'avait placé. , et immédiatement après le déjeuner, il partit pour le pays avec cet autre objet de sa propriété récupérée. Il était accompagné de Coverdale. Le chef de la police semblait penser que la paix de notre comté ne pourrait pas durer s'il passait une autre nuit dans la métropole. Il a certainement pu rentrer avec la simple conscience d'avoir fait son devoir. Comme un homme et un frère, il s'était tenu aux côtés d'un compatriote anglais au moment où il en avait besoin.

Pour l'un des instincts ruraux primitifs, comme moi, Londres, même dans les conditions les plus favorables , est susceptible de pâlir. Lors de la réaction qui suivit les excitations de la nuit précédente, cela me remplit de dégoût. Mais je devais à un amour inné de la véracité de me rendre à Bolton Street pour offrir une consolation à ma grand-mère au moment de son affliction. C'est une vieille dame charmante et elle connaît le monde. Elle était franchement heureuse de me voir et ordonna immédiatement d'allumer un feu dans la chambre des invités, même si « elle ne savait vraiment pas que j'avais besoin d'argent ». Mon explication selon laquelle c'était une affection naturelle spontanée qui m'avait amené à rechercher des informations de première main sur le sujet récurrent de sa bronchite, n'a fait que provoquer une démonstration du scepticisme engageant qui semble fleurir dans le cœur des vieilles dames aux moyens privés considérables.

Au premier moment conforme à l'honneur – pour être précis, le lundi suivant à midi – je me suis retrouvé sur le quai n°2 du Grand Central. La culpabilité de ma conscience était agréablement contrée par le frisson de soulagement dans mon cœur. Je retournais chez Madame et Mademoiselle Lucinda. Il y a moins de trois jours, l'idée exagérée que je ne les reverrais plus jamais avait été très probable. Cependant, le destin, dans sa clémence sans limites, avait ordonné que je revienne raconter l'histoire.

Pourtant, si je dois avouer la vérité, de tels ravages ont été causés au système nerveux délicatement tendu d'un « homme marié, père de famille et membre du comté » que cela ne m'aurait pas du tout surpris, même maintenant. J'avais pris mon billet pour Middleham, pour trouver la main d'un détective bien habillé posée sur mon épaule, ou pour trouver un revolver près de ma tempe à la demande d'un sombre extraterrestre. Pourtant, ces craintes n'étaient guère dignes du grand jour ni de la distinction de mon escorte. Non seulement mon lien de parenté revenait avec moi, mais il avait convaincu le champion amateur des poids moyens de Grande-Bretagne d'accepter l'invitation cordiale de Brasset de s'assurer que l'art doux de chasser le renard était tout aussi bien compris par le Crackanthorpe Hounds comme par les Galway Blazers.

En présence de l'ampleur épique d'Alexander O'Mulligan, il était impossible pour un homme d'avoir une vision pessimiste de son destin. Si je soupçonnais l'habileté d'un Dickens ou d'un Thackeray, j'essaierais de donner cette « touche de accent » qui parfumait la conversation de ce paladin comme un condiment subtil. Attaché à notre express dans une boîte en vrac, sous la garde d'un natif de Kerry, se trouvait « un lépreux accompli » pesant quinze pierres, non seulement l'envie des Blazers, mais de tous les hommes, femmes et enfants du royaume de Irlande. Si son prix n'était pas de trois cents garçons jaunes, son propriétaire invitait cordialement n'importe qui, *n'importe qui* à le contredire violemment.

À côté du cheval d'Alexander O'Mulligan et de son ampleur, ses vêtements méritent d'être mentionnés. Leur coupe et leur style doivent être prononcés comme « sportifs ». En particulier, son gilet était de toute beauté. C'était un canari de la teinture la plus pure, formant un contraste vraiment piquant, voire esthétique , avec la délicate teinte verte de ses yeux. Certains pensent que la présence dans cet organe de cette teinte géniale invite à la présomption du mondain ; mais selon Joseph Jocelyn De Vere Vane-Anstruther, dont l'humble dévouement envers son héros était presque pathétique, il fallait en effet un gars très robuste "pour l'essayer" avec le champion amateur des poids moyens de Grande-Bretagne.

Néanmoins, comme tout paladin de grande race, Alexander O'Mulligan était aussi doux que courageux. Il avait à peine mis les pieds à Dympsfield House, ce qu'il fit quelque part à l'heure du thé le jour de son arrivée dans notre paroisse, avant de conquérir le cœur de Miss Lucinda. Il a d'emblée assumé le *rôle* d'un ours avec la complétude la plus réaliste et la plus passionnante. Non seulement son grognement ressemblait à un tonnerre lointain dans les montagnes, mais il avait aussi la faculté de rouler des yeux avec une frénésie sauvage et, par-dessus tout, une tendance à vous mordre les jambes avec peu ou pas de provocation. Ce n'est que lorsqu'il lui eut promis de l'épouser qu'elle put être amenée à se séparer de lui.

La dirigeante de Dympsfield House revint de Doughty Bridge, Yorks, également heureuse dans sa santé et dans son caractère. Nous dînâmes agréablement *en tête-à-tête* avec la cuvée Heidsieck 1889. Je rapportai que la vénérable habitante de Bolton Street, à Mayfair, soutenait son affliction avec sa grâce et sa résignation accoutumées ; et j'ai dûment reçu la bénédiction de mes beaux-parents, qui, de l'avis de leur plus jeune fille, n'avaient jamais été en meilleure santé, ce qui n'est rien de plus que ce qu'on attend de ceux qui consacrent leur vie à la vertu.

J'étais en train d'éplucher une pomme lorsque Mme Arbuthnot a dit, avec un air de détachement qui était de très bonne qualité de Vane-Anstruther : « Au fait, a-t-on entendu parler de cette créature ?

"Créature, mon ange ?" dis-je. Si mon ton disait quelque chose, c'est que le monde ne contenait qu'une seule créature, et elle tenait à ce moment-là un morceau de gingembre confit en équilibre sur son couteau à fruits.

"La femme du cirque."

"Femme de cirque ?" dis-je doucement. Nos verres étaient à moitié vides et je les ai remplis. "D'une manière ou d'une autre," dis-je, "ce truc ne semble pas égal au Bellinger que votre père nous envoie à Noël." À proprement parler, ce n'était pas tout à fait le cas, mais la vérité a de nombreux aspects, comme les philosophes païens ont eu l'occasion de le remarquer.

"Mme Fitz, espèce d'oie !"

— Elle est rentrée, je crois, dis-je avec un air désinvolte qui appartenait tout de même au pays de la diplomatie finie.

"Viens à la maison!" La source de ma félicité se livrait à un regard noir qu'on ne peut qualifier que de truculent, mais ses sons de flûte avaient un petit frisson qui en adoucissait considérablement l'effet. "Rentre à la maison ! Veux-tu dire que Fitz l'a reprise ?"

"Il y a des raisons de croire qu'il l'a fait."

"Quelles créatures étonnantes sont les hommes !"

"Oui, *mon enfant*, nous avons l'autorité de Haeckel, que la matière a pris une forme très remarquable lorsque l'homme s'est développé à partir de la boue et de l'eau."

" Ne sois pas anodin, Odo. Dire qu'elle a osé rentrer à la maison. Si j'étais un homme et que ma femme s'enfuyait avec le chauffeur, je me demande si elle oserait revenir à la maison ? "

"L'hypothèse est impensable. Liberté, poésie et romantisme, traduits en cet esclave surtaxé et opprimé, l'électeur parlementaire inscrit et troublé !"

Le lendemain matin, le Crackanthorpe s'est réuni aux Marl Pits. Tout le monde et sa femme étaient là. Les foules anarchiques qui sont la malédiction de la chasse au renard des derniers jours ne sont pas aussi endémiques dans notre pays que chez plusieurs de nos voisins . Personne ne peut expliquer pourquoi cette dispense miséricordieuse nous a été accordée. Il se peut que nous ne prêtions pas suffisamment attention à la « réputation de bulle ». Mais comme le dit notre révérend Vicaire, notre immunité est une preuve supplémentaire, s'il en était besoin, que la Providence qui veille sur la plus humble des créatures de Dieu est essentiellement bienfaisante : certainement un état d'esprit très convenable pour un vicaire humble d'esprit en Christ qui garde dix chevaux dans ses écuries et chasse six jours par semaine.

Brasset au bonnet de velours enroulant la corne de ses pères est une figure de respect. Même les Nimrod de la vieille école, qui estiment que sa courtoisie et son souci des sentiments d'autrui sont au-dessous de la dignité de la chasse, accordent à sa charge une reconnaissance qu'ils seraient les derniers à accorder à ses qualités purement humaines. Ce matin, le noble Maître a été esquiré par son hôte de marque. L' O'Mulligan de Castle Mulligan, fierté des Blazers, détenteur de la gauche la plus droite de l'hémisphère occidental, fut immédiatement présenté à la maîtresse de Dympsfield House.

Cette dame, montée si cher, que son faible de mari fut condamné à juste titre à enfourcher un quadrupède que Joseph Jocelyn De Vere Vane-Anstruther avait publiquement stigmatisé comme « une insulte à la « tante » , » fut immédiatement prévenue, comme sa fille l'avait été. , en faveur du champion amateur des poids moyens. Certes, ses flatteries étaient nombreuses. Souriant jusqu'aux oreilles, dévoilant deux rangées régulières et luisantes de dents blanches, son allure était à la fois gracieuse et cordiale. Son sourire à lui seul suffisait à faire sortir l'os de terre, et il avait toute la charmante volubilité de sa nation. Quant à son aide de camp, il mérite lui aussi d'être mentionné. Ayant très bien réussi au "snooker" la veille, mon parent par alliance avait l'air très agréable et heureux dans le manteau le plus parfaitement ajusté qui ait jamais embelli la forme humaine. Il était monté sur Hamlet, prince du Danemark, la *pièce de résistance* de son écurie.

Nous étions en train d'accepter l'hospitalité du révérend, une fonction agréable rendue nécessaire par le fait que son presbytère se trouve à moins d'un mile du rendez-vous, lorsque de sinistres toct-toits accompagnés de grognements prodigieux ont assailli nos oreilles.

"Je dis, Jo", dit Alexander O'Mulligan en aparté à son admirateur disciple du camp, "voici le vieux Fizzamagig ."

Cet élégant pseudonyme voilait l'identité de la plus auguste de son sexe. Le célèbre manteau de fourrure et le topper en forme de cloche ont convergé vers les graviers du Presbytère, à la demande d'un distributeur de poussière usé dont les multiples grognements et sifflements proclamaient trop clairement qu'il appartenait à une phase précoce de l'industrie.

Il faisait grand jour, j'étais au milieu d'amis et de frères sportifs, mais une fois de plus le froid de l'appréhension me parcourut le dos. L'espace d'un instant, j'ai eu une vision de satin rose. Mme Catesby a accepté le verre de sherry brun et le morceau de gâteau respectueusement offerts par l'Église. Mais tandis qu'elle parlait de lieux communs paroissiaux de sa voix pénétrante, il était clair que son auguste chef était occupé des affaires d'État. Son œil gris et grave se dirigea vers le milieu de la pelouse, où le noble Maître partageait un sandwich au jambon avec Halcyon et Harmony ; de là au membre insuffisamment monté de la division Uppingdon du Middleshire ; de là à la Jeunesse Magnifique et à l'héroïque O'Mulligan . Enfin, dans une austérité contemplative, elle reposait sur la silhouette soignée de la dame dont l'habit n'avait rien à redire, bien qu'il y ait lieu de croire qu'aux yeux de quelqu'un elle péchait un peu du côté de la mode, qui, avec l'aide de la curée et Laura Glendinning s'occupait de remettre les choses dans l'ordre qu'elles avaient prévu.

Une fois de plus , j'étais en train de me sentir profondément mal à l'aise, lorsque nous avons été régalés d'un incident si lourd de drame qu'une simple émotion privée a été balayée. Une vision impérieuse en habit écarlate, montée sur un cheval noble et généreux, entra à la porte du curé. Elle était accompagnée du gendre de Ferdinand XII.

"Qu'est-ce que c'est, les militaires !" murmura Alexander O'Mulligan .

À la grande surprise de tous, à l'exception de trois de ses partisans, le maître du Crackanthorpe fut le premier à saluer Mme Fitz. Un incident récent était frais dans l'esprit de tous. Il était bien entendu que « le cavalier de cirque de Vienne » et son cavalier entraient dans le domaine du presbytère sans invitation, car le stock de Fitzwaren était plus bas que jamais sur le marché. On attendait de notre chef battu et diffamé qu'il refuse au moins de reconnaître officiellement ces envahisseurs anarchiques. On attendait de lui qu'il revendique sa charge et qu'il préserve ce qui lui restait de dignité en regardant assidûment dans une autre direction. Mais il n'a rien fait de tel.

De la manière la plus insouciante et la plus imprudente, le noble maître perdit la sympathie, l'estime et la confiance de ceux qui avaient jusqu'alors dispensé si généreusement ces produits. Il serait difficile de concevoir un affront plus grave envers les adeptes féminines de Crackanthorpe que celui fourni par la réception personnelle du Maître envers la dame à l'habit écarlate. L'humilité grave, mais cordiale, de son attitude, admirablement chrétienne à la lumière d'une histoire trop récente, ne reçut aucune interprétation dans les termes d'un altruisme supérieur.

"Il devra démissionner", a soufflé l'auguste Mme Catesby à l'oreille d'une Laura Glendinning indignée.

Ce fut un soulagement pour tout le monde lorsqu'un déplacement fut effectué vers le capot supérieur. Sans perte de temps, la question des questions est posée. Le fameux renard à tiques était-il à la maison ? Était-ce ce client presque mythique, dont la légende était vénérée dans trois pays, dans sa terre préférée ?

En demi-cercle, chacun réfléchissant à ses pensées, et l'œil furtif pour son voisin , nous attendions.

Une succession de billets argentés sortis du paquet proclamèrent enfin la réponse à la question. Comme d'habitude, le père de la ruse avait posé son masque pour Langley Dumbles . L'une des régions les plus raides des Comtés s'étendait devant nous. Deux parcours distincts et bien définis ont été immédiatement présentés au terrain. L'une était enceinte de chagrin mais parfumée de gloire. L'autre, sinon la voie de l'honneur , convenait certainement mieux à l'homme marié, au père de famille et au député, surtout si l'épouse du député a un faible pour les chasseurs de trois cents guinées. Il y avait aussi un juste milieu pour ceux qui, tout en gardant un semblant d'ambition, ont appris à la tempérer avec prudence, observation et sagacité. C'était au juste milieu que la nature avait condamné le vieux Dobbin Gray et son cavalier.

Pas pour nous les délices intempérants du propulseur. Alexander O'Mulligan , la fierté des Blazers, s'est écrasé à travers un bouvreuil . Presque dans sa poche suivait la dame au manteau écarlate. Presque dans la sienne suivait Mme Arbuthnot. Laura Glendinning et la petite Mme Josiah P. Perkins endurcissaient manifestement leur cœur pour des actes de bravoure prodigieux. Il était déjà clair comme le soleil de midi que si notre vieil ami sportif, dont la veste avait un curieux coutil, se contentait de suivre la ligne qu'il lui plaisait généralement de suivre, on allait assister à une chevauchée très jalouse parmi les adeptes féminines de les chiens de Crackanthorpe .

"Mon Dieu, ils appellent ça ' untin '!" » dit Joseph Jocelyn De Vere Vane-Anstruther, qui, à son grand dégoût, s'était laissé, dans la bagarre préliminaire pour les places, être déconcerté par l' ardeur sans précédent de ces Amazones.

Une chose était évidente. Le vieux Dobbin Gray et son cavalier étaient un peu trop près du centre de la photo. Rougissons de le raconter, mais aux incitations obséquieuses de notre mémoire, nous avons descendu la haie de ce pâturage large et lourd, oui, même jusqu'à son coin le plus à gauche où l'on savait qu'une porte se cachait. Mais hélas! Nemesis se cachait également dans ce coin du paysage. Car nous étions condamnés à découvrir que l'éternel stand de l'amant du milieu de gamme, voire son emblème indubitable, la belle porte d'entrée , avait été enlevé par malveillance, et à sa place se trouvait un poteau et des rails rigides et droits, fraîchement planté et peint récemment !

Ce fut un grand choc pour le vieux cheval. C'était aussi une crise dans la vie de son cavalier. Les rails semblaient terriblement hauts et robustes ; nous avions déjà perdu tellement de temps que chaque seconde était inestimable si nous revoyions des chiens. C'était dur pour le vieux cheval, mais il semblait qu'il n'y avait qu'une seule chose à faire. Cependant, avant que cette résolution puisse se traduire en action, d'autres partisans de la solution médiane se sont précipités sur nous ; pas moins d'une paire que Mme Catesby montée sur Marian.

"J'avais l'intention de ne plus vous parler, Odo Arbuthnot", dit l'auguste cavalier de Marian, "mais si vous nous donnez une avance sur ce poteau et ces rails, nous vous suivrons."

« *Place aux dames* », dis-je avec une galanterie enracinée. « De plus, vous êtes tout aussi compétent que nous pour casser ce rail supérieur. »

« À la chasse, » dit le fervent adepte de Diane, « vous devez vous comporter comme un gentleman, même si au Savoy… »

Bien encouragé, le vieux cheval s'en est vraiment très bien sorti, frappant la traverse supérieure d'avant en arrière, il est vrai, décrivant dans sa descente une figure géométrique qui n'est pas sans rappeler une parabole, mais atterrissant sur ses jambes et se reprenant tout à fait respectablement dans les cinquante minutes suivantes. acres de crêtes et de sillons. Avec un peu de condescendance pardonnable, je me retournai pour voir comment Marian se comporterait avec sa maîtresse résolue. Ce n'est pas un dénigrement envers le Dobbin que de dire que l'alezan de Mme Catesby est une bête plus intelligente qu'il ne l'a jamais été, et qu'elle a aussi la jeunesse de son côté ; et elle est plus grande d'une main. Elle a frôlé le rail avec ses pattes arrière, mais sa performance était assez bonne pour continuer.

Mme Catesby peut rouler aussi droit que n'importe qui, mais elle est désormais « une mère de sept enfants » qui écrit au *Times* au sujet de la réforme de l'éducation, et elle a pris l'habitude de siéger dans des comités — dans plus d'un sens — et elle estime que elle doit aux mères de la nation de leur donner l'exemple en matière de respect pour leurs vertèbres. La négociation du poste et des rails nous avait mis en excellents termes avec nous-mêmes, sinon entre nous, et côte à côte nous n'avons fait qu'une bouchée des cinquante acres de crêtes et de sillons ; il franchit une séquence de portes et emprunta une succession de voies ; et nous avons fait un usage si libéral du métier que nous avions péniblement acquis au cours de plus de saisons que nous ne voulions nous en souvenir, qu'en fin de compte ce n'est que par la miséricorde d'Allah que nous n'avons pas dirigé le renard !

La fortune de la guerre nous avait placés dans le premier vol, mais le célèbre client était toujours si fort qu'il nous faudrait justifier notre présence si nous voulions y rester.

Le noble Maître avait l'air très anxieux. Eh bien , c'était possible, car entre lui et ses chiens se trouvait la dame au manteau écarlate. Montée sur le cheval bai le plus magnifique que j'aie jamais vu, elle semblait tout à fait prête à chasser la meute. Et j'ai le regret de raconter que, suivant de près sa ligne, et aussi près que la chair et le sang des chevaux pouvaient le faire, Mme Arbuthnot était sur son chasseur de trois cents guinées.

"Regardez Mops", dit une voix dégoûtée. "Nettoyez sa bascule. J'espère qu'il n'y aura pas de contrôle, c'est tout !"

Jodey s'est envolé vers nous, franchissant une clôture dans sa foulée.

Au contraire, le vieux Dobbin Gray commençait à espérer sincèrement qu'il y aurait un échec. Mais, aussi gibier qu'un caillou, le vieux guerrier continuait à lutter. Il ne suffirait jamais qu'il se fasse éliminer par Marian, et son cavalier était du même avis. Heureusement, nous avons trouvé une place facile dans la clôture, mais trop vite un obstacle plus redoutable s'est présenté. C'était Langley Brook. Des sauts très audacieux seraient nécessaires pour sauver une veste mouillée ; et c'est un secret de Polichinelle que, même à son apogée, le Dobbin a toujours soutenu que le seul endroit possible pour l'eau était un seau stable.

Nous décidons de faire le tour par le pont. Une résolution parfaitement légitime, je suis libre de la soutenir, pour les fervents adeptes du juste milieu. Une fois parvenu à cette décision digne d'un homme d'État, il était temps de regarder vers l'avenir. Ce n'est pas sans appréhension que nous l'avons fait. Devant se trouvait une multitude de premiers pilotes ambitieux . Pourtant, comme toujours, celle qui attirait l'attention était la dame au manteau écarlate. Complètement insouciante, elle s'est dirigée vers le ruisseau dans sa partie la plus large, la noble baie s'est élevée comme un centaure et a atterri en toute sécurité. Toujours collée à elle, plus proche qu'une sœur, se trouvait Mme Arbuthnot. J'ai frissonné et j'ai eu la vision d'un dos cassé pour le chasseur de trois cents guinées et d'un esquive pour son cavalier. Heureusement, si vous êtes membre du clan Vane-Anstruther, plus le moment est critique, plus vous avez tendance à être cool ; vous êtes également né avec la faculté inestimable de rester assis et de garder les mains baissées. Le chasseur de trois cents guinées pataugea sur la rive opposée, menaça de retomber dans le ruisseau, se reprit dans un effort herculéen et émergea sur *la terre ferme* .

C'est avec un cœur dévot de gratitude que je me tournai vers le pont. À ma grande surprise, car comme toute mon attention avait été portée sur le ruisseau , je n'en avais pas eu pour l'ensemble du terrain, je me suis retrouvé côte à côte avec Jodey. Dans le domaine de la chasse, je ne connais aucun jeune homme que la nature ait si heureusement doté. Son air de lassitude du monde cache une justesse de perception qui, apparemment, sans le moindre effort, l'amène généralement là ou à peu près à l'arrivée.

"Ces idiots ! Ne voient-ils pas qu'ils ont perdu leur renard ?"

Cette critique s'adressait non seulement aux Amazones, qui avaient déjà négocié l'eau, mais aussi au noble Maître et à ses satellites qui étaient en train de suivre leur exemple.

"Reggie a tout à fait raison pour une fois", dit une voix proche, sévère et magistrale. "C'est son devoir d'empêcher, s'il le peut, que ses chiens ne soient envahis par ces femmes innommables. Si Irène m'appartenait, je la renverrais directement chez elle pour se coucher."

"Il faudrait le gifler", a déclaré cordialement le sportif du hors-jeu. "N'importe qui penserait qu'elle n'a pas eu d'éducation !"

Me sentant dans un certain sens responsable du mauvais comportement de mes biens légitimes, je « me suis couché et j'ai dit nuffin ». En fait, il y avait très peu de choses à dire pour défendre une telle conduite en présence de l'ensemble du terrain.

Forts de la déclaration de Jodey , nous traversâmes le pont à notre guise. Comme d'habitude, sa sagesse s'empressa de se justifier. Reynard était confortablement blotti sous une botte de foin, sans doute avec sa serviette sur le nez. Il était sur la terre sacrée, où, après une formidable confrontation avec Peter, le terrier de Crackanthorpe , les chiens de Crackanthorpe et le chasseur de Crackanthorpe l'ont quitté à contrecœur.

On fit halte ; des flacons et des sandwichs ont été produits ; et la compagnie honorable des moins entreprenants, ou des moins chanceux, commença à se rassembler en force hors de l'enceinte du dépôt de stockage de Manor Farm. La conversation s'intensifia ; et au moins un fragment qui pénétra jusqu'à mes oreilles était piquant.

"Ecoute, Mops", était le contexte, "quand penses-tu que tu vas arrêter de jouer à la chèvre ?"

La cavalière du chasseur aux trois cents guinées était éclaboussée de boue jusqu'à son col vert, ses cheveux tombaient, son chapeau était de toute façon, ses joues étaient couleur de flamme et les flancs de Malvolio sanglotaient.

« *Mon enfant* , risquai-je tristement de dire, c'est peut-être magnifique, mais ce n'est pas l'art de chasser le renard, même tel qu'on le pratique dans les pays volants.

La lumière de la bataille brillait dans les yeux de l'étoile de mon destin.

"Quelles bêtises tu dis, Odo ! Penses-tu que la femme du cirque——"

" Chut ! Elle va t'entendre. "

"J'espère qu'elle le fera!"

"Le fait est, Mops," dit son avertissement en chef, "comme je l'ai toujours dit, vous n'êtes digne que d'une meute *provinciale* ."

S'étant ainsi délivré, le frère de Mme Arbuthnot s'est lavé les mains de ce « cas difficile » de la manière la plus complète et la plus efficace. Il se retourna et salua le cavalier de cirque de Vienne. Cet acte était certainement irrationnel. Le comportement de la dame à l'habit écarlate était tout autant exposé à la censure. Certes, sa nationalité devait être invoquée pour sa défense , mais ensuite, comme me l'a confié le Maître, durement éprouvé, dans un aparté pathétique, "elle était sortie assez souvent pour apprendre les règles du jeu".

"Vous ne pouvez pas vous attendre à ce que les princesses héritières, mon cher ami, se soucient des règles", dis-je. "Elles créent les leurs."

"Alors j'aimerais qu'ils chassent leurs propres chiens et me laissent le mien", dit tragiquement celui qui souffre depuis longtemps. "Cela me donne le vertige à chaque fois que je la vois parmi eux . Si Fitz avait le moindre sens de la décence, il s'occuperait d'elle."

"Fitz est l'esclave des circonstances. Brasset, si vous êtes un homme sage et que vous n'hésitez pas à suivre les conseils d'un ami, vous n'épouserez jamais le prochain successivement à une monarchie vieille et despotique."

« Mon Dieu… non ! La voix du noble Maître vibrait d'une profonde émotion.

En l'honneur de cette résolution, nous avons échangé des flacons.

CHAPITRE XVII

UN ÉCLAT DANS LE CIEL

La Société pour le maintien de la décence publique a une longue et remarquable utilité, mais jamais dans ses annales elle n'a été mue à une activité plus déterminée que pendant la semaine qui a suivi cette malheureuse course. Les dames dirigeantes ou anciennes grandes maîtresses – je ne sais pas exactement quel est leur véritable titre officiel – de cet auguste corps se réunissaient, se concertaient et buvaient du thé continuellement. Ceux qui connaissaient les méthodes de la Société prophétisaient terriblement une action publique d'une rigueur sans précédent . Mais au-delà du fait que les yeux bleu porcelaine de Mme Arbuthnot avaient une lueur impénétrable et que le visage de Mme Catesby, semblable à celui de Minerve, était aussi haut et menaçant que le convenait la fille de Jupiter, rien ne s'est produit pendant cette période critique qui aspire réellement à la dignité. de l'histoire.

Trois fois dans cet espace fatidique, le noble Maître fit sortir ses chiens ; trois fois ma petite amie Mme Josiah P. Perkins m'a murmuré avec assurance à l'oreille, avec une suggestion piquante dans son accent de son ancienne maison du Kentucky, qui la surprend parfois avec beaucoup de charme dans les moments d'émotion aiguë, "que si le pied tendre de la rotonde rejoignait la piste, Reg ramènerait les chiens-renards à la maison"[1] ; trois fois la dame au manteau écarlate fit de son mieux pour vaincre les renards en question ; à trois reprises, comme l'historien véridique est prêt à l'avouer, rien ne s'est produit du tout. Il est vrai que plus d'une fois le noble Maître regarda le délinquant « comme aucun gentleman ne devrait regarder une dame ». Plus d'une fois, il la maudit par tous ses dieux, mais jamais à sa portée. La rumeur voulait qu'il ait également dit à Fitz que s'il ne s'occupait pas de sa femme, il devrait donner l'ordre du chenil. Malheureusement, Miss Laura Glendinning était la seule autorité à l'origine de cette déclaration mélodramatique.

Cependant, le soir du septième jour, les étoiles dans leurs cours donnèrent leur mot à ce sujet. Sans aucun doute, le comportement des corps astraux était le résultat d'un souhait formellement exprimé par la Société ; au moins on sait que certains de ses membres ont du poids dans le ciel. Je ne suis pas en mesure de dire si Mme Catesby et la femme du vicaire ont dirigé une députation auprès de Jupiter. Quoi qu'il en soit, le soir du septième jour, le destin lança un décret contre « la cavalière de cirque de Vienne » et toute sa maison.

Que cet événement malheureux soit enregistré avec détail. Moi-même et mon partenaire dans les félicités de la vie avions eu une journée tolérable quoique quelque peu fatigante avec les Crackanthorpe Hounds. Nous avions contribué à la destruction de quelques membres de la société en fourrure qui ne nous avaient fait aucun mal ; et après avoir échangé les vêtements trempés, boueux et généralement inconfortables de la chasse contre l'habit de la paix, il s'était tenu *en tête-à-tête* - Joseph Jocelyn De Vere Vane-Anstruther régalant ses amis du Hall avec la lumière de son visage et de son poste. - une habileté prandiale au snooker, avec une somptueuse décence pour les viandes cuites au four et le bon vin rouge.

Nous étions dans l'étape la plus harmonieuse de tout ce que cette existence mouvementée a à offrir ; nous nous reposions dans notre auberge pendant que nos membres inférieurs, dont la raideur n'était pas un désagréable souvenir de la dure journée que nous avions passée en selle, trinquaient luxueusement devant un bon feu de braise ; fumer ensemble la pipe de la paix, bien que ce soit une façon de parler, puisque Mme Arbuthnot a allumé une douce cigarette turque ; comparant les notes de nos aventures communes au bord des inondations et des champs, avec la note naturelle et inévitable de condescendance de De Vere Vane-Anstruther, tout à fait agréablement atténuée par un petit verre de liqueur de brandy de 1820 - une potion magique qui a déjà amené le Magnifique Jeune lui-même à abattre quelques plumes de son plumage. Nous menions une enquête exhaustive sur les mérites respectifs de Pixie et Daydream, et j'avais été amené avec un charme irrésistible à convenir avec le partage de mon bonheur que les deux valaient chaque centime du prix qui avait été payé pour eux. , bien que je n'aie pas même levé la jambe sur aucun de ces quadrupèdes aux ancêtres les plus distingués.

"C'est plutôt cher à payer, mais on ne peut pas les appeler chers, n'est-ce pas, parce qu'ils *atteignent* de tels prix de nos jours, n'est-ce pas ? Et Laura est parfaitement verte d'envie."

"J'en suis heureux", dis-je avec un optimisme invaincu. "Si sa couleur verte se rapproche de la bonne teinte, elle correspondra au collier Hunt. Dans quelle mesure est-elle verte ?"

« C'est drôle, ce vieux truc ! » Le rayonnement de Mme Arbuthnot était d'une bénignité enfantine. " Elle n'est pas si mauvaise, vraiment. En plus, les gens simples sont toujours les plus gentils, n'est-ce pas, les pauvres chéris ? Oui, Parkins, qu'est-ce qu'il y a ? "

Parkins, l'incomparable, était entré dans le salon après un discret coup préliminaire que les circonstances n'exigeaient absolument pas. Il s'était rapproché de sa maîtresse, et dans son air la réserve naturelle et le désir de donner des renseignements se mêlaient finement.

"Pardon, madame, mais avez-vous vu l'éclat dans le ciel ?"

"Quel genre de regard, Parkins ?" Une voix paresseuse a émergé du septième ciel de l'hédoniste. "Voulez-vous dire que c'est un comment l'appelez-vous ? Une *planète,* je suppose que vous voulez dire, Parkins ?"

"Cela ne peut guère être une *comète* , madame", dit Parkins de son air le plus encyclopédique . "Il est si brillant et si fixe, et il semble s'agrandir."

"Tant que ce n'est pas la fin du monde", dit Mme Arbuthnot en caressant son étui à cigarettes en or avec un petit soupir.

"Cela me ressemble au Château, madame. C'est dans cette direction. Je me souviens quand l'aile ouest a été incendiée il y a douze ans."

"Tu penses que le Château est en feu ?" dis-je.

J'étais aussi au septième ciel de l'hédoniste. Mais rassemblant mes facultés aussi résolument que possible, je me levai du bon feu de charbon de bois et aidai Parkins à écarter les rideaux.

" Par Jupiter, tu as raison. Il y a un incendie quelque part, mais n'est-il pas plutôt proche du Château ? "

"Ce pourrait être la Grange", a déclaré Parkins.

J'étais prêt à convenir que ce pourrait être la Grange. D'une manière ou d'une autre, cela semblait être un endroit parfaitement préparé au désastre. L'annonce que la Grange était en feu a amené Mme Arbuthnot à la fenêtre. Née sous Mars, l'étoile de mon destin n'est rien d'autre qu'une femme d'action. Malgré son état actuel plutôt lymphatique, elle fit immédiatement faire le tour de la voiture. En cinq minutes, nous bravions une nuit sombre et orageuse de décembre.

Le phare devenant de plus en plus brillant au fur et à mesure de notre progression, il ne fallut pas longtemps pour nous convaincre que la Grange serait notre destination. Il est à craindre que nous ayons enfreint la loi, car en moins d'une demi-heure nous étions arrivés chez les Fitzwarens .

C'était une scène déchirante. La vieille maison, belle mais toujours un peu désolée, qui date de John o' Gaunt, semblait déjà condamnée. Une partie était encore en ruine et de tous côtés les flammes montaient violemment vers le ciel. Les machines n'avaient pas encore eu le temps d'arriver de Middleham et la progression de l'incendie était épouvantable.

Un certain nombre de domestiques et de villageois s'étaient consacrés à la tâche de récupérer les meubles. Sur une pelouse, à quelque distance de la maison, était disposée une collection incongrue d'objets : un tableau de Rubens à côté d'une presse à pantalons ; un morceau de Sèvres côte à côte avec une casserole de cuisine. Au milieu d'eux, sous la garde d'une infirmière, se tenait le petit elfe de quatre ans. Ses yeux brillaient et elle dansait et frappait des mains avec délice devant le spectacle. L'infirmière était en larmes.

Mme Arbuthnot n'avait jamais vu la créature auparavant. Mais ses instincts sont rapides et sûrs.

"Viens avec moi", dit-elle à l'infirmière. "Saunders vous emmènera en voiture à Dympsfield House. Ils vous prépareront un lit à la garderie et veilleront à ce que vous receviez de la nourriture chaude."

A peine la petite fille s'était-elle laissée emporter par la perspective d'une nouvelle aventure, que deux hommes s'approchèrent de l'endroit où je me trouvais. Ils étaient crasseux et échevelés , et la partie supérieure de leur personne semblait enveloppée dans les plis d'une couverture mouillée. Ils chancelaient sous un fardeau très volumineux et encombrant, enveloppé dans un tissu semblable à celui qu'ils portaient eux-mêmes.

Avec beaucoup de soin, cet objet a été déposé sur une table du Sheraton, puis je me suis retrouvé accueilli par une voix familière.

"Bonjour, Arbuthnot ! Je ne m'attendais pas à vous voir ici. C'est très gentil de votre part d'être venu."

C'était la voix de Fitz qui parlait avec l' *insouciance presque étrange* de la merveilleuse nuit de Portland Place. Il se débarrassa des curieux bandelettes qui encombraient sa tête et dit à son compagnon, qui avait le même aspect : « J'ai bien peur que cela nous fasse battre. Plus tôt nous sortirons de ce kit, mieux ce sera.

Un grognement incohérent sortit des plis de la couverture mouillée.

"Eh bien, Coverdale !" Dis-je avec étonnement.

"Je pense que nous devrions faire un élan sportif pour cet Holbein", dit le grognement, devenant cohérent. "Enfin, si vous êtes sûr que ce n'est pas un faux."

" Personnellement, je le pense, " dit Fitz, de sa voix au calme surnaturel. "Mais mon père a toujours cru que c'était authentique."

"Mieux vaut croire ton père sur parole. Allons-y."

Ce fut le travail d'un moment pour retirer les emballages du chef-d'œuvre récupéré sur la table du Sheraton.

"Puis-je aider?" dis-je.

"Si vous voulez être utile", dit Fitz, "va donner un coup de main à la Missus avec les chevaux."

Laissant Fitz et Coverdale pour faire une nouvelle entrée dans ce qui ne semblait guère moins qu'une fournaise de feu vif, je me dirigeai vers les écuries. Pour les approcher, il fallait être prudent. La chaleur était intense ; des étincelles et des fragments brûlants étaient projetés à une distance considérable par les rafales de vent, et la maçonnerie s'écrasait continuellement. Les dépendances n'avaient pas encore pris, mais avec le vent dans sa direction actuelle, cela ne serait que l'affaire de quelques instants avant qu'ils ne le fassent.

Mon souvenir est celui d'animaux plongeants, cabrés et effrayés, et d'une présence imposante et omniprésente au milieu d'eux. Au milieu de la foule de valets d'écurie, de villageois, de pompiers et de policiers qui étaient maintenant entrés en scène, elle s'est imposée, dirigeant leurs énergies et les soutenant avec ce magnétisme impérieux qu'elle possédait au-delà de toute créature que j'ai jamais vue. J'ai entendu dire plus tard qu'elle seule avait le pouvoir de faire sortir les douze chevaux de leurs box libres ; qu'un à un, elle les faisait sortir, les apaisant et les caressant ; et que tant qu'elle était avec eux, ils montraient relativement peu de crainte de la fournaise rugissante qui était si proche d'eux, mais qu'à peine furent-ils livrés à d'autres qu'ils devinrent ingérables.

certainement grâce à une démonstration consommée de sa puissance que les chevaux furent sortis de leurs stalles sans se blesser ni blesser autrui. Ils furent confiés aux bons soins des sympathiques paysans du quartier , qui, rassemblés en force, travaillaient héroïquement pour combattre les flammes. Toute la nuit, les travaux de sauvetage se poursuivirent, mais malgré tout ce qui put être fait, même avec l'aide de nombreux véhicules de pompiers venus de Middleham, rien ne put sauver la vieille maison. Ça brûlait comme de l'amadou. À trois heures de ce matin de décembre, ce n'était plus qu'une ruine fumante , avec seulement quelques fragments de mur de pierre.

À intervalles réguliers pendant la nuit, certains domestiques de Grange avaient été envoyés à Dympsfield House, avec autant d'effets personnels de leur maître et de leur maîtresse qu'ils pouvaient en rassembler. Notre établissement est modeste, mais Mme Arbuthnot n'a pas un seul instant pensé qu'il serait incapable d'offrir un refuge à ceux qui en avaient tant besoin.

L'incendie avait suivi son cours et tous se résignèrent à l'inévitable lorsque Mme Arbuthnot, sans daigner consulter le chef nominal de notre maison, offrit notre hospitalité à Fitz et à sa femme. À sa propre demande, elle avait auparavant renoncé à une introduction au « cavalier de cirque de Vienne » ; et maintenant, en ces petites heures tragiques de décembre, elle estimait qu'une telle formalité était inutile. En vérité, le malheur fait d'étranges compagnons de lit !

Si je dois dire la vérité, j'ai été surpris d'apprendre que les Fitzwaren avaient été convaincus d'accepter l'hospitalité de Dymspfield House. Il est vrai qu'ils étaient sans abri ; mais, en examinant le cas avec impartialité, il m'a semblé qu'ils n'avaient pas été traités très généreusement par leurs voisins . Les faiblesses du « cavalier de cirque de Vienne » avaient suscité une certaine hostilité sourde à laquelle les gens les plus obtus ne pouvaient être insensibles. Si le couple marié moyen avait été comme Fitz et sa femme, je ne pense pas qu'ils auraient cédé à la générosité impulsive de Mme Arbuthnot.

Les Fitzwarens , cependant, étaient loin d'être des gens ordinaires. Ainsi, vers cinq heures moins le quart du matin, ils avaient franchi notre seuil ; et, en guise de récompense pour les privations de cette nuit tragique, ils furent promptement régalés d'un repas composé de café et de sandwiches.

Une autre personne, sur sa propre suggestion, a accompagné nos invités à Dympsfield House. Il était de mauvais augure, n'étant rien de moins que le chef de la police du comté. Sa présence près de l'incendie avait été un sujet de surprise. Et quand, alors que nous étions sur le point de quitter cette scène malheureuse, il est venu me voir en privé et m'a dit que si nous pouvions lui réserver un coin dans la voiture , il serait heureux de venir avec nous, cette surprise n'en fut pas moindre.

[1] De l'avis de Mme Josiah P. Perkins, ce passage garantit pleinement l'ignorance totale de l'auteur d'une très grande proposition.

CHAPITRE XVIII

MME. ARBUTHNOT COMMENCE À PRENDRE NOTE

Il était un peu moins de six heures lorsque les dames se retirèrent pour chercher leur repos perdu. A peine nous eurent-ils quittés que nous allumâmes nos pipes et approchâmes nos chaises du feu. J'attendais avec patience que l'on me lise l'énigme de la présence du chef de la police.

« Arbuthnot », — le grand homme suçait pensivement sa pipe — « il y a plusieurs choses que Fitzwaren et moi sommes d'accord sur le fait que vous devriez savoir.

Fitz hocha la tête en signe d'approbation brève mais plutôt sinistre.

"Oui, dis-lui " , dit-il.

« Avant que Fitzwaren n'accepte votre hospitalité, dit le grand homme, il m'a demandé mon avis.

"Oh vraiment?" dis-je.

« Et je pense qu'il est juste de mentionner (l'air du grand homme me rappela mon ancien précepteur exposant une proposition dans Euclide) que c'est sur mon conseil qu'il l'a acceptée.

"Je devrais me sentir honoré ."

"Eh bien, oui, peut-être que tu devrais." Le chef de la police retira sa pipe de ses lèvres et la frappa sur une botte extrêmement sale. "Mais si vous vous sentirez honoré après avoir entendu tout ce que nous avons à vous dire, je n'en suis pas si sûr."

"Moi non plus", dit Fitz.

"Vous voyez, Arbuthnot, nous avons un problème assez délicat à régler. Il ne s'agit ni plus ni moins de la sécurité personnelle de la princesse."

« J'espère, dis-je, que Son Altesse Royale sera au moins aussi en sécurité ici que n'importe où ailleurs.

"C'est là le nœud de toute l'affaire. Fitzwaren et moi sommes arrivés à la conclusion que, pour le moment, la princesse sera en réalité plus en sécurité dans cette maison que dans n'importe quelle autre."

"Vraiment!"

"Notre police locale, agissant en collaboration avec Scotland Yard, espère pouvoir assurer sa sécurité, à condition qu'elle et ses amis prennent des précautions raisonnables."

"Vous pouvez être sûr, Coverdale, qu'en ce qui concerne ma femme et moi, nous ne ferons rien qui puisse le compromettre ."

"Cela est pris pour acquis. Mais sa position actuelle est bien plus critique que vous ne le pensez peut-être."

"Je sais, bien sûr, que Ferdinand Douzième est déterminé à la récupérer en Illyrie."

"Oui, et plus encore, le parti républicain est également déterminé à ne jamais retourner en Illyrie. Les événements d'hier soir ont fourni une autre preuve de leurs sentiments."

"Je ne comprends pas."

"Il y a des raisons de croire que la destruction de la Grange est l'œuvre d'un incendiaire. C'est-à-dire qu'une bombe a été lancée à travers l'une des fenêtres, comme ce fut le cas récemment à Blaenau. Il ne fait aucun doute que l'objet Le but du crime était de tuer la princesse, comme c'était de tuer le roi, mais dans chaque cas l'affaire a été ratée. Dans ce cas-ci, par miracle, personne n'a été blessé, bien que la maison, comme vous le savez, ait été entièrement détruite. détruit. Une bombe a été lancée dans la salle à manger, mais comme le dîner était arrivé une demi-heure plus tard que d'habitude, il n'y avait personne.

Ce récit macabre m'a provoqué un choc violent, je l'avoue. Et j'ai dû trahir mon état d'esprit, car le chef de la police m'a favorisé avec un sourire rassurant.

"Faites confiance à la police du Middleshire ", dit-il, "avec un peu d'aide du Yard. Ils ne joueront pas deux fois à ce jeu avec nous, vous pouvez y compter. Si le Yard n'avait pas été assez en retard avec ses informations ils n'y auraient jamais joué du tout. Nos gens étaient en fait en route vers la Grange lorsque l'outrage a été commis.

Malgré tout l'air rassurant professionnellement, l'homme marié, le père de famille et le membre du comté étaient profondément alarmés.

"Tout va très bien, Coverdale, mais quelle garantie y a-t-il que même en ce moment ils ne lâchent pas de bombes dans nos chambres ?"

"Quatre hommes en civil patrouillent dans votre parc, et continueront de le faire tant que la Princesse restera sous votre toit."

Il aurait été ingrat de ne pas exprimer son soulagement face à cette vigilance officielle. Mais que cela ait été ressenti dans une mesure substantielle est plus que je ne peux affirmer.

" Bien sûr, mon cher, " dit Fitz, " maintenant que vous êtes en possession de tous les faits de l'affaire, vous avez parfaitement le droit de retirer l'offre de votre hospitalité. Coverdale et moi sommes d'accord que cela fera beaucoup. pour favoriser la sécurité de ma femme pour le moment, car cette maison sera gardée sous surveillance constante. Mais dès que je pourrai prendre d'autres dispositions, je le ferai, bien sûr. Et si vous croyez vraiment qu'il s'agit de la sécurité de votre maison et de votre famille. est impliqué, nous n'aurons pas d'autre choix que d'y aller immédiatement.

Jusqu'où devons-nous pousser notre altruisme ? C'était là un grave problème pour l'homme marié, le père de famille et le membre du comté. Malgré l'opinion du calme et sagace Coverdale, je ne parvenais pas à apaiser le sentiment qu'héberger le « Stormy Petrel » représentait un risque grave. Mais en même temps, ce n'était pas à moi de la laisser dériver vers les autoroutes et les haies.

"Maintenant que nous avons été dûment avertis de ce à quoi nous attendre", a déclaré Coverdale, "ces nobles ne trouveront pas aussi facile de lancer des bombes dans ce pays qu'en Illyrie. Et si je pensais un instant que vous n'étiez pas justifié en offrant votre hospitalité à la princesse, je le dirais certainement.

Les événements sont généralement trop forts pour les humbles mortels qui se contentent de suivre le chemin de la médiocrité. Nous avions déjà offert refuge à la princesse héritière d'Illyrie. Une petite réflexion douloureuse semblait montrer que le révoquer maintenant serait plutôt inhumain et plutôt lâche. Il était néanmoins impossible d'envisager avec enthousiasme la perspective de quatre hommes en civil patrouillant continuellement dans le parc.

« À propos, dit le chef de la police, vous traiterez, je l'espère, cette affaire de bombes de manière strictement confidentielle. Cela n'aidera en rien de la retrouver dans les journaux du matin.

" J'apprécie cela ; mais les domestiques ne seront-ils pas plutôt curieux de ces quatre sportifs en civil ? "

"Ils sont apparemment là pour s'occuper d'une bande de cambrioleurs attendue dans le quartier ."

"Ce n'est pas vraiment une histoire plausible, j'en ai bien peur !"

"L'histoire n'a pas d'importance, tant qu'ils ne soupçonnent pas la vérité. Et comme le dit Mme Fitzwaren *incognito* a été si bien gardé qu'il n'y a aucune raison pour qu'ils le fassent."

Voilà pour le dernier développement de cette situation étonnante. Dès l'instant où le rideau s'était levé sur le premier acte de la tragi-comédie des Fitzwarens, j'avais semblé condamné au *rôle inconfortable* de l'âme faible dans les travaux du destin. Dès le début, contrairement aux incitations de la petite voix intérieure, j'avais pris part à leur destin. Et c'est ici qu'ils étaient établis sous mon toit, menace pour ma maison et ennemis de toute tranquillité d'esprit.

Il ne restait plus qu'à tirer le meilleur parti des choses et à espérer sincèrement que Fitz s'arrangerait bientôt pour nous soulager de la présence du « Stormy Petrel ». Mais malgré toutes les sombres connaissances qu'il fallait garder enfermées dans son cœur, il y avait un aspect de l'affaire qui était plutôt charmant. Regarder le lion et l'agneau couchés ensemble, un véritable De Vere Vane-Anstruther jouant l'hôtesse de la foire *équestre* d'un cirque continental était certainement agréable.

Je pense que c'est à moi d'admettre qu'au fond, Mme Arbuthnot est aussi solide qu'une cloche. Certes, son attitude envers ses invités était irréprochable. En effet, cela me rendait assez fier d'elle de penser que si elle avait réellement connu le véritable statut de notre visiteur, elle n'aurait rien pu faire de plus pour son confort et celui de son *entourage* . Ses faiblesses étaient tolérées et « ses petites manières étrangères » étaient cédées de la manière la plus gracieuse ; et ce soir-là, après le dîner, ce fut un grand moment lorsque notre distinguée invitée se porta volontaire pour accompagner au piano le léger contralto de son hôtesse.

J'ai pris cela comme le symbole de l'harmonie complète dans laquelle la journée s'était déroulée. La confirmation nous en fut donnée une heure plus tard, lorsque nous eûmes le salon pour nous seuls.

"En réalité, elle n'est pas à moitié aussi éprouvée que je le craignais", a avoué Mme Arbuthnot.

"Si vous rencontrez les gens équitablement et franchement à mi-chemin", dis-je dans mon langage préféré *rôle* du philosophe du foyer, "il y en a étonnamment peu avec lesquels on ne trouve pas quelque chose en commun".

"Il existe peut-être une chose telle que d'être trop fastidieux."

"Nous avons tendance à tracer la limite un peu près parfois, n'est-ce pas ?"

"Certains de ces bohémiens doivent être plutôt intéressants à leur manière", a déclaré Mme Arbuthnot.

"Ils ont sans aucun doute une sorte de norme à laquelle ils essaient de se conformer", dis-je avec une excellente gravité.

" Bien sûr, ce n'est pas *vraiment* une dame. Pourtant, à certains égards, elle est *plutôt* gentille. Elle ne voit pas les choses de la même manière que nous, bien sûr. Terriblement non conventionnelle dans certaines de ses idées."

« Par non conventionnel, vous voulez dire continental, je suppose ?

"Non, pas exactement continental. Au moins, j'avais "fini" à Dresde, mais je n'ai rien appris de tel."

"Si vous aviez fini votre carrière dans un cirque autrichien, vous auriez peut-être réussi."

"Je ne le pense pas. Il ne semble pas que ce soient des idées que vous pourriez retenir. Je devrais penser que vous devriez naître avec elles. Elles semblent en quelque sorte appartenir à votre passé, à vos ancêtres."

"Il ne m'est jamais venu à l'esprit que les cavaliers du cirque avaient des problèmes avec leurs ancêtres."

— À peine, peut-être, dans le sens où nous l'entendons. Mais il y a quelque chose d'assez beau dans leur façon de voir les choses.

"Un bon type de bohème, diriez-vous ?"

"C'est surprenant à certains égards. Elle ne semble pas se soucier du tout de l'argent et elle est absolument dévouée à Fitz. Elle ne semble pas non plus se soucier du tout des bijoux. Elle a des choses vraiment magnifiques, et si il y a tout ce qui me tient à cœur, elle espère que je l'accepterai. Bien sûr, je ne ferai rien de tel, mais j'aimerais simplement les avoir tous.

"Il semble qu'elle ait eu ses admirateurs à Vienne, évidemment."

"C'est ce qu'on ne peut pas distinguer. Elle a trois diadèmes, et ils doivent être inestimables."

"C'est absurde, *mon enfant* . Même le glamour de la sciure mille fois réfléchie ne peut pas transmuer la pâte en chose réelle."

"Mais ce qui est étrange, c'est qu'ils *sont* réels. J'en suis convaincu ; et Adèle, ma bonne, qui a passé deux ans avec ma chère Evelyn, en est absolument sûre."

"Est-il concevable que le propriétaire de trois diadèmes en diamant choisisse de sauter à travers un cerceau en collants roses pour gagner sa vie ?"

"Oui, je sais que c'est absurde. Mais rien ne me convaincra que ses diamants ne sont pas réels."

"Et elle t'en a proposé un choix ?"

"Le choix de tout sauf du plus petit des trois diadèmes, dont elle pensait que son père n'aimerait peut-être pas qu'elle se sépare."

"On aurait pu penser qu'il aurait au moins placé son affection sur le plus grand des trois."

"Vraiment, j'ai du mal à avaler le cirque."

« Ce n'est pas par hasard que vous lui auriez posé la question ?

"Cher non ! On n'aimerait pas poser une question de ce genre à moins de la connaître très bien. Je ne pense pas qu'elle ait jamais été dans un cirque. Ou si c'était le cas, elle aurait pu être une sorte d'enfant trouvée. ".

"Volée par des gitans au château ancestral lorsqu'elle était petite. Après tout, rien n'empêche son père d'être duc."

"Je ne pense pas que cela me surprendrait, même si, bien sûr, elle est plutôt étrange. Mais à tous égards, elle est si différente de nous."

"Avez-vous observé si elle mangeait avec son couteau et si elle buvait dans les gamelles ?"

"Ses manières sont comme celles de n'importe qui d'autre. Je demande à Mary de dîner ici vendredi, afin qu'elle puisse constater par elle-même. Ce sont ses idées qui ne sont pas anglaises ; pourtant, jugée selon ses propres critères, elle pourrait être considérée comme assez agréable."

"Mme Arbuthnot, c'est sûrement un aveu très généreux !"

"Soyons justes envers tout le monde. Je ne suis pas sûr qu'on ne puisse pas l'aimer. Il y a quelque chose en elle qui semble s'emparer de vous. Un magnétisme personnel, je suppose."

"Ou un attribut bohémien inconfortable ? Se pourrait-il, pensez-vous, que la norme à laquelle la gentlewoman anglaise aime que le monde entier se conforme ne serait pas pire si elle s'étendait sur une base un peu plus large ?"

"Ne sois pas une oie ! Une personne est soit une dame, soit elle ne l'est pas, mais elle peut quand même être terriblement divertissante et fascinante."

"Oui, cela a la marque de la vérité. Il y a des cas dans l'histoire. Miss Dolly Daydream, par exemple, du Frivolity Theatre."

Mme Arbuthnot m'a reproché la légèreté avec laquelle j'ai traité un problème grave. Dès réception de mes excuses , elle m'a régalé du fait stupéfiant que Mme Fitz méprisait les Anglais.

"Est-ce concevable ?" dis-je, l'image de l'incrédulité.

"C'est vraiment le cas . Elle se moque de nous. Elle dit que nous sommes si stupides - si *bêtes* , c'est son mot. Et elle dit que nous sommes si vaniteux. Elle semble penser que nous avons très peu d'éducation dans les choses qui comptent vraiment."

"Est-elle assez démodée pour croire qu'il y a quelque chose qui compte vraiment ?"

"D'une certaine manière, elle le fait."

" Comme c'est antédiluvien ! Selon elle, qu'est-ce qui compte vraiment ? "

"Elle semble penser que c'est l'âme."

"Cher moi ! J'espère que vous lui avez bien fait comprendre que cette partie de l'anatomie de l'Anglais n'est jamais mentionnée dans la bonne société ?"

"Elle le sait, je pense. Elle dit que pourquoi les Romains en ont honte, c'est ce qu'elle ne peut pas comprendre."

"Elle nous fait le compliment de nous comparer aux Romains ?"

"Elle dit que nous sommes les Romains."

"Dans une réincarnation, je présume ?"

"Je suppose qu'elle veut dire ça... elle est terriblement bizarre. Et pour les Romains, se donner des airs est trop ridicule."

— N'a-t-elle aucune opinion des Césars ?

"Les Césars ne représentent pas grand-chose, à son avis. Nous allons bientôt avoir une autre leçon, dit-elle, et ce sera une très bonne chose pour le monde."

"Si elle veut dire par là que le matérialisme mène à une *impasse* et qu'il faut une meilleure croyance que celle-là pour sortir un reptile de la boue, peut-être pourrions-nous faire pire que d'être d'accord avec elle."

"Elle n'a certainement jamais rien dit à propos des 'ismes'. Mais de toute façon, je ne te comprends pas. »

« Il me semble, *mon enfant* , qu'elle a beaucoup à dire sur les « ismes ». Mais alors, comme vous le dites, elle est tellement étrangère. Y avait-il autre chose chez elle qui a retenu votre attention ?

"Des tas de choses. Elle est terriblement superstitieuse, elle croit énormément au destin. Elle pense que tout est prédéterminé et que les mêmes choses se reproduisent sans cesse."

« Sa bizarrerie ne vous semble-t-elle pas plutôt démodée ?

"Absurde. Mais ce ne sont pas tant ses idées que la façon dont elle les respecte qui la rend si différente des autres. Il y a une chose qu'elle m'a dite qui m'a vraiment fait rire. Elle a dit que Nevil était son âme jumelle, et qu'ils vivaient ensemble à Babylone il y a environ trois mille ans.

"Je pense que ce n'est pas improbable."

"Soyez sérieux, Odo."

"Il y a plus de choses sur la terre et dans le ciel, Horatia, que n'en rêve ta philosophie. Couche-toi comme un enfant sage, et rêve de chasser le renard, et veille à ce que cette cavalière viennoise ne dérange pas trop ce cerveau. "

Mme Arbuthnot a avoué notamment qu'elle n'avait pas du tout envie de dormir.

"Je pense que je vais prendre une autre cigarette", a-t-elle déclaré.

"Veiller tard et fumer à l'excès détruira ce magnifique nerf De Vere Vane-Anstruther."

"Oie ! Pourtant, je ne suis pas sûr que cette femme de cirque ne l'ait pas déjà détruit. Savez-vous que je n'ai jamais eu le moins du monde peur de qui que ce soit auparavant, mais je pense plutôt que j'ai un peu peur d'elle. Elle c'est vraiment merveilleusement étrange.

Un léger tremblement sembla envahir la voix de Mme Arbuthnot. J'étais prêt à croire qu'une telle démonstration de sensibilité lui était extrêmement honorable . Car, même considéré comme une simple entité humaine, notre hôte était tout à fait hors du commun, et cela eût impliqué une certaine stupidité de ne pas reconnaître ce fait.

En prenant en considération les autres, j'ai senti que le moment était venu de révéler le secret à Mme Arbuthnot. Comme les choses allaient si bien, ce n'était peut-être pas strictement nécessaire ; mais en même temps j'avais le pressentiment que je ne serais pas pardonné si la femme de mon sein restait trop longtemps dans l'innocence de la lignée romantique de notre visiteur.

« Ta cigarette, dis-je, signifie pour moi une autre pipe, bien que tu saches très bien qu'elle me met si de mauvaise humeur le matin. Mais je pense que je devrais te dire quelque chose, c'est si tu veux bien jurer. par tous vos dieux de ne pas souffler un mot à âme qui vive, pas même à Mary Catesby. »

Mme Arbuthnot dressa correctement les oreilles.

"Pourquoi, bien sûr. Vous voulez dire que c'est quelque chose à propos de cette Mme Fitz ? Je le sais."

"Qu'est-ce que tu sais?"

"Je ne peux pas l'expliquer, mais dès que je lui ai parlé, j'ai compris qu'elle avait quelque chose d'assez profond et mystérieux."

"Eh bien, il se trouve qu'elle l'est. Les choses ne sont pas toujours ce qu'elles paraissent. Je vais vous donner une idée."

" Elle a quelque chose de grande- duchesse . Vous vous souvenez de cette femme que nous avons rencontrée à Baden-Baden ? Par certains côtés, elle lui ressemble un peu. "

"Et vous souvenez-vous de votre vieil ami le roi d' Illyrie ? — 'le vieux Johnny aux cheveux blancs', pour citer Joseph Jocelyn De Vere."

"Le cher vieillard de la procession du Jubilé ?"

"Le Victor de Rodova ; le représentant de la plus ancienne monarchie régnante d'Europe."

"Oui, oui. Une si vieille chérie."

"Eh bien, notre amie Mme Fitz se trouve être son unique enfant, l'héritière présumée du trône d'Illyrie. Qu'avez-vous à dire à cela ?"

Pour le moment, Mme Arbuthnot n'avait rien à dire, mais on aurait dit qu'elle aurait été renversée par une plume.

"Le monde est petit, n'est-ce pas, *mon enfant* ?"

"C'est vraiment la chose la plus étrange !" L'organisation féminine de Mme Arbuthnot était assez tendue. "Ça ne m'étonne pas, et pourtant c'est vraiment trop bizarre."

"C'est ridiculement étrange que des gens banals comme nous perçoivent des redevances sans le savoir."

"Pas si bizarre qu'elle aurait dû épouser Nevil Fitzwaren . Comment en est-elle arrivée à l'épouser ?"

"Ce sont des âmes jumelles qui vivaient à Babylone il y a trois mille ans."

"C'est tout simplement idiot."

"Mon autorité est Son Altesse Royale."

« Imaginez que la princesse héritière d'Illyrie s'enfuie avec un homme comme Fitz ! »

"Il y a des raisons de supposer qu'il la rend heureuse."

"Eh bien, un jour, elle sera reine d'Illyrie !"

"Elle peut l'être ou non."

"Eh bien, je n'arrive pas à y croire de toute façon ! Il n'y a aucune preuve."

"Il n'y a aucune preuve au-delà d'elle-même. Et j'avoue qu'elle porte pour moi une conviction."

Pendant un instant, Mme Arbuthnot fronça les sourcils en réfléchissant. Elle approuva alors avec un petit soupir perplexe.

« Mais comme ce sera terriblement gênant, » dit-elle avec une sorte de ravissement, « pour la pauvre chère Mary Catesby !

CHAPITRE XIX

SON ALTESSE ROYALE REÇOIT UNE LETTRE

Soumise au secret, Mme Arbuthnot a mérité des éloges pour son comportement à une époque bondée et glorieuse. Si vous divertissez la princesse héritière d'une monarchie active et puissante, il est raisonnable de s'attendre à ce que des choses se produisent.

Les choses se sont effectivement produites à profusion pendant le séjour de Son Altesse Royale à Dympsfield House. En raison de la marche des événements que j'aurai à raconter tout à l'heure, ce séjour se prolongea indéfiniment. Les ressources de notre modeste établissement ont été mises à rude épreuve, mais pendant une période vraiment éprouvante, il est dû à Mme Arbuthnot de dire qu'elle a été un modèle de tact, de discrétion et de bonté naturelle.

Elle aurait été indigne du nom de femme – un titre non dénué de prétentions honorifiques , comme nous le disent les sociologues – si elle n'avait pas littéralement brûlé de communiquer sa connaissance de la véritable identité du « cavalier de cirque de Vienne ». Mais le fait que ses collaborateurs de la cause de la décence publique devenaient de plus en plus élevés dans leur point de vue a eu une certaine compensation. Même les incitations d'une saine curiosité humaine ne permettraient pas à Mme Catesby de manger à notre table pour pouvoir constater par elle-même. Tristement, cette femme d'une vertu sans tache secoua la tête au-dessus de nous.

"Ce n'était pas gentil avec ma chère Evelyn. C'était bien sûr de sympathiser avec les Fitzwaren dans leur malheur. Mais l'endroit était vieux, et George comprit qu'il était couvert par une assurance. Et heureusement toutes les photos qui valaient quelque chose — et certains qui ne l'étaient pas — avaient été sauvés. Mais les prendre sous son aile comme nous l'avions fait était chimérique et vouée à offenser. De plus, ce genre de personne serait tout à fait dans son élément à l'auberge du village, au Coach et. Les chevaux."

Néanmoins, Mme Arbuthnot supportait chaque reproche avec un courage stoïque. Ce que cela lui a coûté « de ne pas donner le spectacle », pour reprendre l'expression de Joseph Jocelyn De Vere, il serait vain de l'estimer. Mais elle était fidèle au serment qu'elle avait prêté la nuit de la grande révélation. Elle n'a confié son secret à personne.

Pour Jodey lui-même, ce qu'il se plaisait à appeler « la visite royale » était une joie pure. Il est vrai qu'il fut chassé de sa chambre, la meilleure de la maison, qui offre une vue imprenable sur Knollington Gorse, et dut se contenter d'un logement plus modeste ; mais notre Bayard était si parfaitement *au courant* de tout ce qui s'était passé, jusqu'à la présence des quatre hommes en civil dans le bosquet, que la situation était tout à fait à son goût.

Quand la princesse n'était pas elle-même présente, il lui plaisait de traiter tout cela comme une satire un peu laborieuse.

" Tu n'as pas un peu de tapis rouge et un auvent pour le perron, Mops ? Et pourquoi Odo ne porte-t-il pas sa commande au dîner ? Je ne vois pas l'utilité, moi, d'avoir une commande si tu n'en as pas. Ne le portez pas pour la royauté. Il faut mettre votre meilleure jambe en premier. Bougez-vous un peu, vieille fille, sinon sa Royale ' Ighness pensera que vous n'y êtes pas habitué. Quoi qu'il en soit, vous devez dire à Parkins de faire très attention à la façon dont il se comporte. décante ce 63."

Cependant, en présence de Mme Fitz, l' attitude de mon lien de parenté n'était pas sans rappeler celle d'un juge de lignes au garde-à-vous lors d'une journée sur le terrain. Son comportement était terriblement correct dans les moindres détails ; sa tenue était si extraordinairement belle - il rejetait les gilets gais et les cravates brillantes comme n'étant pas "la chose" - ses cheveux étaient si merveilleusement coiffés et il était si extrêmement poli qu'il était étonnant de savoir comment le jeune homme parvenait à maintenir le standard il s'était prescrit lui-même.

C'était une période d'inquiétude, mais elle n'était pas sans intérêt. En très peu de temps, Mme Arbuthnot avait deviné la *raison d'être* des quatre hommes présents dans le parc, mais cela n'altéra en rien son sens de l'hospitalité. Fitz ne nous favorisait pas en grande partie avec sa compagnie, sauf le soir. Pendant la journée, ses énergies étaient absorbées par les dispositions prises pour la reconstruction de la Grange et, comme je l'ai compris, par d'autres provisions pour la sécurité de sa femme. Quoi qu'il en soit, aussi limité que fût le temps dont il disposait, c'était notre privilège de le voir conserver son caractère domestique.

Quelle que soit l'incongruité de leur fortune, il était clair que Fitz et sa femme avaient un véritable dévouement l'un pour l'autre. Et malgré leur éloignement et l'idée qu'ils véhiculaient de vivre entièrement pour eux-mêmes sans référence à la vie des mortels plus humbles, chacun semblait posséder une qualité digne de l'inspirer. Dans une certaine mesure, j'ai eu le privilège de partager leur confiance pendant leur séjour sous notre toit ; et ce qui les caractérisait tous deux, c'était qu'au fond ils avaient une franchise plutôt charmante et enfantine. Chacun d'eux a révélé des qualités inattendues.

Je pense avoir le droit de dire que je n'ai jamais partagé l'hostilité qu'ils semblaient susciter chez les autres. Toute sa vie, Fitz, pour autant que je l'aie connu, avait été condamné à jouer le rôle du mouton noir. Cela était peut-être dû en partie à son habitude de refuser de suivre la marée ; de sa haine déclarée envers toute forme de majorité. Il avait toujours été sa propre loi et avait laissé libre cours à sa personnalité. Pour moi, il s'était toujours révélé capable de tout ; du plus grand bien ou du plus grand mal ; et le voir maintenant dans le cercle domestique, en étroite affinité avec l'être magnétique en qui toute sa vie était centrée , c'était le trouver doté d'un charme et d'une fascination qui n'avaient pas leur place dans la nature du Nevil Fitzwaren qui a été vu par les yeux du monde.

Il y avait pour moi quelque chose de beau et aussi d'un peu pathétique dans la relation qui semblait exister entre ces deux âmes diverses. Leur foi implicite dans la justesse de chacun, leur sentiment d'adéquation étaient une chose très rare. Tant de choses ignobles de la vie, questions d'opportunité matérielle, de préjugés superficiels, de jugement partiel, semblaient avoir été complètement exclues. Et il ne pouvait en être autrement si l'on pensait qu'un véritable royaume de ce monde était le prix qui avait été payé pour cette véritable communion.

Mes précédentes rencontres avec Mme Fitz avaient été de nature quelque peu éprouvante. Mais sur le foyer domestique, elle était bien moins redoutable. L'arrogance impétueuse qui s'était révélée si déconcertante pour tout le monde n'était pas tellement visible. Son charme semblait se raréfier à mesure qu'il devenait plus humain. La franchise enfantine de son point de vue commença à émerger de plus en plus et à accroître sa fascination ; en effet, sa façon de voir les choses est devenue un plaisir perpétuel pour des esprits aussi sophistiqués que le nôtre.

Son incapacité totale à nous prendre au sérieux était assez piquante. Notre Angleterre et tout ce qu'elle contenait l'amusait énormément. Elle le comparerait à une terre enchantée dans un conte de Perrault. Mais notre code de vie, nos mœurs et coutumes, nos idéaux, nos artifices mécaniques et, surtout, notre solennité à leur sujet, ne manquaient jamais de faire appel à son sens de l' humour .

C'était pour moi un plaisir particulier de converser avec elle après le dîner. Je ne devrais pas dire que l'art de la conversation était son point fort, et ce n'est qu'après avoir passé une semaine parmi nous que j'ai pu me rapprocher d'elle de près. Mais cela valait la peine de faire l'effort de franchir la barrière qu'érigeait inconsciemment son air de désillusion, de tolérance patiente et plaintive.

Il y avait une certaine précision surnaturelle dans ses idées. Touchant toutes les questions qui avaient une réelle importance, sa réflexion semblait avoir été élaborée pour ses générations auparavant. Tout ce qui se trouvait en dehors de la vie des émotions n'était pour elle que la fastidieuse itération d'une pratique constitutionnelle, une partie nécessaire mais quelque peu douloureuse de l'ordre des choses.

La chose la plus surprenante chez elle était peut-être son humilité. Le faste de la royauté était pour elle la plus creuse de toutes les chimères. Il s'est simplement mis sous la tutelle d'un prolétariat profondément ignorant, sous-développé et extrêmement ingrat. « *Hélas !* les pauvres âmes, ils ne savent pas ce qui est bien », disait-elle avec un soupir maternel. Le droit divin des rois faisait partie intégrante de l'ordre cosmique ; un fait aussi prégnant et inviolable que la présence du soleil et des planètes au firmament. Être appelé à l' état de royauté était une condition extrêmement honorable , « mais il fallait toujours prier ». C'était aussi honorable et pas si ennuyeux d'être une unité négligée du prolétariat.

Je n'en suis pas sûr, mais j'incline à croire que le fait que j'avais un siège à la Chambre lui a permis de soutenir ma curiosité avec plus de tolérance qu'elle n'aurait pu le faire si j'avais été sans une sorte de sanction officielle. Elle me considérait comme un serviteur choisi du *bon roi Edouard* ; soit ma grâce personnelle, soit celle de mes proches, s'était recommandée au gardien de l'État.

« Les membres du Parlement illyrien, dis-je, ne sont-ils pas élus par le peuple ?

"Oui, mon père a donné le droit de vote au peuple en 1890, et les nobles ne lui ont jamais pardonné. Ainsi maintenant, le peuple choisit ses soixante députés sur une liste qu'il dresse pour le guider; les seigneurs du pays en choisissent soixante autres parmi eux. et puis, comme cela arrive si souvent, si les deux Chambres ne peuvent s'entendre, le Roi donne un avis.

"Le roi d'Illyrie a de lourdes responsabilités !"

"Mon père aime travailler dur."

"Etes-vous préoccupée, madame, par un mouvement démocratique en Illyrie, comme tout le reste de l'Europe semble l'être à l'heure actuelle ?"

Le geste de Son Altesse Royale était un geste de pitié.

" *Hélas* , pauvres âmes !"

C'était un terrain délicat sur lequel marcher. Mais la fascination d'une telle enquête m'a attiré là où les canons du bon goût m'auraient sans doute fait rester.

"Ne diriez-vous pas, madame, que votre parti républicain était une menace pour l'État ?"

"Ils ne savent pas ce qui est bon, pauvres âmes." Sa voix était douce. "Ils devront apprendre."

"Le Roi sera-t-il le moyen de les instruire ?"

" *Hélas !* il est trop vieux. Il faut s'en remettre au sort. Pauvres âmes, pauvres âmes ! "

Pendant le séjour de Son Altesse Royale à Dympsfield House, nous avons beaucoup vu le chef de la police de notre comté. Dans un sens, il s'était rendu responsable de notre sécurité à tous. Sa vigilance était grande et sa discrétion faisait partie de l'homme. Aucune précaution n'a été négligée qui pouvait contribuer à notre sécurité ; et il accorda son attention personnelle à des questions de détail que des individus moins minutieux auraient pu considérer comme indignes de leur attention.

Il insista particulièrement pour que la princesse abandonne sa chasse et qu'elle limite autant que possible le champ de ses activités au domaine de la maison. Elle n'était pas du tout réceptive à cela. Fervente croyante au destin et abonnée à la doctrine de ce qui doit être, les balles de l'anarchiste ne l'ont pas effrayée. Au grand dam de Coverdale, elle a continué à chasser malgré ses avertissements solennels et répétés. Et quand il fut poussé à faire des remontrances à Fitz à ce sujet, il reçut la réponse : « Elle se plaît entièrement. »

"Mais, mon cher," dit le chef de la police, "vous devez sûrement savoir qu'elle s'expose à de graves risques."

"Si une chose lui semble bonne, elle le fait", fut la réplique peu profitable de Fitz.

Le grand homme était franchement agacé.

"C'est très faux, à mon avis", dit-il avec une certaine chaleur. "C'est injuste envers ceux qui se sont rendus responsables de sa sécurité."

"C'est une question de libre arbitre", a déclaré Fitz, "et elle en sait beaucoup plus à ce sujet que la plupart des gens. Et quand il s'agit de choisir le bien, elle a une faculté spéciale."

Une réponse aussi peu concluante n'a fait qu'attiser la colère du chef de la police, qui en privé s'est plaint amèrement auprès de moi.

"Je souhaite au ciel qu'ils quittent le pays", a-t-il déclaré. "Ils sont une source de soucis et de dépenses sans fin. Nous faisons tout ce que nous pouvons pour les aider, et je dois dire que le chantier est magnifique, mais on ne peut pas les inciter à prendre les précautions les plus élémentaires. Je regrette maintenant, Arbuthnot, que Je vous ai exhorté à les abriter. J'avais espéré qu'ils étaient des gens rationnels et sensés, mais je découvre maintenant qu'ils ne le sont pas.

"Tu penses, Coverdale, que le danger est toujours aussi réel ?"

"Franchement, oui. Ferdinand XII a joué un tel rôle en Illyrie que les républicains sont déterminés à en finir avec la monarchie."

"Mais n'a-t-elle pas renoncé à son droit au trône lorsqu'elle a épousé Fitz ?"

« En fait, elle l'a peut-être fait, mais la loi illyrienne sur la succession n'envisage pas un tel acte. Ferdinand ne cache pas, apparemment, qu'il la contraindra à épouser l'archiduc Joseph et qu'elle devra succéder à l'archiduc Joseph. trône."

"Comment lui est-il possible de donner effet à sa volonté ?"

"C'est un homme fort, et s'il décide d'agir d'une manière particulière, peu de gens ont pu le nier."

"Alors vous pensez que son mariage avec Fitz n'est qu'un épisode de ce qui sera probablement une carrière brillante mais orageuse ?"

"Toujours, à condition qu'elle ne soit pas interrompue par une de ces balles, il est de notre devoir d'anticiper. Je peux seulement vous dire que le ministère des Affaires étrangères est maintenant très soucieux de la faire sortir du pays et que s'il l'osait, il l'expulserait. ".

« Hé, hé ! »

En tant qu'admirateur universitaire de notre pratique constitutionnelle, j'ai voulu me permettre de siffler.

"Et, strictement entre nous", a déclaré le chef de la police, "si seulement le bon gouvernement était au pouvoir, elle serait expulsée."

« Belle démarche, je dois le dire, pour un pays qui a nos prétentions au libéralisme !

"Sous la rose, bien sûr." Le chef de la police s'autorisa un sourire austère. "J'ose dire que cela créerait un précédent, et pourtant on n'en est pas si sûr. Mais une chose dont je suis sûr, c'est que certains d'entre nous sont diablement impopulaires en haut lieu. Ils ne seraient pas opposés à faire des choses plutôt. chaleureux pour certains individus qui resteront anonymes. Ils sont assez bien d'accord pour dire que nous aurions dû ne pas nous mêler du gâteau, comme me l'a dit hier la vieille L., il faut qu'elle quitte le pays, et le plus tôt possible. ce sera mieux pour toutes les personnes concernées.

Tout cela n'apportait aucun réconfort à l'homme marié, au père de famille et au membre du comté. Au contraire, cela a approfondi son anxiété.

Il est juste de constater, cependant, que ce sentiment n'était pas partagé par Mme Arbuthnot. Certes, elle n'était pas au courant de tout ce qui s'était passé. Mais pour elle, l'élément de danger dans cette affaire était un élément essentiel et plutôt délicieux de son histoire d'amour.

L'hypersensibilité de Vane-Anstruther à ce mystérieux idéal de « bonne forme » a rendu nécessaire que Mme Arbuthnot fasse une volte-face. Ce qu'elle a fait avec une exhaustivité et une efficacité vraiment étonnantes. A peine la véritable identité de notre visiteur fut-elle établie que, pour le dirigeant de Dympsfield House, ce fut la fin de la cavalière de cirque de Vienne et de toutes ses œuvres. Le respect enraciné de Vane-Anstruther pour la royauté, dû à ce qu'on m'a toujours fait croire à un oncle qui occupait un poste à la maison, a été pleinement exploité. Le caprice le plus léger de la princesse — sauf devant les domestiques, c'était toujours la princesse — était la loi.

Mme Arbuthnot n'est pas partie sans récompense. Elle fit une telle incursion dans l'estime royale qu'en un temps étonnamment court on l'appela Irène, et vers la fin de la première semaine de la visite, la nouvelle me fut confiée que la princesse avait demandé à s'appeler Sonia. Sans aucun doute, nous vivions à une époque peuplée et glorieuse. Et je ne pense pas que son prestige ait été en aucune façon altéré par les contraintes du monde.

Il n'est pas exagéré de dire que les dames de Crackanthorpe ont été scandalisées par la trahison ouverte et flagrante de Mme Arbuthnot. Elle avait accueilli la reine de la sciure au sein de sa famille. Ensemble, ils chassèrent le renard ; ensemble, ils ont vaincu les Crackanthorpe Hounds. Les lamentations de Mme Catesby étaient fortes et amères. Le comté tout entier secoua la tête.

Mme Arbuthnot portait la couronne du martyre avec une grâce et un courage extraordinaires. Sa conduite en public était marquée par une inconvenance cynique, une audace flagrante devant laquelle le monde se frottait les yeux et s'étonnait.

"Je crois vraiment", dit un jour Mme Catesby alors que nous rentrions ensemble à la maison au crépuscule de janvier, "que si Irène m'appartenait, je devrais la châtier. Pouvez-vous ignorer qu'elle permet à la créature de l'appeler par son prénom ? Et Laura Glendinning m'assure que de ses propres oreilles elle l'a entendue l'appeler Matilda, ou quel que soit le nom qu'elle a reçu au baptême.

"Oui, c'est une situation désespérée", ai-je accepté avec un soupir qui avait peut-être plus de sincérité qu'on ne le croyait.

"Je vous tiens entièrement responsable", dit la Grande Dame. "Et tous ceux qui connaissent les véritables faits de l'affaire aussi. Cette déplorable soirée au Savoy - et maintenant vous trouvez réellement sa chambre pour qu'elle puisse démoraliser votre femme! Quelle chose miséricordieuse que votre chère et bonne , mère dévouée, la plus raffinée des femmes, n'est plus parmi nous ! Au fait, Odo, je suppose que tu as entendu dire qu'on parle de te demander de démissionner de ton siège ?

"C'est une nouvelle pour moi, ma chère Mary, je vous l'assure."

"Le Vicaire pense que vous devriez le faire. Il semble penser que si vous avez un sentiment chrétien à propos des choses, vous le ferez de votre propre initiative."

"C'est tellement semblable à l'Église d'Angleterre de ne pas se rendre compte qu'au moment où un homme atteint l'âge de quarante ans, il est passé au Bouddha."

"Je ne sais pas du tout ce que vous voulez dire, mais j'espère que ce n'est rien d'inapproprié. Mais je peux vous assurer que l'opinion du Vicaire est partagée par d'autres. Le Château est terriblement blessé. La pauvre chère Evelyn ne le pardonnera jamais, jamais. ! Plus de pêche en Ecosse et plus de tir. De toute façon, ce sera une simple perte de temps et d'argent pour vous de vous présenter à nouveau.

Il ne me restait plus qu'à être très cordialement d'accord avec Mme Catesby et à avouer, avec surprise, que mes électeurs n'en avaient pas fait la découverte plus tôt.

"Mais," dis-je joyeusement, "nous voici à ce bel exemple de l'art jacobéen tardif connu sous le nom de Dympsfield House. J'aimerais pouvoir vous convaincre, Mary, d' honorer notre invitée en buvant une tasse de thé en sa présence. " Ce serait un acte gracieux que nous devrions tous apprécier, j'en suis sûr. "

« J'ai une conscience, Odo Arbuthnot », dit la Grande Dame avec une sévérité d'air qui rendait l'annonce superflue. " J'ai aussi une sorte de norme de morale, de manières et de conduite générale que je m'efforce de respecter."

À la porte, j'ai dit *au revoir* à la matrone indignée. Après m'être débarrassé de mon cheval, je me dirigeai vers l'intérieur. Les dames étaient rentrées en voiture et étaient déjà à la table du thé. Parmi un certain nombre d'autres faiblesses qui accompagnent une forte infusion du tempérament féminin, j'avoue une préférence marquée pour la coupe qui réjouit mais n'enivre pas.

Mme Arbuthnot servait le thé et Son Altesse Royale se tenait devant le feu. Elle lisait une lettre et, à en juger par son visage brillamment expressif, son contenu lui offrait beaucoup d'exercice pour ses émotions.

"J'aimerais, Sonia, pouvoir vous convertir à la crème et au sucre", a déclaré Mme Arbuthnot, refusant de confier la tasse à mes soins, mais se levant d'un air important et la remettant personnellement à l'occupant du foyer.

"Oh non, merci . Citron *à la Russe* . Quel peuple pour mettre de la crème et du sucre dans son thé !"

Elle a renforcé son idée de l'absurdité en pinçant l'oreille de Mme Arbuthnot d'une manière ludique et affectueuse.

"J'ai une nouvelle pour toi, mon enfant. Maintenant, il ne faut pas rire."

"Oh non, Sonia, je ne rirai pas."

La note quelque peu exagérée de l'obéissance de Mme Arbuthnot n'était pas sans rappeler celle de la fille modèle de la classe examinée par la directrice.

"Maintenant, Irène, sois sage. Pas même un sourire." La princesse leva un doigt avec une fausse impériosité. "C'est très sérieux. Dois-je vous le dire maintenant, ou dois-je vous le dire demain ?"

"Oh, s'il vous plaît, s'il vous plaît," dit Mme Arbuthnot, "s'il vous plaît, dites-le-moi immédiatement. Est-ce que ce sont ces républicains absurdes ?"

"Oh non, mon enfant, c'est quelque chose de bien plus intéressant. Mon père est en route pour l'Angleterre."

Dans une pure exultation, Mme Arbuthnot fit un petit bond en l'air.

"O-oh!" Elle haleta.

"Pensez-y, mon enfant ! Le royal et auguste vient dans cette drôle de petite île, où tout est selon Perrault. Il vient avec le vieux Schalk."

"O-oh!" haleta Mme Arbuthnot.

"Vous ne connaissez pas Schalk. Attendez d'avoir vu Schalk et alors vous mourrez. Il vous tuera complètement . Il ressemble à lui et il marche ainsi."

Son Altesse Royale fit une grimace vraiment comique et fit quelques pas sur le tapis pour imiter Schalk se rendant à la Chambre des députés.

« Est-ce qu'ils viennent *vraiment* ?

"Jeudi, ils arrivent à Southampton."

"Ils iront directement à Windsor, bien sûr ?"

" Oh non, mon enfant ; ce n'est pas une visite d'État. C'est tout un secret, ce que tu appelles *incognito* . Le roi vient rendre obéissante sa méchante fille. *Hélas !* "

Avec une soudaineté tragique, la princesse baissa la voix et le rire s'éteignit dans ses yeux. Mais Mme Arbuthnot était trop absorbée par ses propres pensées folles et extravagantes pour prêter attention à ce changement.

"Mais si le roi ne va pas à Windsor, où peut-il aller ?" dit-elle. " Un hôtel ne semble pas bien, d'une manière ou d'une autre, même si, bien sûr, il y en a de plutôt sympas à Londres. "

"Je pense, mon enfant," dit la princesse, "il vaudrait mieux que mon père vienne chez nous. Il y a des anarchistes à Londres. En plus, j'insiste pour que tu voies Schalk. Il te fera rire jusqu'aux larmes."

C'était tout ce que Mme Arbuthnot pouvait faire pour se tenir en main.

« Oh, Sonia, s'écria-t-elle, pensez-vous vraiment que le roi viendra à nous ?

" *Mais oui , certainement* , telle est son intention. Mais c'est un secret, un grand secret, qu'il ne faut pas manquer de retenir. *Le bon roi Edouard* ne doit pas savoir qu'il est dans ce pays. Il s'appellera comte Zhygny ; et peut-être notre bon Odo ici pourra le trouver un peu en train de tirer. Des lièvres, des perdrix, tout ce qui marche à quatre pattes l'amusera ; et il ne faut jamais oublier, mon bon Odo, qu'il est le meilleur joueur de *Britch* en Illyrie. Attention, ne jouez pas très haut, sinon il vous ruinera. Et Schalk aussi."

"Je vous remercie, madame, pour le renseignement", dis-je gravement.

CHAPITRE XX

UN PEU DE DIPLOMATIE

L'annonce que Ferdinand XII, accompagné de son célèbre ministre, le baron von Schalk, était en route pour ce pays et qu'il se rendait directement à Dympsfield House ne peut être qualifiée que de coup porté à quelqu'un confirmé dans ses habitudes de médiocrité. Si je n'avais eu que moi-même à consulter à ce sujet, j'aurais soutenu, avec toute la vigueur dont ma nature est capable, qu'il nous serait tout à fait impossible de les supporter. Le manque d'hébergement qu'offrait notre modeste établissement ; l'obscurité de notre état social ; notre inaptitude radicale à l' honneur qui devait nous être imposé ; tous ces handicaps et bien d'autres surgissaient dans mon cerveau, tandis que je lavais mes membres fatigués, me débattais pour enfiler une chemise « bouillie », et attachais ma « cravate blanche pour la royauté » conformément au décret somptuaire de Joseph Jocelyn De Vere. En fait, la conviction qu'il fallait faire quelque chose pour inverser le cours des événements était devenue si aiguë que j'ai dû me rendre à côté de Fitz. Ce digne était en train de se brosser les cheveux.

"Vous avez entendu la nouvelle, je suppose ?" dis-je, et tandis que je parlais, j'aperçus dans un miroir ma propre apparition sombre et en manches de chemise.

"Quelles nouvelles, mon vieux fils ?" dit l'Homme du Destin en secouant négligemment quelque chose d'une bouteille sur son cuir chevelu. "Ils n'ont pas tiré sur Sonia, n'est-ce pas ? La police est diaboliquement vigilante. Je suis pendu si nous n'avons pas eu quelques détectives à cheval avec nous toute la journée. Ils ont roulé comme ça, de toute façon."

"Voulez-vous dire que vous n'avez pas entendu?" dis-je, détestant positivement cet homme pour son sang-froid. "La princesse ne vous a-t-elle pas dit que son père était en route pour ce pays et qu'il venait directement chez nous ?"

Fitz posa ses brosses à cheveux et se tourna vers moi.

"Sortir!" il a dit. "Ferdinand vient ici !"

"Oui; elle a eu une lettre ce soir à cet effet."

Fitz trahit son étonnement. Et sous le masque de son indifférence habituelle , je pensais qu'il trahissait aussi autre chose.

"Ce vieux porc venimeux qui arrive ici !" il murmura.

"Oui ; il vient avec le baron von Schalk."

"Ils chassent généralement en couple. Il ne va jamais nulle part sans son familier. Mais je n'aime pas du tout vos nouvelles."

"J'aime aussi peu les nouvelles que vous", dis-je. "Vraiment, nous n'en avons guère besoin ici."

Fitz lui caressa pensivement le menton, puis secoua la tête.

" Il semble que nous devrons les supporter, j'en ai peur. S'ils sont vraiment en route, je ne vois pas vraiment comment nous pourrions les éviter. Ferdinand vient à titre privé, je présume ? "

" Ainsi je suppose. Mais quelle est, selon vous, la raison qui l'a amené à faire ce soudain pèlerinage pour voir sa fille ? "

Fitz n'a pas répondu immédiatement à la question.

"Cela n'admet qu'une seule explication", dit-il enfin. " Son autre projet ayant échoué, il a l'audace de prendre les choses en main lui-même. Mais c'est sa voie. Quoi qu'on pense de sa politique et du style dans lequel elle est menée, on ne peut nier qu'il est un homme très remarquable mais je souhaite à Dieu qu'il reste à l'écart de l'Angleterre ! »

Le gendre de Ferdinand XII termina par un éclat brusque. De toute évidence, la perspective de se retrouver aux prises avec son auguste relation ne devait pas être prise à la légère.

"Mais cela ne semble guère approprié", dit-il, "qu'il partage sa chance au Coach and Horses. Je vous serais immensément reconnaissant, Arbuthnot, si vous vouliez l'héberger ici, et bien sûr, il est bien entendu que je supporte le tir."

" La question du coup de feu, mon cher, n'entre pas du tout en jeu. Mais, voyez-vous, nous ne sommes que des gens simples, ordinaires, et nous ne sommes pas tout à fait à la hauteur de ce genre de choses ; et puis, notre hébergement est limité.

"Oh, tout ira bien. Si vous pouvez faire venir Ferdinand et le vieux Schalk ici, leurs gens pourront rester dans le village."

Je ne suis pas souvent troublé par quoi que ce soit qui ressemble à une inspiration, mais on sait que le désespoir vivifie les esprits les plus léthargiques.

" Par Jupiter, lui dis-je, voici Brasset. Il est bien mieux monté que nous. L'homme même ! Je suis sûr que si on lui en parlait, il se sentirait très honoré
. "

"Oui", a déclaré Fitz, "ce n'est pas une mauvaise idée. J'en parlerai à Sonia."

"Bien sûr, mon cher," expliquai-je, "vous comprenez que ma femme et moi apprécions énormément l' honneur de recevoir le roi d'Illyrie, et si seulement nous avions plus de ressources, nous ne serions que trop reconnaissants de cette opportunité. J'espère vous le ferez bien comprendre à la princesse.

Assez solennellement, le gendre de Ferdinand XII promit que cela serait fait, et je descendis au salon dans un état d'esprit plus égal. J'ai pu dîner avec la conviction heureuse que mon inspiration avait résolu une difficulté aiguë et oppressante. Enhardi par cette réflexion et soutenu par un sentiment de danger dépassé, j'allai même jusqu'à tenter de préparer l'accueil de l'heureuse solution.

« À propos, risquai-je d'annoncer à Mme Arbuthnot à l'autre bout de la table, M. Fitzwaren a suggéré qu'il serait peut-être plus pratique pour le comte Zhygny et son ami le baron que lord Brasset les reçoive à la table. Hall. Cela semble une suggestion des plus heureuses, et je suis sûr que Lord Brasset considérera cela comme un très grand honneur .

Avant d'avoir achevé ce discours soigneusement rédigé et, comme je l'espérais, éminemment diplomatique, un signal silencieux mais furieux fut envoyé par télégraphie sans fil sur toute la longueur de la table. Un froncement de sourcils d'une dimension inquiétante obscurcit le front de Mme Arbuthnot alors qu'elle se tournait impitoyablement vers l'image au cynisme amusé qui était assise à côté d'elle.

" Vraiment, M. Fitzwaren , " dit-elle, " cela n'a aucun sens. Son major... je veux dire, le comte Thingamy a exprimé le gracieux désir de venir ici, et bien sûr, comme je n'ai pas besoin de le dire, nous devrions être le dernier peuple au monde à ne pas le respecter. Nous ne nous sentirons que trop *fiers* et *honorés* , et plus il restera avec nous, plus nous nous sentirons *fiers* et *honorés* .

"Tout à fait, tout à fait", dis-je précipitamment. "C'est exactement mon point de vue ; cela va sans dire, bien sûr. Mais en même temps, M. Fitzwaren est d'accord avec moi que l'hébergement au Hall est de loin supérieur à tout ce que nous sommes en notre pouvoir d'offrir."

"Je n'ai pas dit ça exactement, mon vieux fils." Fitz tourna vers son hôtesse un regard amusé. "Je pense plutôt que c'est l'une des choses qui devraient être exprimées différemment. Plutôt sujet à des interprétations erronées, comme l'a dit la vieille dame lorsque quelque chose n'a pas fonctionné avec le dirigeable."

"Irène comprend très bien ce que je veux dire", dis-je avec la valeur d'un désespéré. « La Salle, ne le savez-vous pas, est un des lieux de spectacle du pays : plafonds de Verrio , etc. Et puis, bien sûr, Brasset est un pair, et comme marqué par la prédestination à faire le honneurs au comte Zhygny ."

Il y eut le lever impérieux d'une patte ornée de joyaux , accompagné d'un éclair d'yeux à travers le bol de roses au centre de la table. Cela m'a rappelé la dame de Meredith dont l'aspect cracha.

"Tu dis de pures bêtises, Odo. Ton père vient ici, n'est-ce pas, chère Sonia ? Tout est arrangé et il y aura beaucoup de place. Lucinda ira dans le Yorkshire voir sa grand-mère ; et Jodey pourra y aller. au carrosse et aux chevaux ; et toi, Odo, tu peux dormir dans les écuries, et je suis sûr que M. Fitzwaren n'hésitera pas à céder la plus belle chambre à son major — je devrais dire, au comte von Thingamy. , voulez-vous maintenant, M. Fitzwaren ? »

"Je suis à vous de commander, Mme Arbuthnot", a déclaré M. Fitzwaren , le menton collé sur le devant de sa chemise et regardant droit devant lui de son œil souriant mais sardonique. "Et s'il y a quelque chose que je puisse faire pour ajouter au confort du comte, je n'ai pas besoin de dire que j'en serai très heureux."

"Là!" » dit Mme Arbuthnot triomphalement. "Pas un autre mot, s'il te plaît, sinon Sonia pensera que nous ne méritons pas un tel honneur ."

Son Altesse Royale nous a tous régalés avec un éclair bienveillant de ses merveilleuses dents.

Comme j'étais dans les spirales du destin, je devais me soumettre de la meilleure grâce possible à son décret. Celle qui partageait mes joies et celle qui participait à mes chagrins était si loin d'envisager la perspective de l'arrivée du royal avec défaveur , qu'on pouvait dire qu'elle s'en réjouissait. Il y avait du feu dans ses yeux, une légèreté dans sa démarche ; la simple pensée du glamour qui allait si tôt investir sa maison l'enveloppait dans une atmosphère d'élévation mentale et morale qui ne peut être décrite que comme lyrique.

Plus tard dans la soirée, j'ai reçu une conférence de Caudle sur mon manque de tact. " Qu'est-ce qui t'a pris, Odo, de parler ainsi au dîner ! Je ne sais pas ce qu'a dû ressentir ma chère Sonia, j'en suis sûr. On croirait vraiment, à t'entendre, que nous ne voulions absolument pas recevoir. le roi."

" Supposons, *mon enfant* , " disais le désespéré, " dans un esprit purement académique, cette hypothèse presque inconcevable. "

"Vraiment, Odo, il y a des moments où tu sembles être fier d'être *bourgeois* ."

"En l'occurrence, mon enfant, l'accusation se justifie. Nous sommes quand même ce que nous sommes ; il n'est guère aimable de tenir un homme pour responsable de ses antécédents."

"Ne pense pas un seul instant que je t'en veux parce que ton grand-père faisait du commerce ; même si, bien sûr, le commerce n'était pas aussi respectable à l'époque qu'il l'est aujourd'hui. Pourquoi je t'en veux, Odo, c'est parce que tu ne fais pas toujours du commerce. le meilleur de vous-même. C'était presque la seule chose que ma très chère maman avait contre vous. Maintenant, pour l'amour du ciel, n'entendons plus parler du roi allant au Hall pour rester avec Reggie Brasset !

CHAPITRE XXI

L'INVITÉ ATTENDU

Face à ce manifeste des puissances, il n'y avait qu'une seule ligne de conduite à adopter. Ce cours était la soumission. Fitz, tout en prétendant sympathiser avec mon embarras, était trop cynique pour m'aider beaucoup. L'hospitalité de la salle a peut-être un caractère plus royal, mais alors, si l'auguste visiteur venait chez nous, pensez à quelle fête de famille chaleureuse nous devrions être !

Le roi devait arriver à Southampton ce jour-là, et son dévoué gendre proposa de l'y rencontrer. Malgré ses airs désinvoltes et nonchalants, il avait un instinct inné pour bien se comporter dans les grandes occasions. Ferdinand XII ayant affirmé sa détermination à visiter nos côtes, il sembla à Fitz qu'il incombait à tous les intéressés de tirer le meilleur parti d'une mauvaise affaire. C'était tristement ennuyeux qu'il ait décidé de faire une telle chose, mais en même temps, cela pourrait s'avérer une expérience amusante et peut-être instructive d'avoir le vainqueur de Rodova résidant parmi nous dans le Middleshire .

Pour Mme Arbuthnot, ce furent de grands jours. Presque la première chose qu'elle fit fut d'emprunter un valet de pied du Yorkshire. Elle a également provoqué l'anarchie dans la cuisine en engageant depuis quinze jours un cordon bleu au service d'un noble. Notre déesse domestique tant décriée et parfois ivre était assez douée pour les plats simples, mais certainement pas pour ceux qui devaient être présentés à un roi. Après avoir demandé à sa fille quels plats plairaient le mieux au palais royal, la princesse fut obligée de déclarer que si l'on pouvait dire que le vainqueur de Rodova avait un faible pour quelque chose en particulier, c'était pour les tomates.

J'ai eu le privilège d'être présent lorsqu'un matin, au petit-déjeuner, le mandat fut donné à Joseph Jocelyn De Vere qu'il lui fallait pour le moment chercher un autre logement.

"Je suis vraiment vraiment désolée", dit sa sœur d'une voix d'oiseau, "Je suis vraiment terriblement désolée. Mais que pouvons-nous faire ? Deux membres assez importants du Cabinet illyrien viennent de Blaenau pour voir la chère Sonia, et bien sûr il est tout à fait juste que nous les installions.

"C'est à cela que revient tout ce discours sur le Comte Ceci et le Baron Cela, n'est-ce pas ?" dit froidement le jeune homme. "Eh bien, maintenant, Mops, tu ne penses pas que je vais me donner la peine de débarrasser quelques étrangers, n'est-ce pas ? Cette loge me convient très bien, et le carrosse et les chevaux sont tout à fait intéressants." sorte de pub de second ordre.

"Vous pouvez bien sûr prendre vos repas ici, mais il ne serait pas convenable d'envoyer des étrangers de marque à l'auberge du village."

"Étrangers de distinction ! Eh bien, il faudrait le roi lui-même pour me déraciner."

Un tel moment était trop pour le sens dramatique de Mme Arbuthnot.

— Eh bien, il se trouve, dit-elle avec une insouciance soigneusement calculée, c'est le roi lui-même.

Jodey posa sa tasse de café.

"Dites ça aux Marines !" a-t-il dit.

"Si vous ne me croyez pas, vous feriez mieux de demander à Sonia. Bien sûr, c'est un terrible secret. La visite est strictement privée et *l'incognito de Sa Majesté* doit être rigoureusement préservé."

"Je devrais plutôt le penser", a déclaré le jeune sceptique . "J'imagine que Fitz te tire la jambe."

"Oh non, ce n'est pas le cas", a déclaré Mme Arbuthnot. "Pourquoi devrait-il prier ? Le roi arrive à Southampton jeudi, et Nevil l'y rencontrera. Son chancelier, le baron von Schalk, l'accompagne, et ils viennent directement vers nous."

"Si ça ne bat pas les combats de coqs !"

"Il est vraiment tout à fait naturel que le cher vieux roi souhaite voir sa fille", dit Mme Arbuthnot avec une dignité pensive.

Mais il est juste pour Mme Arbuthnot de dire que son annonce dramatique a eu un effet sensible sur son frère.

"Je suppose qu'il n'y a aucune aide pour cela", dit-il joyeusement. "Je pense que je vais devoir partir. Mais j'ose dire que Brasset me trouvera un berceau si je lui explique comment il se trouve."

"Il ne doit y avoir un mot d'explication à personne", dit Mme Arbuthnot d'un air officiel. "Personne ne doit savoir que c'est le roi."

"Brasset s'en sortira. C'est un terrible mendiant diplomatique ; il a été *attaché* à Paris, etc. Vous pouvez lui faire confiance pour garder un secret."

Mme Arbuthnot réfléchit. La gravité de son attitude était énorme.

"Eh bien, si vous le dites à Reggie Brasset, vous devez me donner votre parole d' honneur que vous n'en parlerez absolument pas à un autre être vivant. Strictement *incog.* , vous savez, et si cela était rendu public, cela pourrait entraîner de graves complications internationales. Bien sûr, j'ai dû écrire et le dire à maman, sinon elle ne m'aurait jamais laissé avoir Thomas. En plus, elle consulte Oncle Harry sur un ou deux points d'étiquette.

"Oh, n'est-ce pas ! De toute évidence, ça va être un secret diabolique bien gardé !"

"Je devrais le penser. Eh bien, je ne l'ai même pas dit à Mary Catesby, et pourtant je suppose que je devrai le faire, parce qu'elle est terriblement au courant de ce genre de choses."

« Si vous ne dédaignez pas un conseil venant d'un humble quartier, dis-je modestement, vous laisserez Mary Catesby hors de vos calculs.

Mon seul signal d'alarme était l'éclair d'un œil bleu de porcelaine impérieux . Il n'y avait aucune autre récompense.

" Il me semble, " dit Jodey, " nous ferions mieux que Brasset dîne avec nous assez souvent. Vous aurez besoin que quelqu'un parle au vieux tampon. Moi-même, je ne suis pas très doué pour la conversation. "

« Non, Joseph, risquai-je de dire, mais tu es bon, courageux et modeste. Comment se passe la ballade qu'Irène raconte avec tant de charme ? « Sois gentille, douce enfant, et laisse qui sera intelligent. »

J'ai renoncé, car depuis deux points de la boussole, un regard double de Vane-Anstruther était braqué sur moi. Mon parent par alliance but son café, sortit une vieille pipe infâme et l'alluma au milieu du silence le plus magnifique auquel j'aie jamais contribué.

Mais les événements avançaient rapidement. Le passage de chaque jour nous rapprochait sensiblement de l'événement le plus important. Avec les conseils et l'aide de Son Altesse Royale, Mme Arbuthnot a procédé sans incertitude à mettre de l'ordre dans sa maison. Le roi appréciait une chambre exposée au sud, paraît-il, et une salle de bains donnant sur son dressing. Par une dispensation spéciale de la Providence, ces choses se sont produites. Le rouge était la teinte prédominante des tapis et des tentures des lits de la Chambre d'État. L'idée pittoresque vint à l'esprit de Mme Arbuthnot : le violet serait plus approprié. Son Altesse Royale pensait que cela n'avait vraiment pas d'importance, mais Joseph Jocelyn De Vere, appelé comme arbitre, était d'accord avec Mme Arbuthnot. La facture de Waring's était de 65 £ 12 *s.* 9 *j.* moins cinq pour cent. remise en espèces.

Le mercredi matin , un papier d'instructions est arrivé de l'oncle Harry *via* Doughty Bridge, Yorks. Il semblait attacher une importance primordiale au vin, qui devait être de la meilleure qualité et abondant en quantité. Deponent adjura sa nièce de faire particulièrement attention au madère, car toutes les royautés qu'il avait eu l' honneur de rencontrer à table étaient extrêmement friandes de ce breuvage. "J'envoie un de nos cas aux soins de Thomas, inconnu de votre père", était intercalé sous la forme d'une note de la main maternelle. En fait, on pourrait dire que les instructions de l'oncle Harry se résument à autant de Madère et à aussi peu de bruit que possible.

Fitz n'était pas non plus inactif. Il avait accepté la visite imminente de son beau-père, totalement déplaisante pour lui comme il y avait des raisons de le croire, dans un tempérament tout à fait philosophe. Les ennemis du roi étant si nombreux dans notre partie du monde, la première chose qu'il fit fut de mettre le chef de la police dans sa confiance. Il monta ensuite en ville, passa deux heures à Whitehall aux pieds de plus d'un Gamaliel, rendit visite au directeur général du Great Mid-Western Railway et fit circuler un train spécial de Southampton à Middleham, et contourna sa journée avec l'achat d'un nouveau chapeau en soie chez Scott's.

Le jeudi historique arriva enfin, et peu après sept heures du matin, M. Nevil Fitzwaren partit pour Southampton, vêtu d'un manteau Newmarket très élégant, de bottes en cuir verni et de son nouveau chapeau en soie. Même lorsque j'avais été témoin de son départ dans toute la panoplie de la guerre, j'avais peine à réaliser que nous étions au seuil d'une occasion aussi élevée. J'espère ne pas attacher une importance excessive aux rois de la terre. Mais même une unité insignifiante d'un pays constitutionnel, avec peut-être un léger parti pris personnel en faveur de la démocratie, ne pouvait pas apaiser le frémissement d'une vive attente de ce que la journée allait apporter.

Selon les journaux de l'époque, Ferdinand XII représentait un type avancé de despote. Sa parole faisait loi en Illyrie. J'ai passé la moitié de ma matinée à rechercher et à parcourir un numéro récent d'un des magazines, dans lequel figurait une étude du caractère de cet homme célèbre réalisée par quelqu'un qui prétendait le connaître intimement. Il y figurait comme un réactionnaire bienveillant ; comme quelqu'un qui, au sens plein du terme, se croyait le père de son peuple. Il rendit la justice aussi bien aux riches qu'aux pauvres ; mais qu'il ait eu raison ou qu'il ait tort, il n'a permis aucun appel de ses verdicts.

De l'avis de l'auteur de l'article, le roi d'Illyrie était l'un des hommes les plus forts de son époque. En équilibre comme il l'avait été toute sa vie sur le cratère d'un volcan, qui émettait des menaces continuelles d'éruption, il n'avait lésiné sur aucun point de sa politique publique ou intérieure en réponse aux grondements ci-dessous. Il croyait posséder une connaissance infaillible de ce qui était bon pour son peuple et il était enclin à distribuer sa panacée universelle à doses généreuses. Pourtant, il différait fondamentalement des autres potentats partageant une foi similaire, comme par exemple son neveu russe et ses contemporains turcs et persans, dans la mesure où il avait foi dans la vertu essentielle de ses sujets.

Bien que la maladie moderne de l'anarchie ait infecté son royaume et ait conduit à trois lâches attentats contre sa vie, Ferdinand XII avait fourni une preuve convaincante de sa force de caractère en refusant d'imposer à son peuple la responsabilité de ce qu'il a choisi de considérer comme des actes isolés de fanatisme. Dès les premiers temps, tout individu ou groupe d'hommes libres du royaume d'Illyrie jouissait du droit d'accès personnel à son souverain. Il était prêt à leur donner des conseils dans les affaires les plus banales. À bien des égards, il ressemblait davantage à un ami éclairé et un voisin aux idées libérales qu'à un dirigeant despotique dont la parole faisait loi. On disait qu'il conseillait un ouvrier sur le choix de la vocation de son fils, ou qu'il fixait le montant de la dot d'une fille. « Prendre l'avis du roi » était devenu une expression proverbiale dans tout le pays ; et on disait que dans le cas de deux fermiers marchandant le prix d'un cheval, chaque fois que l'expression était utilisée, elle recevait une interprétation littérale.

La conséquence de cette accessibilité fut une popularité abondante parmi toutes les classes de l'État. En respectant à la lettre la tradition véritablement royale selon laquelle tout Illyrien jouissait de l'amitié du roi, il avait conservé son pouvoir, et malgré de nombreux grognements sinistres résultant d'une fiscalité sévère et de nombreux abus d'autorité flagrants, le volcan était resté inactif. tout au long d'un règne long et non sans gloire. Sa campagne dans les années soixante contre la puissance de l'Autriche, culminant avec la journée historique de Rodova , avait été un prodige pour les sages et n'avait été rendue possible que par la foi presque superstitieuse de toutes les classes d'une communauté relativement petite.

Dans son étude finale du caractère et des réalisations de l'une des figures les plus significatives de l'époque, l'auteur de l'article s'est livré à la prophétie selon laquelle avec Ferdinand XII, un symbole de la véritable royauté disparaîtrait. Les forces du modernisme étaient trop fortes en Illyrie, comme ailleurs en Europe, pour être tenues à distance plus longtemps. Ce n'est que par miracle que les portes du château historique de Blaenau leur ont été fermées si longtemps. Seules une puissance personnelle extraordinaire et une force de volonté inébranlable les avaient maintenus sans contrainte. Car nul ne pouvait nier que l'exemple sublime de faire confiance à tous les hommes et de ne craindre aucun n'allait de pair avec les abus les plus graves ; cependant, quelle que soit leur nature, on peut au moins dire qu'ils ne doivent leur origine à aucune source ignoble. Roi dans l'essentiel, Ferdinand XII avait les défauts de ses qualités. Le niveau de bien-être en Illyrie était élevé, mais il n'était en aucun cas largement dispersé. Comme c'est le cas dans tous les despotismes, les riches étaient les riches et les pauvres étaient les pauvres en Illyrie. À bien des égards, la condition du peuple rappelait celle de la France avant la Révolution ; et ce serait une source de surprise pour quiconque était en mesure d'observer la situation actuelle si, à la onzième heure, le sort de Louis XVI s'acharnait sur ce dirigeant actuel, inhabituellement compétent et inhabituellement malavisé.

A la lumière de ce que cette journée allait apporter, j'ai fait une étude anxieuse de ce document. Si je ne peux pas dire que cela m'a rassuré, du moins cela n'a-t-il pas atténué ma curiosité. Ce devait être notre privilège de recevoir une sorte de véritable royauté sous notre toit. S'il survenait un de ces désastres culinaires auxquels même les ménages les mieux réglés sont susceptibles, et que nous soyons contraints d'offrir une soupe brûlée ou une côtelette pas assez cuite au père de son peuple, il fallait espérer que ses hôtes et hôtesses tremblants n'auraient pas de perdre la tête.

En ce qui concerne la fille du roi, il nous avait semblé que l'annonce de sa venue avait apporté du malheur. Son intérêt alerte, mi-humour, mi-malicieux pour tout ce qui l'entourait qui faisait son charme, avait semblé céder la place à la préoccupation maussade de quelqu'un qui éprouvait une profonde méfiance à l'égard des événements à venir. Je pensais en particulier que cela se reflétait dans sa relation avec sa petite fille.

Avant la réception de la lettre du roi, Mme Fitz n'avait montré aucun dévouement excessif à ce mal incarné qui répondait au nom de Marie, qui défiait sa gouvernante, malmenait les domestiques et les animaux domestiques, et qui combattait farouchement en temps opportun. et dehors avec Miss Lucinda, un despote domestique plus doux et plus légitime. Mais au moment où nous arrivions à ce jeudi historique, c'était comme si sa mère ne pouvait pas supporter cet elfe hors de ses yeux. Il était bien entendu naturel qu'elle désire ardemment que Marie se comporte bien avec son grand-père, mais il y avait quelque chose de presque tragique dans cette nouvelle inquiétude à son égard. Il ne fait aucun doute que sa racine était profonde.

Pour ceux qui comprenaient ses manières et ses humeurs, il était clair que quelque chose lui pesait lourdement. C'était même dans l'expression de son visage ; il y avait un étrange déclin de sa vivacité et un relâchement de son intérêt pour les choses qui l'entouraient. Lorsque jeudi arriva, elle semblait très malheureuse.

Le Crackanthorpe n'avait pas de rendez-vous pour ce jour-là, et à la lumière des événements ultérieurs, cela aurait peut-être été bien s'ils l'avaient fait. Toute la matinée, elle resta curieusement silencieuse et *désemparée* . Elle partageait la plupart de son temps entre les écuries et la société de ses chevaux et la garderie et la société de sa fille singulièrement volontaire et intraitable. Au déjeuner, elle refusait tous les plats, se contentant d'un verre d'eau et d'un morceau de pain grillé sec. Elle ne prononça pas un mot jusqu'à la fin du repas, quand tout à coup elle joignit les mains à sa tête et s'écria d'une voix grave et gutturale, à peine reconnaissable comme la sienne :

"Je pense que je vais devenir fou !"

Il y avait quelque chose d'indescriptiblement tragique dans cette exclamation. Je me levai, me retirai de la chambre et fis signe aux domestiques de me suivre. Mme Arbuthnot resta seule avec la malheureuse dame, et en sortant, je lui fis remarquer que j'entrais dans la bibliothèque.

Environ dix minutes plus tard, Irène est venue me rejoindre. Elle avait l'air pâle et anxieuse, et pas du tout alarmée.

« Elle souffre terriblement, la pauvre », dit-elle, non sans soupçonner des larmes. "Elle a presque perdu la raison et elle fait un effort frénétique pour se contrôler."

"Pouvez-vous comprendre quel est le problème ?"

"Elle a terriblement peur de quelque chose. De quoi s'agit-il, je ne sais pas. Elle continue de parler en illyrien."

"Est-ce que c'est son père qui vient ?"

"Oui, cela l'a terriblement bouleversée."

« Est-ce qu'elle a peur de lui ?

"Oui, pathétiquement effrayée. Mais il y a aussi autre chose qu'elle craint."

"Je suppose qu'elle pense à son mari et à son enfant ?"

"Oui, la pauvre âme ! Comme j'aimerais que nous puissions l'aider !"

"Ce n'est pas facile d'aider les enfants du destin."

"Jamais jusqu'à présent je n'avais réalisé à quel point la vie était épouvantable ces gens mènent. Elle souffre terriblement. Connaissez-vous quelqu'un qui comprend les étoiles ?"

"Les étoiles!"

"Oui, elle dit qu'elle veut savoir ce que font les étoiles. C'est une superstition ridicule, bien sûr, et je le lui ai dit. Mais elle secoua la tête d'une manière étrange, et elle avait l'air si tragique et si malheureuse qu'elle faillit se faire entendre. je pleure."

"N'y a-t-il pas un astrologue à Bond Street ? Mais il y a cent contre un qu'il soit un charlatan."

"Ils le sont tous, bien sûr."

"La princesse ne semble pas le penser. Et il y a mon vieil oncle fêlé Théodore qui vit à Bryanston Square. Il est censé avoir une autorité sans fin sur les étoiles."

"Eh bien, c'est tout à fait ridicule, mais je crains que rien ne puisse être fait avec elle tant qu'elle n'a pas consulté quelqu'un. Donnez-lui l'adresse de votre oncle Théodore et laissez-la prendre le 14h20 pour aller en ville, et elle sera de retour avant l'arrivée du roi."

"Elle ne peut pas y aller seule. Dans son état d'esprit actuel, quelqu'un doit être avec elle. Ne pouvez-vous pas la persuader d'attendre jusqu'à ce qu'elle ait vu son père ?"

"Elle souffre tellement que ce serait une pitié de soulager la tension d'une manière ou d'une autre."

" Très bien, je l'emmènerai voir le vieux Théodore. Je lui enverrai un télégramme pour lui dire qu'une dame vient le consulter au sujet des étoiles ; et aussi je ferais mieux de téléphoner à Coverdale pour lui faire savoir ce qui se passe. Il n'est guère sage de se rendre à Londres sans escorte. Ensuite, il faut organiser le monarque. Mais Fitz communiquera directement aux autorités de Southampton l'heure approximative de son arrivée.

Heureusement, Coverdale était au Sessions Hall. Mais quand je l'ai informé de la soudaine détermination de la princesse à se rendre en ville à 14 h 20, il a failli faire sauter les fils. "Comment a-t-elle pu imaginer qu'avec son père vierge attendu à Middleham à 6 h 50, la police du Middleshire pourrait faire en sorte qu'elle aille galoper vers la métropole vide cet après-midi vide ?" Sans oser en aucune façon éclairer l'ignorance officielle ni en atténuer la température, j'essayai avec un tact et une patience infinies d'expliquer, tout en renonçant à toute référence aux étoiles, que dans les circonstances, cela ne servait à rien. Ceci étant une question sur laquelle la princesse avait pleinement pris sa décision, il appartenait à la police du Middleshire de s'en remettre à ses souhaits avec la meilleure grâce possible.

"Eh bien, mon ami," dit le chef de la police, "laissez-moi vous dire que vous courez un risque diable. Mais je communiquerai avec Scotland Yard et leur demanderai de s'occuper de vous. Pourtant, alors que le roi arrive ce " Le soir, les quatre hommes que vous avez avec vous feraient mieux de rester de service à la maison. Et, " conclut le chef de la police du Middleshire , " je voudrais à Dieu que toute la foule vide, vide ! "

Un homme marié, père de famille et membre du comté, s'est empressé de remplacer le séquestre.

CHAPITRE XXII

UNE VISITE DE LA PLACE BRYANSTON

À contrecœur, je partis avec notre invité consulter mon oncle Théodore. Assurément, c'était un projet dans lequel le sens commun, dans l'acception générale de cette qualité insaisissable, n'avait aucune part. Pourtant, aussi absurde que soit la procédure, c'était un acte d'humanité commune que de prendre une mesure, même extravagante, pour soulager une souffrance aussi aiguë. Il était impossible de ne pas plaindre la malheureuse créature. Ses yeux étaient sauvages et son apparence s'était transformée en celle d'un animal traqué.

En montant vers la ville, nous avons eu la chance de trouver une voiture pour nous seuls. Tout au long du voyage, ma compagne ne m'a presque pas adressé un mot, mais elle a continué à trahir de nombreux témoignages d'angoisse mentale. Le train était ponctuel et quelques minutes après seize heures, nous étions à Bryanston Square.

Ce n'est qu'une fois par lustre que je rends visite à mon oncle Théodore. Il est riche, célibataire et dans la famille il est considéré comme un excentrique incorrigible. Champion des causes perdues, poète, radical, praticien de l'occultisme, méprisant les conventions et fervent ennemi de beaucoup de choses, y compris de tout ce qui concerne le simple expédient, l'utilitaire et le matériel, il est considéré comme un défenseur des causes perdues. comme un hérétique dangereux qui pourrait être plus estimé s'il appartenait à un clan moins éminemment responsable.

Cependant, j'avoue que je ne rends jamais visite à mon oncle Théodore sans me sentir contraint de rendre une sorte d'hommage involontaire à sa personnalité. Il a un moyen avec lui ; il y a chez lui quelque chose qui est la négation absolue du lieu commun. Il est grand et extraordinairement frêle, avec une tignasse pittoresque de cheveux orange et une paire de grands yeux ronds d'une luminosité remarquable, qui semblent comme des lunes jumelles de lumière liquide.

Nous avons eu la chance de trouver ce bravo chez nous et au reçu de mon télégramme. J'ai laissé mon compagnon dans une autre pièce pendant que je sortais et barbu le lion dans sa tanière. Vêtu d'une veste de velours, d'une cravate rouge et d'une paire de pantoufles orientales perlées, il était en train de composer et écrivait très lentement avec une plume à plumes sur une feuille de papier cartonné non ligné.

"J'écris une lettre au chiffonnier qui nous déshonore", dit-il avec une sorte de véhémence langoureuse, "et le chiffonnier ne l'imprimera pas, mais j'en garderai une copie et je la publierai dans un journal. brochure au prix de trois pence.

"Alors déposez-moi quatre exemplaires", dis-je. "Vous savez que je vous considère toujours comme l'un des rares maîtres vivants de l'anglais du roi."

"L'anglais du roi ! Le roi, mon garçon, n'a pas d'anglais. Il a moins d'anglais que le marchand moyen qui se respecte."

"Le puits de l'anglais sans souillure, alors."

"C'est mieux. Vous avez parfaitement raison. J'ai la ferme conviction que ma prose est tout à fait égale à ma poésie, et pourtant ces cancres persistent à dire que nous, les poètes, ne pouvons pas écrire de prose. Swinburne ne le pouvait pas, c'est vrai, et les larmes aux yeux, je le suppliais de renoncer. Mais c'était un petit garçon têtu non plus. Mais Goethe, maintenant, savait écrire de la prose aussi bien que moi, et Wordsworth aussi. il avait aimé, et Shelley aussi. Quant à ce connard de Stratford-on-Avon, s'il y a quelqu'un qui ose dire qu'il ne sait pas écrire de la prose, j'aimerais avoir le plaisir de le contredire.

« Je pense, dis-je, que vous serez après votre mort parmi les prosateurs. Si je vous survis, j'espère préparer une édition complète des lettres que vous avez fait rejeter par les journaux.

"C'est une bonne affaire, mon garçon. Je les sélectionnerai pour toi. Ce sera un joli petit héritage à laisser à la postérité. Dans cent ans, on parlera de moi comme du Lucien britannique qui a ouvert les battants puants d'un âge putride et laissez entrer la lumière honnête de Dieu. Dans quelle époque nous vivons, et quel équipage venimeux l'habite ! Eh bien, savez-vous, mon garçon, nous avons moins de vraie liberté dans ce pays qu'eux en Illyrie.

La mention totalement inattendue du mot béni Illyria m'a considérablement surpris. Ce sinistre royaume était évidemment dans l'air.

« Vous avez raison, Théodore, dis-je. « Les fenêtres puantes d'un âge putride », c'est une phrase dont je me souviendrai la prochaine fois que je serai sur le point de m'asphyxier sur les bancs verts de la Mère des Parlements.

"Quel équipage de footballeurs, de remorqueurs de bateaux et de gymnases ils doivent être pour supporter une telle atmosphère jour après jour, nuit après nuit ! Je n'aurais pas dû penser qu'un homme vraiment *poli* aurait pu y vivre pendant trois jours. . Je me demande ce qu'Edmund Burke pense de cet endroit quand il y entre maintenant.

Une connaissance approfondie du sujet auquel j'avais à faire face m'obligeait à faire un effort déterminé pour m'emparer de sa tête avant qu'il ne me prenne complètement en charge.

"Théodore," dis-je, "je ne suis pas ici pour céder au plaisir de votre conversation, bien que j'aspire à le faire. J'ai amené avec moi une dame qui désire vous consulter au sujet des étoiles."

Il semblait rire d'un rire profond et creux venant du plus profond de lui-même, un peu comme on pouvait s'attendre à ce qu'un ogre le fasse.

"Vaine superstition!" » rit-il en étendant ses longues mains ténues. "Ô vous, pharisiens britanniques de la classe moyenne supérieure, que vous devriez condescendre ! Qui est ce faible vaisseau qui consulterait les étoiles ? Pas, je le crois et j'en ai confiance, une fille de feu Sir John Stubberfield, Bart. ?"

"Feu Sir John Stubberfield, Bart." était un symbole érigé en permanence dans son esprit, avec lequel il jouait lorsqu'il était amené à exercer sa fantaisie aux dépens de ses compatriotes.

"Pas une fille de Sir John", lui ai-je assuré. "Un personnage encore plus puissant."

"Impossible, mon garçon ! Une véritable fille de Sir John se dresse au sommet de l' effort humain . Elle est la couronne de la béatitude sociale, politique et philosophique. Oubliez-vous que c'était une fille de Sir John Stubberfield, Bart., qui s'est marié un Prosser ? Oubliez-vous que c'était une fille de Sir John Stubberfield, Bart., qui avait un héritier mâle, un petit Prosser ?

"Paix, paix, mon bon Théodore. Vous n'avez qu'une demi-heure pour lire les étoiles dans leur course pour une belle inconnue. Et je vous prie de la traiter avec tendresse, car c'est une femme courageuse et malheureuse. "

« Aha ! » L'Ogre – le nom sous lequel il était connu dans la famille – soupirait d'une sympathie romantique. Cela peut sembler en désaccord avec les termes dans lesquels j'ai essayé de rendre la personnalité de ce Berserk, mais il avait un développement presque chimérique du sens de la chevalerie. Rien ne réjouissait plus ce champion des causes perdues que de secourir ceux qui étaient en détresse.

"Produisez la vestale languissante, afin que les arts du nécromancien puissent la soutenir. Mais restez, mon garçon ; avant d'aller plus loin, puis-je vous suggérer de vous conformer à la pratique conventionnelle consistant à confier le nom qu'elle porte parmi les hommes ?"

"Certainement. Son nom est Mme Nevil Fitzwaren ."

« Aha ! » L'Ogre se retourna à demi sur son fauteuil pour me faire face. Il ressemblait à un satyre, et les lunes jumelles qui étaient ses yeux ont commencé à me magnétiser avec leur éclat étrange. "Une femme d'une trentaine d'années, d'origine étrangère ?"

"Oui—oui."

« Vous avez épousé un écuyer anglais il y a environ cinq ans ?

"Comment diable sais -tu ça ?" dis-je avec étonnement.

Encore une fois, le regard du satyre parut le transfigurer.

" À quoi sert, je vous prie, d'être devin sans qu'il soit permis de toucher un peu aux arts noirs ? "

« Théodore, mon ami, dis-je avec un rire un peu déconcerté, j'ai tendance à penser que vous devez être le diable.

"Peut-être, mon cher garçon, peut-être." L'Ogre joignit le bout de ses doigts comme il l'avait fait. "Puisse-le vous intéresser de savoir que le Diable est un personnage plus puissant dans la vie publique de notre époque que ne le permettent nos amis allemands. Ne méprisez jamais le Diable et ne le mentionnez jamais à la légère en aucune compagnie, car il regarde toujours vers le haut. toi."

Les lunes jumelles m'enveloppaient avec une lueur qui, dans le crépuscule de janvier, était si étrange que, si j'avais été autre que d'une texture matérialiste assez robuste, j'aurais pu ressentir une sorte d'horreur.

"Il est très intéressant que votre amie Mme Fitzwaren - cheveux noirs, teint olivâtre, apparence remarquable, un type que vous ne pouvez pas situer - vienne me voir comme ça. Le fait est, mon cher garçon, que les choses ne sont pas toujours ce qu'elles sont. semble-t-il, à en juger par le comportement récent d'un ou deux corps planétaires assez importants, et du nouveau corps dont nos amis observateurs français ont récemment appris à prendre connaissance , la visite de votre amie Mme Nevil Fitzwaren chez votre oncle Théodore fêlé chez lui. L'habitation locale à Bryanston Square peut avoir une certaine influence sur le destin des nations. Que dites-vous ?

« Mon cher Théodore, ai-je expliqué pour des raisons politiques, mon cher Théodore, vous l'êtes vraiment, sur ma parole, vous l'êtes vraiment... !

C'est néanmoins avec une singulière complexité d'émotion que je m'avançai pour conduire ce prophète et devin devant la princesse héritière d'Illyrie.

pantoufles de tapis dans la grande pièce nue, je fus frappé par le fait que la malheureuse dame paraissait plus distinguée et plus désemparée que jamais. Si j'avais eu une connaissance superficielle de notre famille Berserk, j'aurais dû avoir des doutes quant à la façon dont il recevait son visiteur. En compagnie peu sympathique, il pouvait être un sauvage béotien positif, mais, encore une fois, si cela lui plaisait, il pouvait faire preuve d'une aisance et d'un charme sympathique qui étaient tout à fait délicieux pour ceux qui avaient la chance de l'évoquer.

Alors qu'il entrait d'un pas traînant avec sa cravate flamboyante, sa tignasse de cheveux orange , les mains dans les poches et les talons à moitié sortis de ses pantoufles, lui plairait-il d'être le courtisan poli et gracieux, ou le sauvage sauvage béotien ?

Son visiteur se leva pour le recevoir et un salut funéraire fut échangé. Et pour la première fois à ma connaissance, Mme Fitz semblait incapable de parler. Ce n'était pas étonnant, car cette présence maigre et maigre, au sourire de faune et au regard immobile, plein et lumineux, semblait détenir la clé des royaumes de mystère et de pouvoir infinis.

"Si vous venez dans ma chambre, nous pourrons parler", dit-il tout à fait doucement.

Alors qu'il s'apprêtait à ouvrir la voie, il se tourna à moitié et me lança un regard d'ogre par-dessus son épaule avec sa méchanceté particulièrement significative.

"Dites à Peacock de vous donner le *Sporting Times* , un cigare et un whisky-soda, mon cher garçon", dit-il.

"Merci", dis-je, "mais je crains que vous ne puissiez pas disposer de plus de vingt minutes pour votre entretien. Il est impératif que Mme Fitzwaren prenne le 5 h 28 du Grand Central."

"Le 5.28 du Grand Central." Il répéta ces mots comme si on leur attachait une importance qu'ils n'avaient aucune raison de revendiquer. Puis il ajouta d'un ton songeur : « Je ne suis pas aussi sûr que je voudrais l'être que vous seriez sage de l'attraper. Il vaudrait mieux, je pense, si Mme Fitzwaren pouvait organiser le voyage demain.

"Impossible, mon cher Théodore. Mme Fitzwaren reste avec nous et nous devons certainement retourner dîner."

La princesse acquiesça.

"Eh bien, eh bien, s'il le faut vraiment. Et peut-être que j'outrepasse mes prérogatives."

La créature singulière se mit à ouvrir la voie à son bureau. On me laissa méditer seul pendant vingt minutes sur cette dernière expression de sa personnalité. Jamais auparavant je n'avais réalisé aussi pleinement qu'il possédait des dons dont la nature était comme un livre scellé pour le commun des mortels. Il y a eu des occasions où nous, « dans la famille », avons été tentés de croire qu'il y avait une forte infusion de charlatan dans sa prétention à la connaissance occulte. Un prophète n'est sans honneur que dans son propre pays.

Mais alors que j'étais assis ce soir de janvier dans sa maison de Bryanston Square, j'ai réalisé plus pleinement que jamais auparavant que le dernier mot n'avait pas encore été dit concernant les choses qui nous entourent. C'était comme si d'un seul coup mon relation grincheux dans ses pantoufles, son manteau de velours et sa cravate rouge m'avait amené à un contact plus intime avec l'Invisible.

D'une manière ou d'une autre, et sans aucune raison spécifique que j'ai pu découvrir, mes nerfs indisciplinés ont commencé à tourner comme une horloge. La température de la pièce n'était pas élevée, mais une transpiration me coulait partout. Pendant cinq bonnes minutes, je suis resté assis dans le silence de l'obscurité grandissante, ne sachant pas trop quoi faire et ne m'en souciant pas particulièrement. C'était comme si l'atmosphère énervante de la proximité de mon oncle m'avait enlevé le pouvoir de la volonté.

Il ne m'est jamais venu à l'idée de sonner, et pourtant je n'ai eu qu'à appuyer sur le bouton situé à mon coude. Néanmoins, lorsqu'un domestique entrait avec une lampe, c'était un véritable soulagement.

"Bonjour, Paon !" dis-je en sortant avec un petit frisson de ma rêverie.

D'une manière ou d'une autre, il semblait que ce serviteur, de confiance, âgé, responsable, paraissait singulièrement pâle et maigre à la lumière de la lampe.

« Est-ce que tu vas très bien, Paon ?

"Merci, monsieur, pas grand-chose." Le vieux domestique soupira lourdement.

"Pourquoi, qu'est-ce qu'il y a ?"

Le vieil homme commença à tirer les rideaux puis se tourna vers moi avec une sorte de défi nerveux.

" Le fait est, M. Odo, " dit-il, " cet endroit devient trop pour moi. J'ai peur de ne pas pouvoir continuer longtemps. Le fait est, M. Odo " - le vieil homme baissa son » voix à un murmure d'une solennité douloureuse : « c'est contraire à la volonté de Dieu.

« Qu'est-ce qui est contraire à la volonté de Dieu ?

" Les événements, monsieur, de M. Théodore. Mon opinion privée est — et je vous le dis, M. Odo, ce que je ne dirais pas à un autre — la voix du vieil homme devenait de plus en plus basse — que M. Théodore apprend un peu plus que n'importe quel homme : en fait, monsieur, plus que ce que le Tout-Puissant voulait que tout homme devrait savoir.

« Que veux-tu dire, Paon ? Tu ne deviens pas superstitieux avec la vieillesse, n'est-ce pas ?

Je m'efforçai de parler sur un ton léger. Mais à mes propres oreilles, ma voix semblait curieusement haute et fine.

"Je veux dire ceci, monsieur. La ligne devrait être tracée quelque part. Et M. Théodore ne sait pas où la tracer. Les gens qu'il a ici, monsieur, c'est... eh bien, c'est épouvantable ! Clairvoyants, médiums, mahatmas, Indiens. les fakirs, les retourneurs de table, les rappeurs d'esprits, et je ne sais pas quoi. La communion avec les esprits, c'est très bien, monsieur, mais c'est contraire à la volonté de Dieu, monsieur, que nous puissions fouiller. tous les secrets de l'existence."

"Comment le sais-tu, Paon ?"

"Je le sais par ceci, monsieur." Le vieil homme se tapota solennellement le centre du front. "Ce qui se cache derrière tout ça."

À ma grande surprise, le vieux domestique se tordit les mains et fondit en larmes.

"Cela ne peut pas continuer, monsieur, du moins en ce qui me concerne. Ou M. Théodore devra s'amender, ou je devrai le quitter. J'ai été longtemps avec M. Théodore, et bien sûr, j'étais avec son père avant lui, et j'ose dire que je vieillis, mais savez-vous ce que nous avons dans le grenier, monsieur ?

"Qu'est-ce que tu as dans le grenier, Paon ?"

"Une momie égyptienne, monsieur. Elle a plusieurs milliers d'années, et je suis convaincu qu'elle porte une malédiction. Je n'entrerais pas dans ce grenier, monsieur, pas moi, pas à cause de toute la richesse des Rothschild."

« Je ne savais pas que vous étiez superstitieux, Paon », dis-je avec une interprétation très inefficace du ton formel de l'homme marié, du père de famille et du membre du comté.

"Ce n'est pas de la superstition, monsieur, mais je sais ce que je sais. Cette maman doit quitter cette maison, ou je la quitterai."

"Est-ce le décret du Vrai Croyant ?"

"Je n'ai pas moins peur de Dieu, monsieur, parce que j'ai peur d'une momie égyptienne, si c'est ce que vous voulez dire."

"Mais vous êtes enclin à penser qu'il y a plus de choses sur la terre et dans le ciel qu'il n'est bon pour l'homme moyen de s'en préoccuper ?"

" J'en suis convaincu, monsieur ; et si M. Théodore ne se débarrasse pas de cette momie et ne modifie pas ses affaires, je serai obligé de donner un préavis. "

En termes simples, les propos du vieil homme peuvent paraître ridicules. Mais à mesure qu'il les prononçait, sa détresse était si sincère qu'il était impossible de lui refuser un témoignage de sympathie.

"Très bien, si c'est le cas, Peacock", ai-je accepté. "Et vous pouvez faire valoir sur cette honnête conscience dont vous êtes à juste titre fier que vous avez servi la famille longtemps et fidèlement, et que personne ne remettra en question votre droit à une rente."

"Oh, tout ira bien, monsieur", dit le vieux serviteur; "Même si M. Théodore agit contrairement à la volonté de Dieu, personne ne peut nier qu'il est un parfait gentleman."

"N'est-ce pas plutôt une confirmation de l'ancienne théorie selon laquelle le Diable aurait été le premier gentleman parfait ?"

"Je n'y avais pas pensé auparavant, monsieur, mais maintenant que vous en parlez, cela vaut certainement la peine d'y réfléchir."

Après avoir sanctionné cette profonde vérité, le vieux bonhomme sortit de la pièce. Mais je l'ai rappelé sur le seuil.

"Au fait, Peacock, M. Théodore m'a dit de demander le *Sporting Times* , un cigare et un whisky-soda."

"Tres bien Monsieur." Le vieux se retira.

"Et merci à Dieu pour eux!" J'ai marmonné dévotement devant les murs nus.

CHAPITRE XXIII

FOURNIT UNE ILLUSTRATION DE LA THÉORIE QUE LES CHOSES NE SONT PAS TOUJOURS CE QU'ELLES PARENT

Lorsque le vieil homme revint avec cette nourriture pour l'état matériel, je fus poussé à demander comment il se faisait qu'un intellectuel aussi brut et sanglant que ce plongeur trop assidu dans la mer sans soleil de l'occulte puisse s'abonner à un journal d'une telle texture. et le teint.

"Est-ce que, Paon, pensez-vous que, comme François, premier seigneur Verulam, il prendrait toutes les connaissances pour sa province ?"

"Il fait des courses, monsieur", a déclaré Peacock, non sans une pointe de fierté. " Et de plus, monsieur, il gagne tellement d'argent qu'aucun des bookmakers n'aura quoi que ce soit à faire avec lui ces jours-ci s'ils peuvent l'empêcher. Pourquoi, savez-vous, monsieur, il m'a donné le nom du vainqueur du Derby trois années consécutives, quinze jours avant la course.

"Avez-vous accepté votre conscience, Paon, de soutenir le cheval ?"

"Pas la première fois, monsieur, parce que, voyez-vous, j'étais à peine convaincu qu'il gagnerait. C'était une nouvelle mode chez lui à l'époque. Mais quand j'ai découvert que c'était gagné, et qu'il m'a donné le pourboire l'année suivante, il m'a semblé que voler face à la Providence, pour ainsi dire, gâcher une chance, alors j'ai eu un souverain et j'ai gagné neuf livres dix.

"Et la troisième fois, Paon ?"

"La troisième fois, monsieur, j'en ai fait cinq et j'en ai gagné quarante. Et si je peux supporter ses agissements, monsieur, jusqu'à la semaine prochaine d'Epsom, et qu'il me donne à nouveau le pourboire, j'ai l'intention de mettre toutes mes économies."

J'eus à peine le cœur de demander à ce vieux bonhomme ce que sa conscience avait à dire à ce sujet. Il s'agissait sans doute d'un de ces organismes qui ne répondaient qu'à l'appel de la métaphysique supérieure. C'était sans doute une conscience patricienne qui ne se préoccupait que de l'ultime.

Quoi qu'il en soit, avant que je puisse satisfaire ma curiosité sur ce point, la réapparition de mon oncle Théodore sauva son serviteur d'une enquête. Un coup d'œil à ma montre m'a convaincu que nous n'avions pas un instant à perdre si nous devions prendre le 5h28 depuis la gare Grand Central.

L'oncle Théodore prit un congé presque paternel de son visiteur. Il la conduisit au taxi qui nous attendait ; et d'une voix de douceur, de déférence gagnante, il lui dit : bonne chance. Lorsqu'elle lui tendit la main, comme cela semblait presque timidement, il la porta à ses lèvres.

« Ne craignez rien », l'entendis-je dire doucement dans sa barbe, et je crus que la malheureuse souriait faiblement avec ses grands yeux décharnés.

Alors que j'allais monter dans le taxi, Théodore posa sa main sur mon épaule.

"Prends soin d'elle, mon cher garçon." Sa voix avait la ferveur d'une bénédiction.

Ma compagne semblait avoir perdu une grande partie de sa distraction au cours de son entretien avec l'étrange habitant de Bryanston Square. La souveraineté de l'âme semblait de nouveau entre ses mains. Elle ne donnait plus l'impression de quelqu'un traversant une crise mentale insupportable. Quel que soit le sort qui lui était réservé, c'était comme si elle avait la force de l'endurer.

Il s'agissait d'une course contre la montre jusqu'à la gare Grand Central. J'avais promis au chauffeur de notre taxi une somme importante s'il prenait le train. Sans doute a-t- il fait de son mieux, mais le destin a décidé qu'il ne devait pas le mériter. Une étude anxieuse de ma montre révéla que la question était toujours en suspens ; mais au moment où il semblait que nous gagnions un peu au compteur, il y eut un bruit sec, suivi d'un fracas de verre presque simultané, puis d'une succession confuse d'événements.

Notre véhicule s'est arrêté brusquement ; un bref intervalle de néant sembla intervenir ; et la prochaine chose dont je me rendis compte , c'est que les lumières s'étaient éteintes et qu'un homme au visage pâle et à la moustache couleur paille nous regardait par la fenêtre.

"J'espère que vous n'êtes pas blessé, monsieur." La voix semblait lointaine, mais je pouvais détecter sa note d'anxiété. "Est-ce que la dame va bien ?"

Un peu hébété, presque comme si je traversais un rêve, j'entendis la voix de mon compagnon parler avec calme et assurance. Puis j'entendis à nouveau la voix de l'homme :

"Je crains que Votre Altesse Royale doive prendre un autre taxi."

Et puis la porte s'est ouverte, et je suis sorti en chancelant et je me suis retrouvé au milieu d'une grande circulation et d'une foule de gens. J'ai alors pris conscience que certains d'entre eux avaient quelque chose à faire avec eux et qu'ils dirigeaient les choses avec une sorte d'officialité calme.

Mes sens hébétés accueillirent le casque d'un policier.

"Appelle un taxi, s'il te plaît", lui dis-je en m'adressant à lui d'une voix qui ne semblait pas m'appartenir. "Je dois prendre le Grand Central 5.28, quoi qu'il arrive. Je vous donnerai ma carte."

Pendant que je parlais, je me suis retourné pour aider mon compagnon à sortir du véhicule et, ce faisant, j'ai presque mesuré ma longueur sur le trottoir . Des mains fortes et sympathiques semblaient s'entourer de moi, et de nouveau la voix de l'homme à la moustache couleur paille résonnait à mon oreille, décisive mais gentille et respectueuse.

"Il y a un médecin de l'autre côté de la route, monsieur. Pouvez-vous marcher, monsieur ? Appuyez-vous sur moi."

« 5h28 Grand Central », fut ma réplique incohérente, presque involontaire. "La princesse."

"Oui, oui, monsieur", dit la voix de mon ami dans le besoin, revenant à mes sens. "La Princesse ira bien avec nous."

Presque comme par magie, un passage nous était ouvert à travers le tourbillon de la circulation. Nous semblions être au milieu d'une rue qui nous paraissait assez familière, et où les policiers et les personnes extrêmement efficaces en pardessus sombres semblaient abonder.

"La Princesse", continuais-je à marmonner vaguement par intervalles.

"Je suis avec toi", dit une voix basse et calme à mes côtés.

Elle aidait mon amie inconnue à me soutenir de l'autre côté de la route. Par des moyens subtils, sa proximité semblait renforcer et stimuler mes facultés.

"Je crains que nous n'atteignions pas le 5h28, madame", dis-je.

"Qu'importe ? " Le ton de sa voix semblait me donner force et capacité.

A quelques mètres de là, dans une petite rue, se trouvait la maison d'un médecin. Il ne m'a fallu que très peu de temps avant que je me trouve dans une pièce confortable et bien éclairée, avec un feu qui brûlait joyeusement, et un grand individu sympathique avec une tête rouge et un accent écossais me parlait et me tenait par le bras.

"Asseyez-vous, madame, je vous en prie", l'entendis-je dire de son plaisant accent. "J'espère que vous ne vous sentez pas plus mal à cause de votre accident ?"

"Pas du tout, merci ", répondit mon compagnon d'un ton cordial; puis on entendit l'homme qui m'avait pris en charge dire à un collègue qui nous avait suivis dans la maison : « Peut-être que le docteur vous permettra d'utiliser son téléphone, M. Johnson. Appelez le surintendant et allez ensuite voir. ce que fait l'inspecteur Mottrom .

Le Docteur m'a donné une bouteille à renifler, et là, pour la première fois, j'ai réalisé que j'avais une sensation intolérable de picotement au bras. J'y ai jeté un coup d'œil et j'ai vu que la manche de mon manteau était trempée de sang.

"Si vous venez au cabinet", dit le Docteur en suivant la direction de mon regard, "nous y jetterons un coup d'œil. Un bris de verre, apparemment."

"Oui", a déclaré mon ami dans le besoin, qui était de toute évidence un inspecteur de Scotland Yard, répondant promptement à ma place, "le taxi était plutôt détruit." Puis il ajouta à voix basse pour mon oreille privée : « Ne parlez pas des coups de feu, monsieur. Je vais téléphoner aux cheminots pour organiser un train spécial dès que vous serez prêt à partir. Je pense que ce sera le cas. sera plus en sécurité, et deux de nos inspecteurs accompagneront le train.

"Merci beaucoup, vraiment", dis-je avec reconnaissance.

Jamais jusqu'à ce moment-là je n'avais pleinement réalisé l' efficacité organisée de la police métropolitaine.

Dès que je suis entré dans le cabinet, j'ai failli tomber dangereusement sur le tapis, à mon grand dégoût, car je ne semblais n'avoir subi aucune blessure autre que les dommages à mon bras. Cependant, un recours ultérieur au flacon odorant vainquit cette faiblesse passagère.

Après avoir parcouru le membre blessé avec des doigts légers et adroits, le Docteur se procura un bol d'eau tiède, une éponge et une paire de ciseaux. Il coupa la manche du pardessus, puis de l'habit et de la chemise, révélant un état de choses que je n'avais pas envie de regarder. Après application d'un antiseptique dans de l'eau tiède il a pu donner un avis.

"J'ai bien peur", dit-il, "ce n'est pas une œuvre de verre". Il travailla du doigt la chair frémissante. "Une balle a été à l'œuvre ici. Elle a apparemment regardé le long de l'avant-bras, mais elle ne semble pas s'y être logée. Une blessure incisée. Il peut y avoir une fracture. Pouvez-vous bouger votre bras de cette façon ?"

J'ai pu accéder à cette demande avec une certaine difficulté.

"C'est bien", dit le Docteur. "Pas de fracture."

Il était surprenant de voir avec quelle rapidité et avec quelle facilité le membre blessé céda à l'habileté de ce bon Samaritain. Vingt minutes de soins assidus, qui s'accompagnaient cependant d'une certaine douleur, car ils comprenaient l'opération de suture, ont fait beaucoup non seulement pour le membre blessé, mais aussi pour son propriétaire. À ce moment-là, il me semblait avoir complètement surmonté le choc de ces événements ; et avec mon bras enveloppé de bandages et reposant dans un mouchoir de soie noire, et le bon docteur m'ayant prêté un pardessus pour remplacer le mien mutilé, on me donna un cognac-soda assez raide et me déclara prêt à voyager.

"C'est sans doute l'œuvre d'une balle", dit le Docteur à la fin de ses travaux . "Mais je suppose que cela ne me regarde pas. Si je ne me trompe pas, les hommes qui vous ont amené ici sont des détectives de Scotland Yard."

Je souris de la perspicacité du Docteur et lui demandai de bien vouloir sortir une carte de mon étui à cigares.

" Un jour , peut-être, je pourrai vous expliquer ce qu'était réellement l'accident et comment il s'est produit. En attendant, je ne peux que vous remercier très sincèrement pour tout ce que vous avez fait pour moi. "

Sur-le-champ, je pris congé de ce véritable ami et, avec un sentiment de profonde reconnaissance de n'être pas plus mal loti que je ne l'étais, j'ai continué le voyage jusqu'à la gare Grand Central. Quand enfin nous arrivâmes à ce terminus bien connu, la grande horloge au-dessus de l'entrée indiquait six heures cinq.

Notre arrivée là-bas semblait un événement d'une certaine importance, à en juger par l' attitude d'un certain nombre de personnes qui semblaient s'y intéresser. En fait, cela excitait tellement d'attention respectueuse qu'il semblait plutôt de la nature d'un déception de devoir payer notre Jéhu.

Dès que nous fûmes entrés dans la salle des réservations, un personnage non moins que le chef de gare, en redingote et galonné d'or, s'approcha de nous et ôta son chapeau.

" Train prêt à démarrer, monsieur, dès que Son Altesse Royale le désire. Quai n° 5. Par ici, monsieur, si vous voulez bien me suivre. "

Nous sommes passés au quai n° 5, suscitant ainsi l' intérêt de bonne humeur du public britannique. Ici, un salon spécial nous attendait, ainsi qu'une voiture pour le logement de nos amis de Scotland Yard. Vers six heures et quart, nous avions commencé notre voyage.

Mon compagnon avait supporté toutes nos vicissitudes *en route* depuis Bryanston Square avec le plus grand courage et le plus grand sang-froid. Ce n'était pas une expérience nouvelle pour sa vie mouvementée d'être exposée aux balles de l'assassin. Elle semblait considérer ce dernier effort des ennemis du roi avec une indifférence stoïque. Même sous le choc de la calamité elle-même, elle n'a pas perdu son sang-froid. Et à travers toutes nos tribulations, son attitude de sollicitude maternelle était d'une charmante sincérité.

Alors que je la regardais du coin opposé dans notre salon spécial, il était clair qu'un grand changement avait été opéré en elle par la visite au magicien de Bryanston Square. C'était un changement totalement pour le mieux. Au lieu de l'intensité exagérée qui avait été si pénible à remarquer pour ses amis, se trouvait cette vision calme et assurée du monde des hommes et des choses qui avait toujours été sa caractéristique prédominante dans la mesure où nous l'avions connue.

« Irène me grondera terriblement, dit-elle, de vous avoir ramené ainsi à la maison.

"C'est sûrement l'inverse du cas, madame. Au lieu de m'occuper de vous, je ne sais vraiment pas ce que j'aurais dû faire sans votre aide."

"Mon pauvre Odo, tu ne pourras pas chasser avant au moins un mois."

"C'est peut-être mieux. J'aurai plus de temps pour penser au dragon du socialisme qui menace de nous dévorer tous."

"Même ici, vous avez cette maladie" - il y eut un haussement de sourcil royal à moitié humoristique - "même dans cet endroit pittoresque. Eh bien, c'est une maladie qui se propage dans le monde entier. Si seulement les chers gens pouvaient comprendre que il n'a jamais été prévu qu'ils pensent par eux-mêmes ; qu'il est tellement plus sage, tellement moins coûteux, tellement plus profitable à tous égards qu'ils aient l'habitude de penser à leur place. Comment Jacques Bonhomme, cher, bon, ignorant, stupide, sache ce qui est bon pour lui, ce qui est bon pour son pays, ce qui est bon pour l'Europe, ce qui est bon pour le monde entier ! »

" L'ennui, madame, en ce qui concerne cette île, c'est que notre Jacques devient un personnage tellement astucieux et sensé, qui apprend à se déplacer les yeux inhabituellement grands ouverts. "

" Les fourmis, les abeilles, les chiens et les chevaux, mon bon Odo, sont assez astucieux et sensés, mais Jacques doit apprendre à garder sa place. Tout est bon dans son degré, mais je ne peux pas croire qu'un horloger soit propre à remonter l'horloge de pas plus qu'un simple soldat n'est apte à remporter la victoire de Rodova . »

"Ah, le jour de Rodova ! Je me demande si nous trouverons le Victor qui nous attend à notre retour à Dympsfield House."

Je crus qu'un léger nuage passait sur les sourcils de mon compagnon.

" *Mais, oui* , " dit-elle d'un ton doux et bas. "Je me le demande. Et le vieux Schalk. C'est un tel personnage. Tu mourras quand tu verras Schalk."

"Un ministre très compétent, n'est-ce pas, madame ?"

" Comme toutes choses, mon bon Odo, " dit Son Altesse Royale, " Schalk est bon dans son diplôme. Il a sa vertu. Il est instruit en droit, par exemple, mais il y a des moments où, comme le pauvre Jacques Bonhomme, Schalk il aspirerait à prendre sur ses épaules plus que ce que la nature voulait qu'il porte. Mais là, ne nous plaignons pas de Schalk, il est le fidèle serviteur d'un maître auguste ; J'ai eu un chien qui grandissait comme Schalk. En fin de compte, j'ai dû détruire cette honnête créature, mais bien sûr, cela ne veut pas dire que mon père détruira Schalk.

« Tout à fait, madame », dis-je avec une profonde appréciation de la fine distinction qu'il plairait à Sa Majesté de faire dans le cas du baron von Schalk.

Je suis retombé dans la rêverie. Quel genre d'homme était ce célèbre souverain ? Comment s'harmoniserait -il avec le modeste milieu bourgeois anglais auquel il s'apprêtait à se confier ? A ce stade, il était vain de se plaindre, mais alors que j'étais allongé sur les coussins de notre salon royal, avec mon bras palpitant intolérablement et mes tempes aussi, que n'aurais-je pas donné pour en finir avec le lourd devoir de recevoir un tel invité !

Alors que j'étais ainsi assis avec notre train se dirigeant à toute vapeur vers Middleham, mes nerfs ont commencé à monter en mutinerie. Pourquoi oh pourquoi! n'avais-je pas été plus ferme ? Qu'est-ce qu'un enfant comparable, sans la moindre expérience d'un domaine de vie autre que le sien, extrêmement circonscrit, pourrait connaître les exigences d'une telle situation ? Comment pouvait-elle apprécier tout ce que cela impliquait ? Une sorte de nausée mentale m'envahit lorsque je réalisai que je m'étais permis de devenir responsable de la sécurité personnelle et du bien-être général du roi d'Illyrie pendant son séjour en Angleterre.

Les inquiétudes dans lesquelles sa fille nous avait entraînés étaient assez graves, mais dans le cas de son père, elles semblaient cent fois plus complexes. C'était certainement beaucoup trop demander à un particulier se trouvant dans une position intermédiaire de la vie. C'est en vain que j'ai invoqué un sens de l'humour naissant . Être assis seul avec une princesse héritière dans un train spécial, avec une blessure par balle au bras, n'est apparemment pas une situation idéale pour l'exercer. Je pourrais rire autant que je voudrais du pauvre George Dandin lui-même. Ses embarras dans la situation où l'avait amené l'engouement de sa femme pour des royaumes au-delà du leur étaient peut-être vraiment comiques, mais l'homme marié, le père de famille et le membre du comté était tout à fait incapable, dans son état actuel brisé, d'accepter eux avec le détachement dû au vrai rire olympien.

Sans vouloir insister trop sur le sujet, l'homme marié, père de famille et membre du comté était dans un état mental, physique et moral affaibli lorsque notre spécial a fait son premier arrêt. Avec une brusque surprise, je sortis de mes spéculations désagréables. Serions-nous déjà à Middleham ? À peine, car d'après ma montre, il n'était que sept heures dix. J'ai baissé la fenêtre et j'ai découvert que c'était Risborough.

Au bout d'une minute environ, le gardien du train, le chef de gare local et les deux détectives qui nous accompagnaient jusqu'à Middleham arrivèrent à la porte du wagon.

"Extrêmement désolé, monsieur", dit le chef de gare, "mais vous ne pourrez pas dépasser Blakiston . Il y a eu un terrible accident au 5.28."

Mon cœur fit une sorte de battement sourd à cette annonce.

"Le conducteur a traversé Blankhampton avec tous les signaux contre lui. Le train a été réduit en pièces."

"Mon Dieu!"

Le chef de gare baissa la voix.

"Le nombre total de victimes n'a pas encore été établi, monsieur, mais au moins la moitié des passagers sont tués ou blessés."

"Comme c'est horrible !"

"Affreux, monsieur, affreux. C'est le pire accident que nous ayons jamais eu sur le système Grand Central."

"Pauvres âmes, pauvres âmes !" dit mon compagnon. "Dieu leur donne du repos !"

"Nous n'avons pas eu d'accident vraiment grave depuis vingt-deux ans. Mais celui-ci bat notre record en force. Je n'arrive pas à imaginer ce que faisait ce pauvre type. Aussi bon conducteur que nous ayons, pour aller et fais une chose comme ça———"

Le chef de gare, un homme vénérable et grisonnant au visage sévère et fortement ridé, perdit soudain la voix.

"Le destin", dit mon compagnon avec un sourire sombre . "Qui expliquera les rouages du destin ?"

Qui, en effet ! Sans les balles du prétendu assassin, nous aurions probablement été tous deux parmi les morts à ce moment-là. Après tout, qu'importe notre prévoyance humaine dans l'ensemble des choses ? Je ne pouvais néanmoins m'empêcher de rappeler avec émerveillement l'angoisse de mon oncle Théodore de ne pas voyager par le malheureux 5h28.

« Vous pourrez continuer jusqu'à Blakiston , » dit le chef de gare, « et la Compagnie a fait en sorte que des automobiles répondent au train pour vous emmener à Middleham.

"Quelle est la distance entre Blakiston et Middleham ?"

"Environ dix-huit milles."

Lorsque le train avança, le courant de mes pensées fut complètement modifié. Mes anciennes spéculations semblaient mesquines, sans comparaison avec un événement tel que celui-ci. Qui doit lire les voies de la Providence ? Une blessure corporelle au bras et un dîner tardif étaient un petit prix à payer après tout.

En arrivant à Blakiston, nous trouvâmes deux automobiles qui nous attendaient : l'une pour la princesse, l'autre pour notre escorte. Une consultation avec les chauffeurs a révélé le fait qu'en rentrant directement chez soi *via* Parlow et Little Basing au lieu de passer par Middleham, on économiserait sept milles. Par conséquent, après qu'un télégramme ait été envoyé à Middleham pour informer nos gens de ce changement d'itinéraire, nous sommes entrés dans la dernière étape de notre voyage aventureux.

Bien que nous nous soyons exposés à l'accusation de conduite imprudente, même si ce n'était pas au danger réel du public, notre destination a été atteinte sans autre incident. Vers neuf heures moins vingt-cinq minutes, nous étions arrivés aux portes du lodge de Dympsfield House. Toutes les fenêtres de cette demeure brillaient de lumière. L'invité royal était sans aucun doute arrivé et, espérons-le, il savourait son dîner.

Cependant, à peine sommes-nous entrés dans la maison que nous avons été accueillis par Mme Arbuthnot. Elle était habillée pour une soirée de gala, très *décolletée* dans sa plus belle robe, portant une grande quantité de voiles en guise de bijoux - on en portait cette année-là des bijoux - et avec une coiffure qui déroute absolument la plume de l'historien consciencieux. Mais hélas! Mme Arbuthnot était au bord des larmes.

CHAPITRE XXIV

SA MAJESTÉ ILLYRIENNE FERDINAND DOUZIÈME

Sa Majesté n'était pas arrivée et le dîner était pourri.

"Pas de nouvelles du Roi ?" Ai-je demandé, en restant bien en retrait, car je ne souhaitais pas que Mme Arbuthnot constate mon état prématurément.

"Nevil a dit dans son télégramme qu'il serait ici vers sept heures et quart, et il est maintenant neuf heures cinq minutes", a déclaré Mme Arbuthnot en larmes.

« Neuf heures moins vingt-cinq, *mon enfant* , selon Greenwich », dis-je d'un ton aussi rassurant que les circonstances le permettaient. "Votre horloge est décalée d'une demi-heure. Mais il y a eu un grave accident à Blankhampton . Vont-ils venir à Blankhampton ? S'ils le faisaient, cela les retarderait forcément."

"Oh cher!" » dit Mme Arbuthnot. "Si quelque chose est arrivé au roi ! Et oh, Sonia chérie, comme tu es en retard !" ajouta-t-elle avec reproche. "Je devenais terriblement nerveux à propos de toi. Et tu n'es pas là pour me présenter ou quoi que ce soit ! Mais maintenant tu es venu, tout va bien. Sois juste ma chérie et regarde la table avant de monter t'habiller."

Cependant la princesse avait à peine eu le temps de céder à la suggestion de Mme Arbuthnot, et j'étais en train de monter les escaliers dans un état d'anxiété inconfortable à l'égard de l'opération de changement de vêtements, lorsque, à proximité de la porte du hall, on entendait des bruits de nouveaux arrivants. Je m'y suis précipité, pour être immédiatement accueilli par la voix de Fitz.

— Un peu tard, dit-il avec cet air de langueur qui l'affligeait dans les grandes occasions. "Ligne bloquée à Blankhampton . Diable fracas. Voyage à travers le pays fastidieux, mais nous sommes enfin arrivés."

« Sain et sauf, j'espère ?

"Droit comme la pluie."

Tandis que nous descendions ensemble les marches du perron jusqu'à la portière ouverte de la voiture qui se trouvait en bas dans l'obscurité, j'étais conscient que mon pouls était une pensée trop rapide pour un abonné tacite à la théorie de la démocratie. Je tenais la porte tandis qu'une énorme silhouette d'homme se dégageait lentement, et non sans difficulté, de l'intérieur.

Je m'inclinai un peu plus bas que ce que se permet généralement l'Anglais. Un visage souriant et subtil, à la fois beau et vénérable, se tourna aussitôt vers moi, et je me retrouvai à échanger une poignée de main cordiale et puissante.

Ferdinand XII monta les marches sous la conduite de son gendre, tandis que je tenais la portière pour que le deuxième occupant de la voiture descende. Je fis un hommage un peu moins profond que celui que j'avais rendu au souverain. Le baron von Schalk était petit et pimpant, avec un visage plein d'intelligence et qui n'était pas sans rappeler celui d'un oiseau de proie. Alors que nous échangeions nos arcs, il semblait que chaque ligne, et il y en avait beaucoup, était éloquente de puissance.

"J'espère que le voyage n'a pas fatigué Sa Majesté ?" ai-je osé dire. "Ça a dû être très fastidieux."

Le baron von Schalk sourit passivement, poussa un profond bruit guttural et répondit dans un anglais très supportable : « Au contraire, très intéressant. Le roi ne se fatigue jamais.

En haut des marches, encadrées par une douce lumière intérieure, se trouvaient Mme Arbuthnot et la princesse. Debout côte à côte, ils semblaient rivaliser dans la profondeur et la grâce de leurs révérences. A peine le roi fut-il monté vers eux qu'il prit chacun par la main dans la sienne et les conduisit dans la salle, comme s'ils avaient été deux de ses petits petits-enfants. Il y avait une spontanéité dans l'action qui était charmante.

Une demi-heure plus tard, nous étions réunis au salon. Le roi tendit aussitôt le bras à son hôtesse et la conduisit vers son malheureux repas. Sa fille posa très légèrement sa main sur le bras du chancelier, en me lançant un regard tendu par-dessus son épaule, comme si elle voulait dire : « Il n'y a pas d'aide pour cela !

Fitz et moi, marchant côte à côte, fermions la marche du cortège. L'Homme du Destin avait un visage très sombre.

"Qu'as-tu fait à ton bras ?" Il a demandé.

"Je me suis fait écraser dans un taxi cet après-midi."

"Où?"

"Oxford Street, je crois."

"Que faisais-tu là?"

"La princesse avait des affaires importantes en ville et je l'ai accompagnée."

"Une affaire importante en ville ! Elle ne m'en a jamais dit un mot. Était-elle aussi impliquée dans l'accident ?"

"Oui, mais heureusement, elle n'a pas eu une égratignure. Et bien sûr, ce n'est qu'une légère blessure superficielle."

La légère blessure superficielle faisait de son mieux pour me contredire en palpitant vilainement.

Ferdinand XII était assis à droite de son hôtesse, son chancelier à sa gauche. Il est dû, je pense, à notre artiste culinaire récemment importé temporairement, récemment au service d'un noble, de dire qu'il s'est extrêmement bien débrouillé dans des circonstances difficiles. Il n'y a pas de sauce comme la faim, bien sûr, mais on a observé que le roi mangeait de bon cœur et, bien que se rapprochant de la durée légale de la vie humaine, il ne semblait pas un centime plus mal pour son long et éprouvant voyage.

Il parlait anglais avec une aisance agréable. Non seulement il connaissait très bien ce pays, mais nous comprenions qu'il avait l'habitude de le trouver agréable. Vus à travers une table à dîner, il était clair que ses portraits n'avaient en rien exagéré son pittoresque naturel. C'était une tête noble et léonine, une chose de puissance et de virilité, encadrée d'une crinière de cheveux blancs. Ses yeux étaient aux paupières lourdes, mais profonds et presque inconfortablement directs et pénétrants ; pourtant, là où l'on aurait pu s'attendre à du calcul et à un détachement froid, il y avait un voile impénétrable de bonté qui servait à obscurcir les forces élémentaires qui devaient se cacher en dessous.

Il y avait des tomates parmi les *hors-d'œuvre* et il y avait des tomates dans la soupe. Lorsque le vainqueur de Rodova s'écarta sensiblement de la coutume de notre pays en faisant claquer ses lèvres et en étonnant l'impassible Parkins en disant : « Faites mes compliments au chef *sur* son *consommé* ; j'en prendrai plus », son hôtesse hissa l'enseigne de la rose, et Son Altesse Royale rayonnait sur elle.

" Voilà, Irène ! que ne t'ai-je pas dit, mon enfant ? " s'exclama-t-elle triomphalement.

«Olivier a évidemment un diable de tournure», murmura le gendre de Ferdinand XII, dans un aparté à son hôte d'une banalité si déplorable qu'on présente des excuses pour son apparition dans ces pages. "J'aimerais que ça étouffe ce vieux porc."

"Au contraire, il semble être un vieux monsieur tout à fait gentil et paternel."

"Ha, tu ne le connais pas !"

J'ai admis que non et que j'attendais avec impatience notre meilleure connaissance.

L'hôtesse et son humble coadjuteur dans les choses de cette vie considéraient comme un moment suprême dans le déroulement du festin le moment où les lèvres royales étaient amenées au bord de la madère paternelle qui nous était parvenue si opportunément, quoique si illicitement, de Pont Doughty, Yorks. Mais notre suspense fut aussitôt résolu. Le vainqueur de Rodova leva son verre à son hôtesse avec le regard le plus bienveillant du monde, et pour la deuxième fois Mme Arbuthnot hissa l'enseigne de la rose.

Certes, l'agrandissement royal avait un charme qui lui était propre. Appelé pour la première fois à mon niveau exalté actuel de relations sociales, je n'avais eu aucune occasion d'observer quelque chose de semblable, autre que les manières de Fitz et de sa femme qui avaient fait un tel scandale dans notre quartier . Mais le vainqueur de Rodova était si spontané dans ses actions et si peu étudié dans ses gestes, et il semblait avoir le cœur sur la main avec une facilité si enfantine que, pour celui qui a été élevé dans notre mode insulaire d'autorépression, c'était aussi bien. comme une pièce de théâtre pour être en sa compagnie.

Une chose était claire. Dès le début, il était évident que Mme Arbuthnot avait réalisé un grand triomphe personnel. Et dans les circonstances particulières de l' affaire, je suis contraint d'ajouter la phrase de courtisan : "ce n'était pas non plus étonnant". S'exprimant avec une connaissance moyennement complète du sujet dans toute sa gamme de vicissitudes caméléon, du grave au gai, du vif au sévère, dans les robes de Worth, dans les robes de Paquin, dans les costumes de Redfern, dans les créations indescriptibles de " la femme qui fabrique des choses pour maman", je n'avais jamais vu le sujet en question atteindre un tel degré d'attrait. Mme Arbuthnot était magnifique.

Le roi rayonnait sur elle et elle rayonnait sur le roi. Plus d'une fois il l'engagea dans la madère paternelle ; et avant la fin du modeste festin, Fitz m'a donné un coup de pied furtif dans le tibia.

"Dites-lui de garder sa porte verrouillée ce soir", dit-il dans une de ses sinistres apartés.

La franchise des mots était des plus inconfortables, mais il n'y avait aucune raison de douter de leur sincérité. C'était un conseil dont quelqu'un d'aussi incorrigiblement *bourgeois* que son destinataire aurait pu s'offusquer. Qu'il ne l'ait pas fait devrait lui être considéré, après mûre réflexion, comme l'expression de quelque tension lointaine d'une teinte plus azur !

« Je ne connais que trop bien la majesté du roi », dit le gendre de Ferdinand XII.

Lorsque les dames nous eurent quittés, le roi causait de la manière la plus amicale et toujours avec cette simplicité engageante, si simple et si charmante. Il était curieux de savoir ce que j'avais fait à mon bras, et quand je le lui dis, il s'enquit minutieusement de la nature de la blessure et me donna des conseils sur son traitement. Cette considération me rappelait l'article de magazine que j'avais récemment étudié. Cela semblait être une illustration pratique du fait qu'au sens littéral il était le père de son peuple.

"Il faudra me le montrer demain", dit-il. "Et je te donnerai une pommade que j'ai toujours sur moi, fabriquée par mon propre pharmacien selon ma propre prescription. Schalk se moque de ma chimie, mais c'est parce qu'il est jaloux. Je l'appliquerai pour toi, et dans trois jours tu verras la différence . De quoi riez-vous, Schalk ?

« Un homme peut rire de ses pensées, monsieur, n'est-ce pas ? dit Schalk avec un sourire austère.

"Pas en présence du petit père, Schalk, à moins qu'il ne les partage avec le petit père. De quoi riez-vous ? Mais là, depuis que vous avez raté ce traité avec le rusé Teuton, vos pensées n'ont pas beaucoup d'importance. Vous savez que je ne vous souciez pas de vos pensées, Schalk, puisque vous êtes allé à Berlin. Les pensées de Schalk, en vérité, le vin est avec vous, espèce de coquin, rappelez-vous qu'en Angleterre, ce n'est pas considéré comme un bon comportement de se saouler avant. votre roi. »

"En Illyrie, monsieur, cela est toujours considéré comme impossible", a déclaré Schalk.

Ferdinand XII éclata de rire.

" Tant mieux pour toi, impie ! Non, remplis ton verre avant de le passer, et garde ton long nez dehors, sinon nos amis anglais penseront que nous n'avons pas de manières en Illyrie. "

Quand il plaît à un monarque de se détendre, les rires que ses sorties provoquent peuvent paraître excessifs pour son esprit. Mais c'est une excellente coutume de rire de bon cœur de l' humeur des rois. Ferdinand XII, malgré son long voyage, était d'humeur très aimable et nous accorda de nombreuses sorties aux dépens de son chancelier. Le baron von Schalk savait cependant se défendre. Il faut admettre, je crois, que l'esprit royal n'était ni très raffiné ni très courtois. Rugueux et primitif, il avait une saveur gargantuesque . Mais sa propre appréciation profonde de cela était un festin perpétuel. Il a également raconté une ou deux histoires d'un véritable casting rabelaisien. On les racontait avec un immense enthousiasme, et il conduisait lui-même les rires avec une franchise tout à fait homérique. Avant la bouteille, le Victor de Rodova était une excellente compagnie. Il était impossible de ne pas répondre à sa bonne humeur non affectée, quoique extrêmement catholique .

Lorsque nous avons rejoint les dames, nous les avons trouvées en train de jouer à un jeu de patience. Le Père de son Peuple apporta immédiatement une chaise à côté de Mme Arbuthnot, s'assit à côté d'elle et lui offrit une aide pertinente pour la disposition de ses cartes. "Mais ce jeu ne convient qu'à des gens comme Schalk", a-t-il déclaré. "Britch est le jeu auquel nous jouons en Illyrie."

Interprétant une telle remarque comme ayant le caractère d'un ordre, l'hôtesse rassembla ses cartes et ordonna impérieusement à son époux de récupérer les marqueurs du pont.

"Comment allons-nous jouer, monsieur?" » dit Mme Arbuthnot.

— Togezzer , madame, vous et moi, dit le roi d'un air d'hommage, *s'il* vous plaît. Je vois que vous jouez bien.

"Oh, monsieur !" dit Madame en hissant pour la troisième fois l'enseigne de la rose. "Comment peux-tu savoir ça ?"

« Des signes infaillibles, madame, dit le roi en riant. "Faites confiance à un vieux soldat pour lire les panneaux. D'abord, vos oreilles, si je puis dire. Elles ont une forme et une position, tout comme les miennes. Cela veut dire un esprit bien équilibré. Et cette jolie tête, *c'est magnifique* ! Quelle intelligence derrière ce front ! Maintenant, donne-moi ta main, la gauche. »

Milady a donné au roi une patte ornée de bijoux .

" Ouf ! " dit-il, "quelle ambition ! Vous n'hésiterez jamais à appeler *sans atout* . La ligne de cœur est également très bonne. Il n'y aura pas d'autre partenaire pour Ferdinand. Schalk peut avoir qui il veut."

Il plut au baron de Schalk de choisir Son Altesse Royale, et un jeu très intéressant commença.

« Nous devons faire attention, madame, » dit Ferdinand XII, « nous, simples enfants de la nature. Je m'attends à ce qu'ils nous trompent horriblement. Schalk a très peu de conscience, et rien ne ravit autant Sonia que d'aller trop loin. parent confiant."

Tout en parlant, il aimait à ce simple enfant de la nature de révoquer d'une manière très flagrante et très palpable.

"Pas de diamants, partenaire ?" » dit Mme Arbuthnot.

"Aucun du tout", dit doucement le roi. "Je pense qu'un petit deux suffira pour ce tour, hein, Schalk ?"

— Il semble donc , monsieur, dit le chancelier qui souffre depuis si longtemps.

Je fus écarté par le gendre de Ferdinand XII.

« Si vous regardez ce match, mon vieux fils, dit-il, vous aurez un aperçu des bases monarchiques de la constitution de l'Illyrie. Regardons ce que le vieux voyou plausible fait avec le neuf de carreau.

Heureusement, le jeu ne se jouait pas pour de l'argent. Mais il était caractéristique du souverain illyrien que, même dans la simple question d'un jeu de cartes, il était incapable de le conduire autrement que d'une manière qui lui était propre.

CHAPITRE XXV

LE PÈRE DE SON PEUPLE

Il était plus de deux heures lorsque le *parti* fut dissous. A peine nos invités se furent-ils retirés pour se reposer que Mme Arbuthnot se tourna avec enthousiasme vers son seigneur.

"Quel vieil homme parfaitement charmant ! Quel charme, telle distinction ; si gentil, si simple et, oh, si simple ! Il y a quelque chose à être roi, après tout."

"Les choses ne sont pas toujours ce qu'elles paraissent, *mon enfant* ", remarquai-je avec inquiétude.

"C'est un vieux chéri parfait."

"C'est l'un des hommes les plus profonds d'Europe, comme tout le monde le sait."

"C'est un chéri."

"Personnellement, je n'ai aucune envie de le rencontrer dans une ruelle solitaire par une nuit sombre, s'il m'arrive d'avoir sur moi quelque chose que je voudrais perdre."

"Eh bien, oie, tu es jalouse !"

"Ne faites pas confiance aux princes, mon enfant." Et, à contrecœur, j'ai confié le conseil de Fitz.

Cependant, j'étais plus qu'à moitié préparé à l'indignation royale de Mme Arbuthnot.

« Que veux-tu dire, Odo ? dit-elle majestueusement. La délicatesse outragée d'un De Vere Vane-Anstruther est une chose très majestueuse.

"Soit tu le promets, soit je ne dors pas dans les écuries."

"Tout cela est l'œuvre de Fitz ! Il a des préjugés insensés."

"Fitz est un garçon très astucieux, et il connaît notre invité plutôt mieux que nous deux. N'oubliez pas que les rois sont des rois en Illyrie."

"Je ne comprends pas."

"Tu dois promettre, même si tu ne le fais pas."

"Je ne ferai rien de tel. C'est une suggestion humiliante. En plus, c'est tellement *bourgeois* ."

"Je l'attendais. Mais quoi qu'il en soit, ma décision est bien prise. Soit tu le promets, soit je ne dors pas dans les écuries."

"Alors je refuse; je refuse absolument et inconditionnellement", a déclaré Mme Arbuthnot avec ce qui ne peut être décrit que comme *de la hauteur*.

C'était notre première *impasse* au cours de six années de double attelage. Je ne me suis jamais caché que je suis un mortel faible. Mme Arbuthnot ne me l'a jamais caché non plus. L'habitude de céder plus ou moins gracieusement à la volonté impérieuse de la moitié supérieure de mon entité était devenue une seconde nature. Mais il y avait une voix intérieure qui ne voulait pas que je cède.

"Absolument et inconditionnellement ! Je trouve cela odieux. Et pourquoi m'insulteriez-vous de cette manière———"

L'étoile de mon destin s'élevait jusqu'aux hauteurs de la reine de la tragédie.

« Si seulement tu faisais l'effort de comprendre, mon enfant, » dis-je patiemment, « ce qu'implique ton propre aveu qu'il y a quelque chose à être roi, après tout !

"Tu es incroyablement jaloux. C'est un parfait chéri, et il est assez vieux pour être ton grand-père."

Mais pour une fois, j'étais catégorique. Ensemble, nous montâmes les escaliers ; ensemble nous entrâmes dans la chambre de Madame. Il n'y avait pas de logement adéquat pour nous deux. Les meilleures chambres avaient été mises à la disposition de Fitz et de sa femme, ainsi que du roi et de son chancelier. Cependant, à l'extérieur de cet appartement se trouvait un petit dressing avec un canapé. J'ai ouvert la porte et, ce faisant, j'ai lancé mon dernier ultimatum.

"Irène, soit tu fais ce qu'on te demande, sinon je passe le reste de la nuit là-dedans."

"Je vous en prie, faites ce que vous choisissez." Mme Arbuthnot était pâle d'indignation. "Mais je ne verrouillerai pas la porte."

"Ainsi soit-il."

Laissant la porte du cabinet de toilette légèrement entrouverte, je m'allongeai sur le canapé tel que j'étais et me préparai à dormir aussi bien qu'une situation tout à fait ridicule le permettrait. Il était difficile de déterminer exactement comment cela s'était produit, mais j'étais prêt à infliger à mon être surmené, car les événements de cette longue journée avaient été nombreux et remarquables, un inconfort corporel supplémentaire. Mais l'allusion de Fitz avait renversé un homme marié, un père de famille et un membre du comté, quel que soit le sens de l'humour à dire sur tout cela.

Au fil du temps, j'oubliai suffisamment le tumulte sourd de mon cerveau et les battements de mon bras pour que mes nerfs blasés se laissent bercer par un sommeil inquiet. Je ne sais pas depuis combien de temps j'étais inconscient de mon environnement, mais tout à coup, un cri sembla envahir mes sens. Je me suis réveillé en sursaut.

La pièce était dans l'obscurité totale à l'exception d'un fil de lumière qui passait par la porte entrouverte de la pièce voisine. Mais des sons et une voix en sortaient.

Je me levai de mon canapé et écoutai sur le seuil.

"Petite madame, petite Irène."

Les accents suppliants étaient familiers et paternels. J'ai poussé la porte et suis entré dans la pièce. Une vision distraite, les cheveux flottants et vêtue d'une chemise de nuit blanche, était assise dans son lit ; tandis qu'une bougie à la main, une magnifique silhouette vêtue d'une robe orientale en soie bleue sur un pyjama jaune brillant lui faisait face.

"Petite madame. Petite Irène."

J'ai cherché le bouton de la lumière électrique, je l'ai trouvé et je l'ai allumé.

J'étais face à face avec un visage subtil et souriant. Il y avait de l'étonnement, c'est vrai, mais c'était aussi plein d' humour et de bienveillance.

"Eh bien, mon ami," dit Ferdinand XII de son ton le plus paternel, "je vous prie, que faites- *vous* ici ?"

J'avoue que je n'ai trouvé aucune réponse à l'enquête royale.

Dans ces circonstances, il n'était pas facile de savoir quelle réponse donner. En fait, j'étais tellement abasourdi que je ne trouvais pas un mot à dire. Assez froidement, le roi me regardait avec ce visage fade et subtil. Mais tandis que ces yeux souriants me mesuraient, ils me donnaient « à réfléchir ». Je portais un bras en écharpe, j'étais sans arme et le Père de son Peuple était un homme d'une puissance physique exceptionnelle.

Par mesure de précaution, j'attrapai pensivement le poker.

Une lueur passagère traversa le visage du roi, mais le visage royal était toujours courtois.

"Madame aurait dû fermer sa porte à clé", dit-il avec un air de reproche humoristique. "C'est une bonne coutume que nous avons en Illyrie."

« Votre Majesté doit nous pardonner, lui dis-je sans laisser mon regard s'égarer vers la vision à moitié terrifiée qui était si proche de moi, si nous paraissons *bourgeois* . Le fait est que nous ne sommes pas aussi familiers que nous le voudrions. soyez avec les usages du grand monde.

Le roi rit de bon cœur.

"Il n'y a rien à pardonner, mon bon ami", dit-il avec un air de splendide magnanimité. "Mais Madame aurait certainement dû fermer sa porte à clé. Mais ne soyons pas méchants."

D'un geste superbement gracieux, où le paternel et l'humour se mêlaient délicieusement, le roi se retira.

L'horreur et l'incrédulité se disputaient aux yeux de Mme Arbuthnot. Mais je n'ai pas cru bon de lui épargner le retentissement de mon triomphe.

"Il y a quelque chose à être roi, après tout, *mon enfant* ."

Mme Arbuthnot ne pouvait que haleter.

"Ne le blâmons pas ; il est le père de son peuple. Mais apparemment, il semblerait que ce qui peut être *bourgeois* aux yeux des matrones de la Chasse de Crackanthorpe soit en réalité le plus haut élevage d'Illyrie."

Alors je posai le tisonnier aussi pensivement que je l'avais repris, cherchai à composer l'étoile de mon destin, qui commençait à pleurer doucement, et lui dis bonjour.

Devant la porte, je m'attardai un moment pour entendre la clé claquer dans la serrure de la manière la plus indubitable.

À l'aide d'une bougie , je me dirigeai vers mes quartiers temporaires au-dessus des écuries. Il était cinq heures moins le quart. Il me restait peu de temps pour me reposer davantage, mais il fut utilisé avec tant d'avantages que ce ne fut pas sans peine que mon domestique put me réveiller à huit heures moins le quart. Au moment où je mettais la touche finale à mes toilettes, j'appris que le comte Jhygny était en bas, inspectant les chevaux.

Le comte Zhygny , pour donner à notre illustre hôte son *nom de guerre* , qu'il est bon, comme presque tous les noms propres illyriens, de ne pas tenter de prononcer tel qu'il s'écrit, caressait les boulets de Daydream d'un air complice lorsque je le rejoignis. . Vêtu d'un costume de tweed et d'un chapeau de feutre vert, il ressemblait à une énergie agitée. Vu à la lumière du jour, il était bien plus âgé qu'il ne l'était la nuit précédente. Des creux étaient révélés sur ses joues et il y avait des poches sous ses yeux. Ses mains tremblaient et son front présentait de nombreuses rides, mais chacun de ses nombreux centimètres était animé d'une force naturelle.

Son accueil a été franc et chaleureux et aussi cordial qu'il vous plaira. Il n'y avait aucune trace de ressentiment ou d'embarras. Mais, d'après l'aisance virile de son attitude, il était tout à fait clair que le roi ne pouvait rien faire de mal.

Il a passé son bras sous le mien et nous sommes entrés ensemble pour prendre le petit-déjeuner. Au buffet, je l'ai aidé à préparer du bacon et des tomates, et Mme Arbuthnot lui a servi du café.

L'attitude de la « petite dame » était peut-être une pensée contrainte lorsqu'elle reçut le salut matinal de Sa Majesté. Pour l'encourager, il lui pinça l'oreille d'un air espiègle.

Mme Fitz n'a pas honoré cette fête mobile, et Fitz et le chancelier étaient plutôt en retard.

"Vous avez mis beaucoup de temps à faire vos dévotions, Schalk", dit le roi. "Je suis heureux que cela ne me coûte pas autant de peine pour rester en bons termes avec le ciel."

"Moi aussi, monsieur", dit Schalk sèchement.

"Je vois que vous avez le *Times anglais* là-bas, Schalk. Quelles sont les nouvelles de ce matin ?"

Le Chancelier ajusta une paire de pince-nez en or et commença à lire à haute voix cet organe d'opinion.

"'Blaenau, mercredi soir. Le projet de loi sur les terres illyriennes a été lu une deuxième fois à la Chambre des députés cet après-midi.'"

"Ha, c'est important", dit le roi en riant. "Quel journal bien informé que le *Times anglais* ! Approuvez-vous le projet de loi sur les terres illyriennes, Schalk ?"

"Puisque j'ai eu l' honneur de le rédiger, monsieur, sous votre dictée, je ne peux faire moins que l'approuver."

"Et lisez déjà une deuxième fois, dit le *Times anglais* , à la Chambre des députés. Je dis toujours qu'ils ont certains des meilleurs esprits du royaume à la Chambre basse."

"Faites-leur confiance pour savoir ce qui est bon pour eux", a déclaré Schalk avec aigreur.

Il était assez clair, d'après l'attitude du chancelier, que son royal maître s'amusait à se faire harceler en privé.

"Eh bien, Schalk," dit-il, "je crois que vous insistez toujours sur l'article trois."

"Je ne suis jamais revenu, monsieur, sur mon point de vue initial", a déclaré le chancelier, "qu'en vertu de la clause trois, la paysannerie obtient bien plus que ce qui lui est bon. J'ai toujours pensé, monsieur, comme vous le savez, que c'est une concession à l'agitateur agraire pestilentiel, et je suis sûr que la Première Chambre proclamera également cette opinion.

"Eh bien, Schalk," dit gaiement le roi, "n'est-ce pas le rôle de la Première Chambre de ne pas être d'accord avec la Seconde, et à quoi sert le Petit Père sinon d'apaiser leurs querelles en flattant les deux et en n'étant d'accord avec ni l'une ni l'autre ?"

"Votre Majesté se plaît à parler par énigmes", dit le chancelier avec gravité.

« Quel cardinal tu aurais fait, Schalk ! dit son maître. "Mais si vous avez vraiment pris votre décision concernant l'article trois, nous devons le revoir. Je suis d'accord avec vous qu'il n'est pas bon que les enfants en pleine croissance mangent tout le gâteau. Nous devons en garder un peu pour leurs aînés, car ils comme un gâteau aussi, semble-t-il.

"Tout le monde aime les gâteaux", dit sentencieusement la chancelière, "mais malheureusement, il n'y en a jamais assez pour tout le monde".

« C'est une heureuse phrase de Schalk, dit le roi en généralisant la conversation de son air amusé ; "'l'agitateur agraire pestilentiel.' Avez-vous ce genre d'animal en Angleterre ? »

"Nous en sommes infestés, monsieur", a déclaré le député de la division Uppingdon du Middleshire , propriétaire d'un modeste millier d'acres. "Le peuple pour la terre, et la terre pour le peuple ! Le pays en pue l'odeur."

« C'est partout pareil, dit le roi. "Un grand mouvement mondial est à nos portes. Les sages peuvent déceler la voix de l'avenir dans le cri du peuple, mais il y en a qui se bourrent les oreilles, hein, Schalk ?"

Ferdinand XII adopta un port de sagacité indulgente. Ce fragment mi-sérieux, mi-plaisantant de son discours, et une demi-douzaine d'une teneur similaire que j'ai eu le privilège d'écouter, semblaient établir clairement un fait. C'est que le roi n'était pas l'esclave de ses ministres. C'était un homme avec une vision aiguë de son époque, délibérément peu progressiste, non pas en réponse aux forces réactionnaires qui l'entouraient, mais parce qu'il estimait qu'il n'était pas bon que le monde aille trop vite.

Son article de foi était assez simple, et dans sa conduite il n'hésitait pas à l'incarner. Il considérait que le plus grand bien pour chaque peuple était d'avoir un roi ; un législateur sage, patient et bienfaisant pour corriger les excès des factions ; celui qui tient la barre pour diriger le navire de l'État dans des eaux troubles.

Que sa conception de la condition monarchique soit bonne ou fausse, il a su la faire respecter de tout le poids de sa personnalité. Il croyait profondément au droit divin. Dans l'assurance de sa propre infaillibilité, il semblait n'admettre aucune limite à sa propre liberté d'action.

Il pensait que l'avenir de son pays était entre ses mains. C'était pour la conserver qu'il était venu en Angleterre de cette manière singulière et inattendue. Ayant choisi une épouse royale pour sa fille unique, celle dont l'acte de révolte n'était qu'une manifestation de souveraineté portée à une puissance supérieure, il était prêt coûte que coûte à imposer sa volonté.

Tout au long de cette petite histoire, j'ai essayé de montrer comment la comédie s'alliait à la tragédie au fur et à mesure du déroulement de la pièce. Les spectateurs ne savaient jamais vraiment dans quelle direction le chat allait sauter. Des occasions infinies de rire étaient offertes, mais sous cette gaieté se trouvait ce qui était trop profond pour les larmes. Vu en surface, la précipitation parmi nous d'une figure aussi élémentaire que Ferdinand XII était la matière d'une plaisanterie inextinguible, mais le revers de la médaille ne doit pas être négligé.

Chaque heure que le roi passait sous notre toit était une lente torture pour Fitz et sa femme. Croyant romantiquement qu'ils étaient des âmes jumelles que le destin avait irrévocablement liées, ils étaient tout l'un pour l'autre. Mais à l'encontre de cette foi se trouvaient ces forces héréditaires incalculables que le roi, avec une puissance et une adresse incomparables, mobilisait contre elle.

Il était temps pour la princesse de céder. En sa personne, le roi était venu exiger d'elle qu'elle prenne une fois pour toutes le fardeau de son héritage. Si maintenant elle refusait d'en tenir compte, les jours de la monarchie étaient comptés.

Il était tout à fait clair pour nous, spectateurs, qu'un terrible combat se déroulait. En deux ou trois jours, la princesse parut réduite à une ombre ; l'air sauvage était de nouveau dans ses yeux : toute son allure révélait un stress mental écrasant.

Fitz a également beaucoup souffert. Et sa peine n'était pas moindre du fait que Ferdinand n'hésitait pas à lancer un appel personnel.

Vers la troisième nuit de son calvaire, Fitz m'accompagna jusqu'à mes quartiers au-dessus des écuries.

« Arbuthnot, dit-il en se laissant tomber sur une chaise, j'ai réfléchi à cette affaire du mieux que je peux avec l'aide de Ferdinand, et il m'a fait comprendre que mes droits en la matière ne sont pas tout à fait ceux que je croyais. Je ne me plains pas. Il m'a parlé comme un père à son fils, et il m'a fait comprendre que notre position aux yeux de Dieu n'est peut-être pas tout à fait celle que nous jugeions.

Je n'étais guère préparé à un tel discours sur les lèvres de Fitz. Le fait qu'il en soit tombé si simplement m'a donné une idée élargie des forces qui étaient exercées sur lui.

CHAPITRE XXVI

UNE PROMENADE DANS LE JARDIN

En dernier ressort, le problème revenait à Sonia. Son mari a eu la sagesse de le reconnaître ; même si son propre bonheur était en jeu, la question dépassait la sphère restreinte de l'équation personnelle.

Dans la crise de son destin , il m'a toujours semblé que Fitz faisait preuve de la noblesse inhérente à son caractère. Une fois que le roi, avec une force et une force immenses, eut révélé la situation sous son véritable aspect, son gendre, sans renoncer d'un seul instant à la considération de sa femme, s'abstint néanmoins d'exercer indûment la prérogative que lui conférait leur affinité spirituelle. .

Il était sage et juste que Fitz se détache le plus possible du conflit qui se livrait entre père et fille. Mais, même s'il faisait ce qui était en son pouvoir pour simplifier les choses, il ne parvenait pas à bannir l'image de lui-même du cœur de sa femme. Il a fourni le moteur de son existence. L'émotion détenait la clé maîtresse de sa nature. Dans tout conflit entre l'amour et le devoir, l'amour ne pouvait guère manquer de gagner.

Fitz souffrit intensément à mesure que la lutte se poursuivait. Il m'a même laissé entendre qu'il pourrait être tenté de prendre une certaine mesure pour aider sa femme à trouver une solution possible au problème.

« Plus cela dure, me dit-il aux petites heures du matin, plus je réalise clairement que la place de Sonia est parmi les siens. J'ai été aveugle et j'ai été fou, et je le dois. à Ferdinand que j'ai pu me voir dans mon vrai rapport à la question dans laquelle le destin nous a impliqués. Il y a six ans que j'ai vu Sonia pour la première fois sur la terrasse du château de Blaenau, alors que je parcourais le monde en essayant de le faire. trouver du réconfort pour mon âme. Je savais qu'elle était malheureuse, et elle savait que je l'étais, mais nous étions jeunes et n'avions pas peur, car j'avais l' *entrée* au château en tant que petit-fils de l'électeur de Gracow . ma fille a épousé mon grand-père, George Fitzwaren, de mémoire tragique.

"Nous avions l'habitude de nous asseoir sur la terrasse du château, Sonia et moi, nuit après nuit, à regarder les étoiles dans leur course, tandis que son père traînait son parlement et trompait son peuple. Elle était seule, exclue et mal aimée ; il n'y avait personne pour qui elle pouvait exprimer ses pensées ; elle était oppressée par le sens de sa destinée.

"Elle a dit que lorsqu'elle m'a rencontré pour la première fois , elle s'est demandé où elle m'avait vu auparavant. Elle a dit que ma présence la hantait comme une vision à moitié rappelée, jusqu'à ce qu'elle commence à se fondre dans ses rêves d'une existence antérieure et d'un état plus heureux. Et tandis qu'elle disait cela, sa voix devenait étrangement familière. Pour moi, elle ouvrait les portes de la mémoire. C'était comme la musique faible et lointaine qu'on peut parfois entendre, la musique du vent en hiver balayant un espace infini et illimité.

"Elle m'a permis de l'embrasser, et nous savions alors que nous détenions la clé de l'énigme de l'existence. Nous étions des âmes jumelles qui ne faisaient plus qu'une , et ensemble nous traverserions tous les temps et toute l'éternité.

"Mais je pense que nous commençons maintenant à réaliser que le sentiment d'unité est étranger à l'état humain et que l'heure est proche où nous devons nous séparer et repartir seuls dans la nuit des âges."

Dans un état de désolation, le malheureux balançait son maigre corps en parlant ainsi.

" Si cela peut vraiment l'aider, " dit-il, " je pense que je mettrai fin à ma vie actuelle. Au moins, je demanderai à Ferdinand de le faire, car je doute qu'un homme dans la vraie jouissance de sa raison ait vraiment le pouvoir de le faire pour lui-même. Et pourtant, on ne devrait peut-être pas dire cela. On peut faire tant de choses par la prière.

"C'est sûrement contraire à la volonté de Dieu ?" Dis-je avec une sorte d'horreur.

"C'est sans aucun doute le cas", dit Fitz, "en ce qui concerne l'humanité dans son ensemble. Mais il arrive parfois, vous savez, que l'un d'entre nous joue le jeu si haut qu'il obtient un décret spécial. Je pense presque, Arbuthnot, que je J'ai entendu la Voix - et si je l'ai fait, ma malheureuse Sonia pourra retourner auprès de son peuple pour un mandat, et je te demanderai, en tant que mon plus vieil ami, un homme en qui mon instinct me dit de faire confiance, d'accepter la charge de ma petite fille.

Pour quelqu'un qui se situe délicatement sur le plan de la raison, un tel discours ne pouvait manquer d'être choquant. Mais c'était si sincère, si raisonné, le détenteur de ces vues était si entièrement le capitaine de son âme, que ses paroles, à mesure qu'il les prononçait, semblaient dériver d'une sorte de sanction qui, lorsque je les mets sur papier, ne semble pas posséder.

Les conseils d'un homme à un autre ne valent pas grand-chose dans les cas où le sujet de leur discussion a déjà été porté devant la Haute Cour. Mais je sentais que je serais infidèle aux éléments qui formaient ma propre nature, conscient que j'étais de leur évolution imparfaite, si je ne cherchais pas à leur donner une sorte d'expression dans un moment comme celui-ci.

« Fitz, dis-je, je ne peux prétendre à aucun droit de m'adresser à vous, sauf en tant que frère cadet. Vous appartenez à un ordre de choses supérieur ; votre vie est plus développée que la mienne, mais je vous demande au nom de Dieu de abstenez-vous de l'étape que vous envisagez, à moins que vous ne soyez absolument convaincu, au-delà de toute possibilité d'erreur, qu'il n'y a pas d'autre issue. »

Le malheureux ne répondit rien. Son visage commençait à paraître méconnaissable .

Je me levai involontairement de la chaise sur laquelle j'étais assis.

"Promenons-nous dans le jardin", dis-je.

La suggestion a semblé se former sur mes lèvres, quelle que soit la volonté de la volonté. Il s'agissait peut-être d'un fragment récupéré du patrimoine humain flottant du passé.

J'ai ouvert la porte et nous sommes descendus dans le jardin. C'était le milieu de la nuit; ce qu'il y avait de la lune était presque entièrement obscurci ; l'air était doux avec la pureté de la pluie récente. Nous avons parcouru les pelouses mouillées, tête nue et pieds chaussons .

Soudain, des lumières jaillirent des buissons et nous éclairèrent.

"Tout va bien", ai-je appelé. "Ne nous dérangez pas. Allez dans une autre partie du terrain."

La voix ne ressemblait pas à la mienne, mais les observateurs lui obéirent.

La nature nous exhortait lors de nos promenades dans le jardin. Sa pureté, son calme, la magie incommunicable de son espace, l'emprise de sa splendeur sont entrés dans nos veines. Nous étions ses enfants, chair de sa chair, os de ses os. La puissante Mère nous a parlé.

Un petit vent soufflait doucement parmi les branches décharnées d'un pin.

"Je dois m'assurer que la Voix m'a parlé", a déclaré Fitz.

Le malheureux se dirigea vers le pin, s'agenouilla et sembla involontairement se couvrir le visage de ses mains.

J'ai reculé et je me suis détourné.

Tout à coup, mon cœur fit un bond de surprise et de consternation. Une présence inattendue et sinistre était à mes côtés.

"Je plains ce pauvre garçon", dit doucement une voix. "Je les plains tous les deux."

C'était la voix du roi.

Habillé d'un manteau volumineux, le Victor de Rodova passait son bras sous le mien à sa manière paternelle.

« Viens, mon ami, dit-il d'une voix de bonté pressante, promenons-nous dans le jardin.

Ensemble, nous marchions sur les pelouses, le Roi et moi, à pas lents et mesurés.

"C'est une belle nuit." Ferdinand XII ôta son chapeau.

"Dieu est dans son ciel, monsieur", dis-je doucement.

« Vous êtes un peuple qui craint Dieu, » dit le roi ; " C'est une bonne chose. Que peut-on faire dans le monde sans la crainte de Dieu ? Cette nuit me rappelle la nuit d'avant Rodova . C'était juste comme ça, un air calme, doux, un peu humide. On entendait le le vent rampait doucement parmi les pins. Au fond de votre jardin, il y avait le doux bruit d'une petite rivière. Toute la nuit, les petits poissons sautaient et jouaient dans ses eaux claires et vivaient joyeusement comme bon leur semblait. . Et au-delà du fleuve se trouvaient les Autrichiens, soixante mille hommes avec chevaux et canons.

"Le Dieu des armées m'avait confié l'âme de mon pays. Devait-il rester un peuple libre et indépendant comme il l'était depuis l'époque d'Alvan Ier, ou devait-il être piétiné sous la botte de l'oppresseur ? Toute la nuit, j'ai marché dans le jardin et je me souviens que je me suis agenouillé là-bas sous le pin, comme le fait notre ami là-bas. C'est une chose merveilleuse de voir comment l'histoire se répète.

La voix du roi était devenue feutrée et solennelle.

" Ce soir est une autre crise dans l'histoire de notre pays. Je suis plus âgé que je ne le parais ; il y a une voix intérieure qui me dit que mon cours est presque terminé. C'est pourquoi je suis venu parler avec ma fille. C'est Il s'agit pour nous, Sveltkes, de maintenir la balance dans la balance du destin. Depuis l'époque d' Alvan Ier, il y a eu une ligne monarchique ininterrompue ; peut-être a-t-il été décrété qu'elle prendra fin ce soir. La puissance invisible qui nous a permis de résister à la puissance de l'Autriche investira ma fille de sagesse et de grâce. »

Il y eut un bruit de pas sur le gazon mou et nous nous tournâmes pour constater que Fitz nous avait rejoint.

"Ha! Nevil", dit le roi d'une voix de tendresse parentale. " J'expliquais à notre bon ami combien cette nuit me rappelle la veille de Rodova . Notre-Dame la Lune était dans son quartier actuel ; là-bas était Mars, rouge sang à l'horizon oriental. Là derrière nous était Jupiter, exactement comme nous voyez-le ce soir ; mais la nuit de Rodova, Uranus n'était pas visible. Ce fut une crise grave dans l'histoire de notre pays ; cette nuit est également une crise grave, car je sens qu'un terme a été mis à mes jours. Mais j'ai marché toute la nuit dans le jardin, et je me suis agenouillé sous un seul pin, et le Dieu des armées m'a dit

: « Ne crains rien, dit le Dieu des armées, au point du jour, traverse la rivière. rivière qui coule au fond du jardin, et tout ira bien.

La lumière de la lune tombait sur le visage du roi, ce visage souriant et subtil paraissait étrangement lumineux.

« Une heure avant le lever du jour, poursuivit le roi, Parlowitz vint vers moi. « Weissmann est arrivé dans la nuit, dit-il, avec vingt mille hommes. Si nous traversons le fleuve, tout est perdu. « Ne crains rien, Parlowitz , dis-je. Au lever du jour, nous traversons la rivière. Le Dieu des armées le veut. « Alors, sire, » dit Parlowitz , « donnez ceci à ma femme la prochaine fois que vous la verrez » (Parlowitz dégrafa le col de sa tunique et ôta un médaillon qu'il portait autour du cou) « et dites-lui que c'est mon souhait. que notre deuxième fils John succède à ma succession. J'ai alors dit adieu à Parlowitz , car il le voulait ; et alors que l'aube se levait, il reçut une balle dans la poitrine à la tête de sa division. Mais ce fut un jour glorieux dans les annales du peuple illyrien et de vous ; mon cher Nevil, aura vu la noble statue élevée à la mémoire de Parlowitz sur la terrasse de Blaenau.

"J'ai vu la statue", dit calmement Fitz. "Un monument de piété, mais abominable comme œuvre d'art."

"C'est l'œuvre du meilleur sculpteur d'Illyrie", dit le roi.

"Il n'y a pas de sculpteurs en Illyrie", dit sans ambages Fitz.

Le roi tomba dans une muse. J'étais sensible à la poigne de Fitz sur mon bras.

" C'est merveilleux, " dit doucement le roi, " comme l'histoire continue de se répéter. Il me semble entendre de nouveau la voix dans les airs : " Au point du jour, traversez la rivière au fond du jardin, et tout le monde s'en sortira. être bien.'"

La poigne sur mon bras se resserra.

"Ne me quitte pas", dit Fitz dans un murmure rauque.

Toute la nuit, nous avons marché tous les trois sur les pelouses devant la maison. Dans l'une des fenêtres supérieures se trouvait une lumière. C'était la chambre de Sonia.

Peu de mots s'échangeaient entre nous, et c'était surtout le roi qui parlait. Jamais Fitz n'a relâché sa prise sur mon bras. En effet, au fil des heures, la tension semblait devenir de plus en plus tendue. Il avait la ténacité convulsive de celui qui, dans sa dernière extrémité, lutte pour maintenir le corps uni à l'âme.

Même moi, qui ne prétends pas être hautement sensibilisé , j'étais sensible au défi inquiétant de la force qui nous enveloppait. Le silence était encore plus terrible que la parole. Les ressources des âges étaient en balance contre nous.

"Pour l'amour de Dieu, ne me quitte pas !" dit mon malheureux ami dans un murmure de terreur.

Enfin , les premières lueurs de l'aube commencèrent à se manifester dans les airs. Mes pieds chaussons étaient trempés et mes dents claquaient sous la fraîcheur du matin. Une curieuse sensation, que je n'avais jamais ressentie auparavant, commença à m'envahir. Avec un frisson d'horreur suffocante et incommunicable, je commençai peu à peu à réaliser que je n'étais plus maître de moi-même.

La poigne convulsée de Fitz était toujours sur mon bras, mais sa présence s'était éloignée. Il glissait de plus en plus loin.

"Tenez-moi!" Il murmura; et encore : « Tiens-moi ! » La voix étouffée était comme celle de quelqu'un en compagnie de qui je me noyais.

La voix du roi me parut toute proche, quoique ce fut avec une sourde stupéfaction que j'entendis ses paroles.

"Le jour se lève. La rivière coule au fond du jardin."

Les doigts de mon ami ne me serraient plus le bras. Dans la pénombre, je vis le roi sortir un revolver des plis de son manteau. Il l'a remis à Fitz avec un geste paternel, presque dépréciant, et nous étions tous deux impuissants à le lui refuser. Il me semblait que j'étais en dehors de tout ce qui se passait. La sensation de distance semblait toujours croissante.

J'ai vu le roi embrasser le front de son gendre et je l'ai entendu lui donner sa bénédiction. Puis il me sembla entendre la voix de Fitz crier piteusement :

"Sonia, Sonia, aide-moi !"

« Regardez là-bas, » dit le roi ; "Le jour se lève. C'est un autre lever de soleil glorieux pour les habitants d'Illyrie."

"Oui, en effet, monsieur", dit une voix qui rompit le charme.

La prière de Fitz avait été entendue. Sonia était venue inaperçue parmi nous.

"Je suis venue goûter le matin, c'est tellement bon", dit-elle. "Et toi, comme tu t'es levé tôt !"

Le roi rit. Il semblait envelopper sa fille de ce visage d'une subtilité souriante.

"Nous nous sommes promenés dans le jardin, mes amis et moi", a-t-il déclaré. "Nous avons eu une conversation agréable ensemble. La position des étoiles m'a rappelé la veille de Rodova , sauf qu'Uranus n'était pas avec nous. Il est toujours bon de connaître la position d'Uranus."

Je sentis Fitz me glisser le revolver dans la main.

"Viens," dit-il de son ton de décision naturelle, "allons prendre un bain et préparons-nous pour le petit déjeuner."

Pendant que le roi continuait à causer amicalement avec sa fille , nous nous enfuîmes.

Dans l'intimité de ma chambre au-dessus des écuries, nous retirâmes les cartouches du revolver.

Fitz m'a remis l'arme. « Gardez-le, dit-il, comme souvenir de Ferdinand XII. J'aurais traversé le fleuve si Sonia n'avait pas entendu mon appel.

Fitz frissonna ; mais dans son visage hagard, je pensais que la raison trônait encore.

CHAPITRE XXVII

FOURNIT UNE PEU DE DIVERSION FÉMININE

À la table du petit-déjeuner, Mme Arbuthnot fut émue de demander à notre distingué invité s'il accepterait de rencontrer certains de nos amis et voisins au dîner. Son *incognito* doit être préservé de manière rigide ; et peut-être que quelques nouveaux visages contribueraient à alléger l'ennui de son séjour parmi nous. Le roi accepta la proposition avec sa bonne humeur habituelle .

Personnellement, j'étais profondément reconnaissant à Mme Arbuthnot d'avoir eu l'inspiration pour le réaliser. J'étais prêt à accueillir tout ce qui pourrait m'éloigner des altitudes périlleuses sur lesquelles j'avais marché toute la nuit. On pourrait dire que j'aspire à tout ce qui pourrait me rattacher au plan plus humble des hommes et des choses, dans la familiarité duquel réside la sécurité mentale.

Cependant, après le petit-déjeuner, lorsque je suis venu discuter de cette proposition apparemment innocente avec Mme Arbuthnot, il était clair que quelque chose se cachait derrière.

— J'ai un petit projet, tu sais, dit-elle d'un air plaintif et enfantin. "Ils ont tous été si arrogants avec moi ces derniers temps que j'ai pensé à un petit plan pour les marquer correctement."

"En leur demandant de rencontrer la royauté et en leur offrant un excellent dîner ?"

"Il n'y aura rien de mal avec le dîner", a déclaré Mme Arbuthnot, "mais il devrait être très amusant. Je vais immédiatement me rendre chez Mary et lui demander de pardonner le court préavis, mais le père de Sonia est arrivé à l'improviste et , bien contre notre volonté, nous devons le divertir.

"Où est la plaisanterie ? La vérité crue et douloureuse est rarement amusante."

"Oie ! Comme ils sont tous convaincus que Sonia était autrefois cavalière de cirque à Vienne, quoi de plus naturel que que son père soit le propriétaire du cirque ?"

"C'est vrai, madame. Mais comment expliquerez-vous son titre ?"

"Ce sera la chose la plus simple. Vous pouvez toujours acheter un titre en Illyrie, comme ici. Le vieil homme du cirque a fait fortune et a acheté un titre en conséquence."

J'ai avoué que cela avait un son assez plausible.

"Ils l'avaleront, voyons s'ils ne le font pas", dit Mme Arbuthnot, laissant libre cours à son invention. "Et le vieil homme du cirque est vraiment trop drôle, et si Mary Catesby et Laura Glendinning et George et le Vicaire et Mme Vicar, et ce petit Américain insistant aimeraient voir par eux-mêmes, nous serons très heureux qu'ils dînent ici. demain soir. Et, conclut Mme Arbuthnot d'un ton où la conviction enfantine et l'amour naturel du mal se mêlaient à merveille, voyez s'ils ne le font pas, c'est tout !

"Mais pourquoi, mon enfant ? J'avoue que je ne vois aucun charme particulier à un pareil divertissement."

"Ils viendront, ne serait-ce que pour nous marquer après, espèce d'oie. Tu ne les connais pas aussi bien que moi."

J'ai avoué que non.

Mme Arbuthnot ne perdit pas de temps pour se rendre chez ses amis et revint toute joyeuse avec eux tous dans son filet.

"Qu'est-ce que j'ai dis!" » déclama-t-elle triomphalement. "J'ai d'abord fait appel à Mary. Je savais que si je la persuadais, le reste serait facile. Eh bien, vous connaissez son petit chemin. Elle m'a fait un terrible sermon sur les devoirs de mon poste. En tant qu'épouse du député, ma les responsabilités étaient tout simplement énormes. En aucun cas elle ne s'asseyait à la même table que Mme Fitz. Mais j'ai dessiné un portrait si raffiné du vieil homme de cirque et de son ami le maître de piste, qui était presque aussi drôle que lui. , que je lui ai fait consentir. Alors elle et George viennent.

"Singe espiègle !"

"Puis je suis allé au Presbytère. Le Vicaire n'avait pas de rendez-vous, mais il fredonnait et chuchotait, jusqu'à ce que je lui dise que Marie venait, alors il vient aussi, et il va amener Lavinia. Ensuite, il y aura Laura et le petit Américain et Reggie Brasset, et Jodey, bien sûr, nous serons une véritable fête de famille, et cela devrait être extrêmement amusant.

"Brasset et Jodey ne seront-ils pas des mouches dans votre pommade ? Ne connaissent-ils pas votre secret coupable ?"

"Je leur raconterai tout cela, bien sûr, et ils nous aideront à le réaliser. Et j'ai l'intention de demander au colonel Coverdale de venir aussi. Il aimera rencontrer le roi, et nous devons le persuader de ne pas nous donner loin."

Je n'étais pas d'humeur à laisser libre cours à tout ce que je pouvais avoir en matière d' humour . Mais le projet de Mme Arbuthnot, si douteux qu'il fût sur le plan moral, avait au moins le mérite de détourner le courant de mes pensées vers une autre direction. Cela a certainement contribué à atténuer la tension.

Mme Arbuthnot a établi ses plans avec beaucoup de précautions. Elle a eu une conversation téléphonique longue et extrêmement animée avec le chef de la police. Je pouvais presque entendre le grand homme grogner et rire pendant qu'elle exposait son méchant dessein. Mais à la fin, il n'a pas pu lui résister et il s'est également retrouvé dans ses filets. Jodey et Brasset, bien sûr, n'étaient que trop désireux de lui donner un coup de main, et tous deux étaient d'accord avec elle « qu'ils méritaient tous d'être correctement notés ». Personnellement, le fonctionnement du processus de « décompte » était un peu trop difficile pour mon système mental affaibli, mais on m'a informé péremptoirement que j'avais toujours été un chien ennuyeux.

Déterminée à ne rien laisser au hasard, Mme Arbuthnot est même allée jusqu'à mettre Fitz dans ses confidences.

"Tu sais, Nevil", dit-elle d'un ton engageant, "comment ils se sont comportés envers Sonia et ce qu'ils ont dit à son sujet dans son dos."

"Qu'ont-ils dit ?" L'indifférence de Fitz frôlait le sublime.

"Pourquoi, tu ne sais pas ?" Mme Arbuthnot a transpercé l'Homme du Destin avec des orbes étoilés. "Ne sais-tu pas que lorsque Laura Glendinning a découvert que Sonia roulait aussi droit qu'elle et qu'elle avait l'air beaucoup plus intelligente, cela l'a rendue terriblement jalouse ?"

"Je l'ai effectivement fait !" grogna l'Homme du Destin.

"Et peux-tu croire, Nevil," (les globes étoilés devenaient de plus en plus ronds et plus lumineux), "elle a fait circuler l'histoire selon laquelle cette chère Sonia était une cavalière de cirque de Vienne!"

"Oh vraiment!" Fitz dissimula un bâillement d'une manière plutôt superficielle.

"Et en plus, elle a fait croire à tout le monde."

L'ennui de Fitz était dissimulé par un sourire de politesse de douze chevaux.

"Et ainsi, pour les battre", dit Mme Arbuthnot, s'élevant à des hauteurs agréablement histrioniques, "j'ai invité les meneurs à dîner ce soir pour rencontrer le père du cavalier de cirque, le propriétaire du cirque, qui a fait fortune. de son spectacle et s'est acheté un titre, comme on peut bien sûr le faire en Illyrie, et le baron von Schalk est le maître de piste de son cirque.

L'Homme du Destin éclata de rire avec une inefficacité langoureuse et déclara que l'intrigue ressemblait à un opéra-comique. Dans mon oreille privée, il a consigné ultérieurement une opinion à laquelle il ne serait guère aimable de donner de la publicité.

"Personne d'autre qu'une femme n'y aurait pensé", a-t-il déclaré. "Si cela s'avère drôle, qu'il en soit ainsi, mais je dois dire que cela ressemble à gâcher un bon repas - vous avez un excellent cuisinier, mon vieux fils - et à rendre les choses sacrément inconfortables pour tout le monde."

J'ai adjuré Fitz, qui, comme moi, n'était visiblement pas d'humeur à apprécier l'humour raffiné , d'attendre et de voir.

Le lieutenant-colonel John Chalmers Coverdale, CMG, ancien membre des Carabiniers de Sa Majesté, fut le premier à arriver.

"Vous naviguez plutôt près du vent, n'est-ce pas ?" » fut son salut à son hôtesse, qui, dans sa plus belle robe, était un ravissant exemple de modestie pittoresque.

"Je pense que tout ira bien", dit-elle. "Mary Catesby et George seront trop meurtriers."

Certes, lorsque cette auguste matrone est arrivée, elle était une très *grande dame* et un honnête George de cinq pieds trois pouces, d'une bonne éducation méticuleuse. Ils saluèrent Fitz et sa femme avec une révérence lointaine. Ferdinand XII et son célèbre ministre n'étaient pas encore entrés en scène. La majeure partie de leur journée avait été consacrée à l'article trois, très controversé, du projet de loi sur les terres illyriennes.

Huit heures est l'heure à laquelle nous dînons dans le pays de Crackanthorpe . Il est de coutume que les adeptes réguliers de cette meute distinguée aient extrêmement faim à cette heure-là. Alors que la montre de présentation sonnait l'heure depuis la cheminée du salon, les convives de Mme Arbuthnot étaient nombreux : le Vicaire et sa femme, l'air plutôt pincé et formel, leur attitude invariable envers la vie publique, pourtant le Vicaire portant un une paire de chaussures un peu mondaines en cuir verni et des chaussettes mauves tout aussi mondaines et un pantalon plutôt court ; Miss Laura Glendinning, notre Diana locale, qui avait l'air d'un cheval et parlait cheval et qui aurait sans aucun doute mangé du cheval s'il avait été au menu ; mon charmant petit ami, la relique de Josiah P. Perkins de Brownville, Massachusetts ; le noble Maître enveloppé dans un chef-d'œuvre vestimentaire et un froncement de sourcils de perplexité ; son *aide de camp* , Joseph Jocelyn De Vere Vane-Anstruther enveloppé idem, mais adossé non sans grâce à un coin de la cheminée, les mains dans les poches, ne regardant personne, ne parlant à personne, mais avec un regard caché fixé sur la porte du salon en quête de premiers renseignements sur Ferdinand XII.

Au milieu du *salon* , l'auguste Mme Catesby discutait du rapport minoritaire avec le vicaire de la paroisse et de la réforme pénitentiaire avec le chef de la police, tandis que moi, partageant le canapé le plus grand et le plus confortable avec Mme Nevil Fitzwaren , je devais répondre à une succession. de demandes sympathiques concernant mon bras.

"Une simple égratignure", assurait tout le monde. "Heureusement que ce n'était pas pire. Le fait est que ces taxis sont plutôt dangereux."

La montre de présentation sonna huit heures et quart. Le propriétaire du cirque viennois et son fidèle acolyte n'étaient pas encore recherchés. Aussi romantiques qu'ils fussent – du moins, l'hôtesse avait l'autorité que telle était leur nature – la manière dont ils faisaient obstacle aux affaires sérieuses de la vie était difficile à cautionner.

Mme Josiah P. Perkins s'est approchée de notre canapé. Elle jeta un regard sage et baissé à la dame assise à mes côtés, qui était décidément *pianiste* , ce qui bien sûr était comme il se doit, et fit une confession plaintive : « J'ai tellement faim. jambe de cette table en bois satiné.

"Vous avez la pleine permission de l'avoir", dis-je.

"Oh, non", dit Mme Josiah P. Perkins, "cela gâcherait la suite. Mais presque pas de petit-déjeuner, un sandwich au Top Covert, dans lequel il n'y avait presque pas de porc, une tasse de thé au Vicarage, et tu sais ce que c'est, et maintenant... oh mon Dieu !... "

Dans ces circonstances déchirantes, j'ai pensé qu'il était de mon devoir de découvrir ce qui nous attendait. J'ai cédé ma place à Mme Josiah P. Perkins, et alors qu'elle s'y effondrait, je l'ai entendue dire : « Je suppose que si vous avez un jour une chance dans les cirques, vous ferez bientôt une pile régulière ?

Mais tandis que je partais à la recherche de Ferdinand XII, voilà ! ce monarque est venu avec son ministre. Il ne portait aucun ordre, rien ne mettait en valeur ou ne déformait sa personnalité, mais je fus frappé par le fait que son allure avait une majesté simple au-delà de celle de toute personne que j'avais jamais vue.

« Excusez-nous, Madame, » dit-il d'une voix basse, qui était pourtant tout à fait audible pour la plupart des personnes présentes dans la pièce, puisqu'à son entrée, la conversation avait été automatiquement suspendue. "Ce Hollandais fou agite sa torche au-dessus de la poudrière, et nous avions oublié l'heure."

Et puis, avec la plus grande simplicité et la plus grande bonhomie, il se mit à faire le tour de la pièce, serrant chaleureusement la main de chaque homme, disant : « Très heureux de vous rencontrer, monsieur », et saluant tour à tour chaque dame en souriant. la gravité. Il a ensuite donné son bras à l'hôtesse.

À table, j'avais Mme Catesby à ma droite et Mme Josiah P. Perkins à ma gauche.

"Quel homme charmant !" dit Charybde à gauche.

"Je ne crois pas", dit Scylla, "qu'il ait un quelconque lien avec un cirque."

« De toute façon, c'est le père de Mme Fitz.

"Quel est son nom?"

"Comte Zhygny , mais les titres ne coûtent pas cher en Illyrie."

"C'est une tête noble", dit la Grande Dame.

"La critique objective est proverbialement dangereuse", hasardai-je. "Sa fille a un visage noble."

"C'est juste un tyran." Charybde était de plus en plus enthousiaste. "Tout à fait Bawston ."

La Grande Dame s'est adressée avec un sérieux sérieux aux affaires sérieuses de la vie, et je dois dire – même si je ne suis sans doute pas la bonne personne pour insister sur le fait – qu'elle méritait toute l'attention qui lui était accordée. Nous étions en retard de vingt-cinq minutes au poste, comme Jodey s'en était amèrement plaint à son hôtesse, mais le *chef distingué* récemment au service d'un noble s'était assez surpassé. La bonne humeur , voire même la cordialité, régnaient tout au long de la ligne.

"Est-ce que ces perles sont réelles ?" dit un murmure impérieux venant de la droite.

"Je ne suis pas un juge des pierres précieuses", ai-je admis, "même si avec le temps je pense que je le serai."

"On ne peut pas croire qu'ils soient réels. S'ils le sont, ils doivent être inestimables. Quelle tête merveilleuse cet homme a ! Et qui, je vous prie, est l'autre ?"

" Herr Brouss est son nom. Le cirque est sa vocation. "

" J'ai rencontré un jour un étranger distingué, un baron Quelqu'un, un grand homme politique qui ressemblait exactement à cela. C'était à Spa ou dans une de ces stations balnéaires étrangères. A propos, Odo, qu'entendait cet autre homme par " le fou " ? Le Hollandais agite sa torche au-dessus de la poudrière. » Je vois dans le journal de ce matin que les relations sont tendues entre l'Allemagne et l'Illyrie.

"C'est une de ces phrases énigmatiques dont nous n'avons pas la clé."

"Quelle délicieuse *entrée* ! Ce sont des braises qui allument une vengeance. J'espère que vous ne vivez pas au-dessus de vos moyens."

"Essayez le madère, je vois que notre excellent Vicaire l'a découvert. Je me demande, Mary, si je pourrais à nouveau gagner un peu de soutien en haut lieu, en tant qu'opposant résolu au socialisme sous quelque forme que ce soit."

"Je ne ferai aucune promesse irréfléchie, Odo" - la Grande Dame prit une gorgée prudente du millésime paternel - "mais je parlerai à ma chère Evelyn si tu le souhaites, même si tu ne mérites certainement pas d'être pardonné."

"J'espère que vous lui assurerez que personne n'a une vénération plus profonde pour une classe pauvre mais méritante."

Malgré le fait que Fitz et sa femme restèrent silencieux et préoccupés, le déroulement de la fête fut marqué par une gaieté modérée. L'hôtesse était au sommet de la vague. Elle ne cherchait pas à dissimuler un sentiment de triomphe presque indécent. Je ne peux pas dire exactement pourquoi elle aurait dû nourrir cette émotion, mais elle a trahi tous les signes extérieurs et visibles de cette émotion. Il y avait une lumière dans ses yeux, il y avait un piquant dans son discours, il y avait une méchanceté déférente dans son attitude envers les hauts personnages qui l'entouraient, qui se communiquait à toute la table. En réponse à ses sorties, les réverbérations des rires royaux furent fortes et longues.

"Toppin est un bon gars, n'est-ce pas ?" dit mon parent par alliance dans un moment d'expansion à Miss Laura Glendinning.

"Qui est un bon type ?" » dit littéralement Diana.

"Eh bien, le Roi, bien sûr."

"Je ne l'ai jamais rencontré", a déclaré Diana.

"Où, je vous prie, l'avez-vous rencontré, Joseph ?" » fut l'enquête sévère de la Grande Dame sur le bord de son madère.

"Dans le paddock de Newmarket", a déclaré le jeune homme en se remettant brillamment.

« Idée ! » » dit le noble Maître dans un murmure de langueur indulgente. "Tu as failli tout gâcher alors."

Le rire royal continuait de résonner.

« Je suppose qu'il a commencé sa vie comme clown ? dit la Grande Dame.

"C'est le cas de presque tous ces types de cirque, n'est-ce pas ?" » dit Jodey, qui a failli souffrir du malheur dans un désir trop ardent de préserver sa gravité.

"Ou comme cavalier à cru", dis-je, reprenant la parabole.

"On dirait certainement un clown", dit la Grande Dame. "Cher moi, quelles manières !"

Le porto était apparu et avait été dûment distribué. A ce moment précis, Ferdinand XII donnait un coup péremptoire sur la nappe. Il se leva, un verre à la main.

"Mesdames et messieurs, mes bons amis", dit-il. "J'ai un toast à proposer. Nous boirons, s'il vous plaît, à la santé du *bon roi Edouard* . Que Dieu le bénisse !"

Sur l'initiative extrêmement prompte du chef de la police, la compagnie n'a pas hésité à suivre l'exemple du propriétaire du cirque.

"Le Roi ! Que Dieu le bénisse !"

Cet incident, que le propriétaire du cirque avait investi d'une telle autorité qu'il semblait parfaitement normal, faillit entraîner la perte de Jodey et de son noble ami. Submergés par l'émotion du moment, ils se sont livrés à un petit spectacle à leur tour. Le toast *au bon roi Edouard* ayant été honoré dans la forme, le reste de la compagnie s'assit aussitôt, mais nos deux chasseurs restèrent debout. Remplissant leurs verres, ils se tournèrent vers l'illustre invité et répétèrent la formule solennelle :

"Le Roi. Que Dieu le bénisse !"

"Asseyez-vous, connards", dit le chef de la police d'une voix truculente.

Néanmoins le propriétaire du cirque les salua et leur sourit paternellement.

"Il ne faut pas trop chercher", dit le Vicaire, "mais je trouve que le vieux est un peu sportif."

"Ce n'est pas du tout un mauvais garçon", dit l'honnête George d'un ton expansif. "Pas du tout un mauvais garçon. Pas du tout un mauvais garçon."

Cependant, une crainte subtile régnait dans le cœur d'un homme marié, père de famille et membre du comté, que notre excellent Vicaire n'ait parlé au-delà de ses connaissances. Je prévoyais que l'épreuve du feu allait arriver. Lorsque les dames quittèrent la salle, le désespoir me poussa à faire une allusion pointue à l'Église.

"Peut-être, Vicaire," dis-je plaintivement, "si vous vous joigniez aux dames ? Pas du tout un mauvais garçon, vous savez, pas du tout un mauvais garçon, mais peut-être pas... euh... du tout, vous ne savez pas !"

"Ce n'est pas pire pour ça", a déclaré le curé le plus dur des trois comtés, remplissant son verre avec calme et cordialité. "Si vous pensez que le vieux tampon peut apprécier une histoire, je le dirai à ce vieux de mon oncle Jackson. C'est plutôt une châtaigne ces jours-ci, mais peut-être qu'il ne l'a pas entendu."

L'effort clérical n'était en aucun cas *un vieux jeu* . Et il est juste pour l'Église de mentionner que le style du conteur se compare très favorablement à celui qu'il affectait dans sa vocation. Ferdinand Douzième rit de bon cœur et répondit par quelques chefs-d'œuvre qui firent rougir la honte sur la joue de la modestie. Je crains qu'il n'y ait eu qu'une seule joue où l'emblème en question ait pu trouver refuge, et la vérité m'oblige à affirmer que ce n'était ni celle de l'Église ni celle de la police.

Pendant près d'une heure, la bouteille a circulé et nous avons été royalement divertis. Ferdinand avait eu une expérience de vie riche et variée. Il avait vu et fait beaucoup de choses ; il avait fait et défait l'histoire ; il était du monde, il l'aimait et il le courtisait ; aucune personnalité n'était apparue sur l' échiquier européen au cours du dernier demi-siècle dont il ne pouvait parler en toute connaissance de cause. Si cela lui plaisait, il pourrait ouvrir le rideau et dévoiler le showman qui fait danser les marionnettes dans le théâtre politique.

Il parlait avec un immense enthousiasme ; sa joie de vivre était magnifique et, curieusement, son point de vue n'avait rien de cynique ou d'ignoble. Pendant près d'une heure, il a tenu sous son esclavage le moins sage d'entre nous. Il avait une abondance, un surplus de nature, et il était subtil et jésuitique – faute d'un mot plus heureux – comme il l'était sans aucun doute, il y avait quelque chose d'humain et de grand cœur en lui en tant qu'homme.

Il a donné les grands de la terre, les montrant dans leurs habits alors qu'ils habitaient. Il ne les a faits ni moins ni plus qu'ils étaient. Rien n'était écrit dans la malice, mais ses anecdotes avaient pour la plupart une saveur rabelaisienne qui tenait à une prodigalité de la nature. C'était une force grande et non négligeable qui vidait la coupe de la vie jusqu'aux lies, se faisait claquer les lèvres de bon cœur et exigeait davantage. Sa philosophie semblait être de craindre Dieu mais de ne pas avoir de scrupules à utiliser pleinement tous les dons nobles et infinis de son héritage. Sa règle de conduite, cependant, était de mesurer les hommes non pas par leur force mais par leur faiblesse. "Chaque homme a son angle mort", disait-il *à propos* de Bismarck. "Trouvez-le et il est à vous."

Une heure aussi chargée de sagesse, d'esprit et de révélation historique était une expérience que même un idiot n'était pas susceptible d'oublier. George Catesby et le Vicaire seuls ignoraient l'identité de notre invité et, pour eux, le chat était plus ou moins sorti du sac.

Lorsque nous rejoignîmes les dames, nous constatâmes que des tables de jeu avaient été dressées. Mme Arbuthnot et Coverdale ont engagé Mme Catesby et le roi. Tous ceux qui regardaient la pièce ne pouvaient qu'être amusés par les réflexions caustiques mais pleines de bonne humeur du propriétaire du cirque sur la performance de son partenaire. La Grande Dame supporta cependant tout cela avec une humilité stoïque. À ma grande surprise, elle a interrompu pour un deuxième caoutchouc, et son comportement a clairement fait comprendre à Jodey, qui dédaignait les jeux comme " *britch* " et préférait regarder la *fête royale* , " qu'elle sentait le rat ".

"Je pense que l'émission s'est déjà révélée", a-t-il déclaré à son animateur, "mais de toute façon, ils ont été correctement notés."

Le mystère du « score » était encore trop difficile à comprendre pour mes processus mentaux inadéquats. Mais j'ai compris qu'il y avait un consensus d'opinion parmi les personnes appartenant à une couche intellectuelle plus vive que tel était effectivement le cas.

« On ne lui tirera pas la jambe à moitié, je ne pense pas » — dans l'exubérance de l'heure le jeune homme retombait dans une veine de comédie semi-lyrique de music-hall — « à propos du vieux Johnny de cirque qui buvait une santé à Sa Majesté, j'aurais seulement souhaité que le vieil Alec soit là, c'est tout.

"Une fouisseuse, madame, une fouisseuse", dit le patron du cirque sur un ton de plaisanterie, "quand vous n'avez pas un arbre !"

La Grande Dame accepta le reproche avec une douceur chrétienne.

Ce n'est qu'à minuit minuit que l'invité qui partait fut transporté à toute vitesse dans divers chars ; l'Église dans le même "one-hoss shay" de mémoire inimitable et pieuse. "Tant de merci, Mme Arbuthnot, pour cette soirée vraiment *mémorable* ", a déclaré l'Église avec un signe de quilleur quelque peu anticlérical.

La ploutocratie dans la petite personne de Mme Josiah P. Perkins avait un Daimler de soixante chevaux. Elle a emmené une sœur moins chanceuse en la personne de Miss Laura Glendinning. La Grande Dame et l'excellent George, « d'un bon son vintage mais terne », comme je l'ai entendu le décrire par un ami et voisin , eurent recours à un véhicule de déplacement de douze chevaux seulement, comme convenaient aux représentants de notre pays si pauvre. classe propriétaire foncière.

— *Quel* succès, ma chérie ! » dit la Grande Dame en accordant sa bénédiction d'adieu. "Mais," d'une voix mystérieuse, "j'insisterai *pour* que tout soit éclairci."

CHAPITRE XXVIII

L'ÉCRITURE SUR LE MUR

La matinée qui suivit ces gaîtés tempérées fut froide et lumineuse. Le roi emprunta mon plus beau fusil et, accompagné de son gendre, notre serviteur Andrew, et d'un vieil épagneul des champs qui répondait au nom de Gyp, entreprit de mettre un ou deux lièvres dans le chaume. Mon état physique ne me permettait pas de lever une arme sur mon épaule, mais j'ai jugé sage de faire partie de la fête. Des accidents ont pu se produire, et... mais il est peut-être préférable de ne pas poursuivre cette veine de spéculation.

Le destin est un terme vague qui couvre de décence bien des secrets, et les armes à feu ont souvent été les instruments choisis de ses décrets. Sans doute devenais-je trop imaginatif. Certes, les aventures que j'avais vécues au cours des dernières semaines m'avaient marqué sur les nerfs, mais quand je me rappelais notre veillée, qui était encore si fraîche dans ma pensée qu'elle paraissait étrange et terrible, je ne pouvais envisager la perspective de Ferdinand le Douzième et son dévoué gendre partageant le passe-temps innocent d'un petit tir brutal sans crainte secrète.

Je suis heureux de dire que le déroulement du sport de la matinée n'a donné aucune couleur à cette appréhension. Le roi était un excellent tireur, et même un fusil étrange n'avait que peu d'effet sur ses prouesses. Il a fait preuve à la fois de science et de précision. Mais le voir se tenir côte à côte avec Fitz, chacun avec une arme armée à la main ; les regarder grimper à travers les brèches, franchir les montants et les portes à cinq barreaux, car malgré son âge et son physique, Ferdinand était un homme merveilleusement actif qui tirait une fierté presque enfantine de sa condition physique, c'était sentir que la vie de l'un ou de l'autre était suspendu à un fil.

Cependant, comme je l'ai dit, tout cela était le fruit indigne d'une imagination surmenée. Les chasseurs revinrent déjeuner sains et saufs, avec un modeste sac des oiseaux du ciel et des bêtes des champs.

Dans l'après-midi, à la demande de Mme Arbuthnot, dont la pensée était heureuse, nous sommes tous allés en voiture pour inspecter le château. La famille était censée se trouver en Égypte, et la forteresse ducale est le lieu de spectacle du quartier.

La rumeur sur l'endroit où se trouvait la famille s'est avérée exacte, et une heure profitable a été consacrée à l'étude informelle de la magnificence. Le roi s'intéressait sincèrement à tout ce qu'il voyait. Il a notamment été charmé par la vue depuis la terrasse, calquée sur celle de Versailles, avec un panorama long et étendu de chênes et de hêtres et un troupeau de cerfs au premier plan.

Il a exprimé une vive appréciation de la collection d'œuvres d'art du duc ; pourtant il se permettait de s'étonner qu'un particulier puisse avoir de tels tableaux, de telles tapisseries, de tels meubles, de telles porcelaines, de telles armures , de telles ferronneries, de tels tapis, de tels plafonds peints et Dieu sait quoi encore.

« C'est plutôt bien pour un sujet », dit Ferdinand XII.

"Sa Grâce de Dumbarton, monsieur," dis-je, "possède quatre autres endroits dans ces îles sur une échelle de magnificence similaire; il possède un million et quart d'acres , dont une partie est dans de grands centres industriels, son revenu est un peu plus de 500 000 £ par an, et il a l'habitude, dans ses déclarations publiques, de se décrire comme un membre d'une classe pauvre mais méritante.

Ferdinand Douzième réfléchit un instant avec un sourire amusé mais méfiant.

« S'il vivait en Illyrie, dit-il, je pense que Sa Grâce devrait se contenter de moins, hein, Schalk ?

"Cela ne me surprendrait pas, monsieur", dit le chancelier avec un haussement d'épaules expressif. "J'avoue qu'il ne semble pas économiquement judicieux qu'un État permette à ses citoyens privés d'accumuler de telles quantités de trésors. Quelle que soit la mesure de leur capacité publique, je ne vois pas comment ils peuvent assumer leurs responsabilités."

« Mais si, dis-je, l'État achète sa grâce pour un sou, il est immédiatement dénoncé comme un voleur. La propriété est la chose la plus sacrée que nous connaissions dans ce pays.

« Sa grâce est venue à travers tout cela honnêtement, j'espère ? » dit le roi d'un air amusé.

"Il l'a obtenu sous forme de loi, certainement."

"Ce qu'il n'a pas fait lui-même, j'espère !" dit le roi en riant.

"Non, monsieur ; son grand-père et les mandataires de son grand-père, etc., géraient cette petite affaire. Toute une procédure constitutionnelle, bien sûr."

"J'apprécie cela", dit Ferdinand Douzième avec son sourire subtil. "La Constitution britannique fait depuis longtemps l'envie des nations. Je suppose que notre ami le duc est un homme doté d'un grand esprit civique qui a rendu un service remarquable à l'Empire britannique."

"Au contraire, il préfère l'obscurité agréable du gentleman anglais."

"Ses ancêtres, alors ?"

"Le défunt duc était un imbécile; et je crains que si quelqu'un a pris la peine de rechercher les archives de la famille depuis son arrivée dans ce pays en provenance d'Allemagne vers 1700, il n'y a qu'un seul épisode impliquant un esprit public remarquable enregistré dans ses archives. ".

"Une glorieuse victoire, un Blenheim, un Waterloo, je présume ?" dit Ferdinand XII.

"Non, monsieur ; la paix a aussi ses victoires. Cette famille distinguée a remporté la course hippique du Derby à deux reprises."

"Un peuple merveilleux, Schalk !" dit le roi en riant.

Son Altesse Royale frappa impulsivement dans ses mains devant Mme Arbuthnot.

"Voilà, Irène, qu'est-ce que j'ai dit !" s'exclama-t-elle. — Perrault ! — partout où vous allez dans cette petite île, vous trouvez Perrault. Mon père a maintenant trouvé Perrault. Même Schalk l'a trouvé.

"Sonia chérie, tu es trop drôle !" » dit Mme Arbuthnot, « avec un air plaintif et enfantin de condescendance tacite.

Le Roi informa l'intendant de Sa Grâce, un gentilhomme chauve et d'aspect très conventionnel, qui nous attendait dans le hall d'entrée pour nous accompagner en toute sécurité hors des lieux, qu'il souhaitait inscrire son nom dans le livre d'or. Ignorant l'identité de Ferdinand XII et n'approuvant nullement le cours général de notre conversation, l'intendant dit avec une froide politesse qu'il craignait que le livre d'or ne soit utilisé que par les invités de Sa Grâce.

Le roi prit un morceau de crayon rouge qui se trouvait sur un bureau.

"Nous écrirons sur le mur", dit-il doucement.

Le steward a été choqué et scandalisé , mais ses protestations n'ont pas été prises en compte. Le roi a écrit son nom sur le mur en caractères anglais audacieux et fermes, juste sous le portrait du fondateur de la famille dessiné par Lely.

Ceci accompli, le roi donna le crayon à sa fille, qui y inscrivit également son nom. Elle le confia à son tour au Chancelier, qui suivit son exemple. Il a ensuite donné le crayon à Mme Arbuthnot.

Cette dame rougit d'embarras, mais sur la volonté expresse du roi elle écrivit aussi son nom ; et quand vint le tour du député conservateur de cette partie du comté, il n'eut d'autre choix que d'obéir à l'ordre royal.

Nos noms sont dûment apparus sur le mur dans l'ordre suivant :

Ferdinand Rex
SoniaVon SchalkIrene Arbuthnot
Nevil Fitzwaren
Odo Arbuthnot, député

- 205 -

Après avoir accompli cet acte de vandalisme, le vainqueur de Rodova se tourna vers l'intendant.

« J'ai la bonté d'informer Sa Grâce, dit-il, que le roi d'Illyrie assume l'entière responsabilité de ce qui est écrit sur le mur. C'est ce qui est écrit sur le mur pour lui et pour son pays.

Tandis que nous nous dirigions vers les automobiles qui nous attendaient à une entrée latérale, nous dûmes descendre un escalier de pierre. Dans la descente, le roi fut pris d'un évanouissement soudain et momentané. Il chancela, et sans la promptitude du chancelier toujours vigilant, il aurait dû tomber.

"C'est ce qui est écrit sur le mur pour le peuple d'Illyrie", a déclaré le Victor de Rodova avec un stoïcisme humoristique alors qu'il se remettait.

CHAPITRE XXIX

LE MORT DU DÉ

Au retour à Dympsfield House, trois télégrammes chiffrés attendaient le roi. Deux secrétaires, qui, avec divers autres membres officieux de sa suite, logeaient au Carrosse et aux Chevaux, étaient en possession de la bibliothèque mise à la disposition royale. Ce soir-là, au dîner, nous apprîmes que la démonstration de feu rouge des Teutons avait provoqué une grave crise interne en Illyrie. La Banque nationale était sur le point de suspendre les paiements ; Le stock consolidé était à cinquante-neuf ; et Sa Majesté doit quitter ces rivages dans le courant de samedi.

Je ne pus réprimer un soupir de soulagement, même si, bien sûr, ce n'était que mercredi soir.

" Le vieux Vésuve recommence à gronder, " dit le roi avec un rire un peu sinistre, " mais il ne peut pas nous faire croire en lui. Que dites-vous, mon enfant ? "

Il regarda de l'autre côté de la table la princesse, qui était pâle comme la mort.

C'était là l'indication de la crise finale et suprême pour elle et pour son mari, et le cœur de ceux pour qui elle comptait beaucoup était déchiré de pitié. Des forces élémentaires et incontrôlables la tenaient aux prises.

Fitz aussi eut toute notre pitié. La tension de la vraie grandeur au cœur de l'homme, que tout ce qui était superficiel ne pouvait effacer, s'était affirmée dans cette période d'angoisse. Une nature inférieure aurait pu prendre des mesures pour soulager sa femme du tourment de sa présence. Mais pendant les veilles de la nuit, il avait posé la question, et maintenant, quoi qu'il en soit, il allait affronter son sort.

Il y avait des raisons de croire qu'il avait déjà mis tout son poids dans la balance du côté de Ferdinand. Il était vrai qu'il n'était pas allé jusqu'à l'immolation ; il avait donné une autre interprétation à la Voix ; mais il me semblait, à son ami, que toute sa démarche était un acte d'héroïsme altruiste qui aurait pu avoir peu d'équivalents.

"Ferdinand a raison", dit-il pendant que nous veillions dans mes quartiers. " Les intérêts d'un grand peuple comptent plus que ceux d'un type comme moi. Je le sais, et Sonia le sait aussi. "

Les mots lui ont été arrachés. Il était curieux de voir à quel point cet esprit contenu et indépendant aspirait à la sanction qu'une entente sympathique avait le pouvoir d'accorder. S'il s'inflige une blessure mortelle , il doit avoir un ami à ses côtés. S'il avait une force surhumaine, il avait au moins une faiblesse humaine. Les hommes vaillants sont généralement fiers. Fitz, au moment de sa passion, avait une humilité, un désir ardent pour le visage de ses semblables que je ne pouvais que faire de mon mieux pour rendre humblement. La voie de la médiocrité nous sauve de beaucoup de choses, mais je suppose qu'il y a des saisons dans la vie de ceux qui portent son insigne où nous renoncerions volontiers à sa confortable conscience d'immunité pour un don plus divin.

C'était comme si mon malheureux ami saignait, peut-être à mort, et que je ne savais pas comment panser sa blessure.

Aucun de nous n'a cherché son lit cette nuit-là, mais nous sommes restés assis et avons fumé des heures après des heures, en silence pour la plupart, à côté d'un feu éteint. Il souhaitait que je sois près de lui, presque comme un animal muet aspire à ceux qui font preuve de sympathie pour sa douleur, même s'ils sont impuissants à l'atténuer.

Pendant que nous étions ainsi assis ensemble, mon esprit envisageait la carrière mouvementée de mon compagnon dans toutes ses phases. Je l'ai rappelé dans son premier pantalon dans son école privée ; Je me souvenais de lui comme de mon pédé dans cette cosmogonie plus vaste dans laquelle nous vivions ensuite ensemble. En tant qu'aîné, à cette époque, je le considérais inconsciemment comme inférieur à moi-même. Mais cette nuit-là, alors que j'étais assis avec lui, rongé par la pitié pour le naufrage tragique de sa fortune, j'ai réalisé qu'il était quelqu'un dont la vie se déroulait sur un plan plus élevé et plus significatif que la mienne ne pourrait jamais occuper.

C'était bon de sentir que je n'avais rien à me reprocher quant à mon attitude à son égard dans ces jours lointains. Ses accès de dépression, ses accès de diablerie, son aversion pour les jeux, le côté fatalisme qui était en lui, son impatience envers toute autorité, l'avaient exposé à bien des épreuves. Mais j'étais heureux de penser que je n'avais pas besoin de m'accuser d'une sympathie imparfaite envers cet esprit fantastiquement étrange, mais élevé et durable.

Jeudi arriva et se passa dans la tristesse. Même Ferdinand, ce cœur d'acier, ressentait le caractère poignant de la crise. De toute la journée, Sonia ne s'est pas présentée. Mais le soir, Irène s'asseyait avec elle dans sa chambre.

"Si j'étais elle", me déclara-t-elle plus tard, avec un défi en larmes, "je n'y retournerais pas, à moins qu'ils n'acceptent mon mari comme leur futur roi."

"Ils ne peuvent pas faire ça."

"Je pense que le roi lui-même a tellement tort. Il déteste Nevil, et il n'a pas la moindre affection pour la pauvre petite Marie, sa petite-fille. C'est un état de choses épouvantable."

J'étais lamentablement d'accord. Pourtant, c'était un état de choses découlant si naturellement, si inévitablement des circonstances particulières de l'affaire, qu'il semblait presque perdre un peu de sa signification tragique.

"Si seulement elle était assez forte pour tenir jusqu'à samedi !" dit ma conseillère féminine. "Mais j'ai plutôt peur. Elle est assez faible à certains égards."

"Il y a une faiblesse, n'est-ce pas, qui est une forme de force supérieure ?"

« Pouvez-vous dire qu'elle ne sera pas faible si elle consent à retourner en Illyrie pour épouser l'archiduc Joseph ?

"Elle a un devoir envers son peuple."

"Elle a un devoir envers son mari et son enfant."

La journée de jeudi s'est terminée comme elle avait commencé et vendredi n'a apporté aucun réconfort. La princesse réapparut parmi nous dans l'après-midi. Elle était pâle et calme, et alors que le crépuscule de l'après-midi de janvier s'approchait, elle et Fitz partirent ensemble. Le roi, à la même heure, se promenait dans les ruelles boueuses avec von Schalk.

"Ils nous quittent demain matin à onze heures", m'a informé Mme Arbuthnot, "et Sonia n'a pas fait emballer ses affaires. Je crois que le pire est passé. Elle me l'aurait dit si elle avait décidé de partir."

Je n'ai pas pu partager son optimisme. Dès le début, j'avais senti que les étoiles dans leurs cours seraient trop pour la malheureuse dame. Et rien n'était venu pour dissiper cette peur.

Le roi revint de sa promenade, et d'un visage suave et subtil, il lui plaisait de jouer avec une tasse de thé de Mme Arbuthnot, pendant qu'il faisait griller ses guêtres boueuses au feu.

"Ma fille n'est pas revenue de sa balade ?"

"Non, monsieur," lui répondis-je.

"La dernière promenade ensemble", dit doucement le roi. "Un de vos excellents poètes anglais a un poème à ce sujet, n'est-ce pas ?"

Un frisson me traversa les nerfs devant la franchise presque cruelle du discours du roi. J'ai vu qu'au même instant les yeux de Mme Arbuthnot s'étaient remplis de larmes.

« Vous avez de grands poètes en Angleterre », dit doucement le roi. "Ce sont les principales gloires d'une nation, et votre pays en est riche. Nous avons aussi de grands poètes en Illyrie. Il y a Bolder. Nous sommes tous fiers d'être les compatriotes de Bolder. Quand vous venez nous voir à Blaenau , je je pense que vous aimerez le rencontrer.

Tandis que le roi parlait de sa voix paternelle, je sentis sa main sur la poitrine de mon habit. Il y avait épinglé un morceau de ruban noir auquel était attachée une étoile d'argent.

"Je crains, monsieur", dis-je, quelque peu embarrassé, "qu'aucun homme n'ait jamais fait moins pour mériter l'Ordre de l'Étoile d'Argent d'Illyrie."

Le roi me prit la main dans la sienne avec cette merveilleuse simplicité cordiale à laquelle il était si difficile de résister.

"Un ami dans le besoin est vraiment un ami, M. Arbuthnot, comme le dit votre proverbe anglais. Et, madame, lorsque nous dirigerons ensemble le cotillon à Blaenau, j'espère que vous nous honorerez en portant ceci."

Le roi déposa sur la table à thé un joyau d'une grande beauté.

"Oh, monsieur", dit Mme Arbuthnot, souriant légèrement à travers ses cils mouillés.

Debout devant le feu, une tasse de thé à la main, le roi nous parlait d'une manière simple, agréable et sincère. C'était un homme doté d'une grande puissance d'esprit et sa vision de la vie était large et directe.

"Il existe de nombreuses façons dans ce pays que j'aimerais voir dans le nôtre", a-t-il déclaré. "Mais nous, en Illyrie, nous nous hâtons lentement. Le climat n'est pas si vivifiant. Je crains que nous ne réfléchissions pas avec autant de force. Et il y a un fossé plus grand entre les riches et les pauvres."

Il y avait une note de regret dans le ton du roi. Il semblait tourner ses yeux vers l'avenir, et ce faisant, son visage devenait fatigué et mélancolique. C'est alors que j'ai réalisé que cet homme d' une vigueur et d'une puissance infinies était censé être proche de la fin de son parcours.

Au dîner, nous fûmes égayés par sa gaieté. Il était difficile de résister à son charme, tant il était riche et plein et si spontané. Mais mes pensées s'éloignaient toujours du roi, de sa sagesse et de son persiflage, vers ceux qui étaient une seule chair aux yeux de Dieu, qui dînaient ensemble pour la dernière fois.

Leur courage était une chose noble, voire étonnante. Le stoïcisme avec lequel ils mangeaient, buvaient et prenaient part à la conversation alors qu'un gouffre s'était ouvert sous leurs pieds était presque incroyable. Tout au long de l'oscillation perpétuelle de leur vie commune de comédie en tragédie, de tragédie en comédie, de comédie en tragédie encore, ils avaient assumé leur rôle avec une constance héroïque, et même dans cette phase sombre, ils étaient à la hauteur de leur tâche.

Les dés étaient jetés. Le lendemain, la princesse retournerait auprès de son peuple, épouserait l'archiduc et, le moment venu, accepterait le trône. Cela faisait partie de la terrible alliance que le roi avait exigée selon laquelle elle ne reverrait plus jamais Fitz et leur enfant.

J'ai passé une nuit de lassitude et de misère. Faisant ce que je voulais, je ne pouvais pas garder Fitz hors de mes pensées. Vers trois heures, je me levai, m'habillai, enfilai mon pardessus et sortis dans le jardin. D'une manière ou d'une autre, je m'attendais à le trouver là-bas. Mais il n'y avait aucune trace de lui et toutes les fenêtres de la maison étaient sombres. Un esprit de désolation semblait envahir tout – tant la nuit était sombre et froide. Il n'y avait pas une étoile en vue.

Je suis retourné dans ma chambre, j'ai attisé le feu, je me suis assis à côté et j'ai allumé une pipe. Bientôt, j'entendis un bruit de pas dans les escaliers. C'était Irène, pâle et lasse et qui pleurait beaucoup. Daylight l'a trouvée endormie dans mes bras, la tête sur mon épaule.

Le jour du départ du roi était enfin arrivé. Il y eut une hâte générale de préparation, mais à onze heures précises, un cortège de six automobiles partit de notre porte en direction de la gare de Middleham, d'où un train spécial devait se diriger vers Southampton. Sonia souhaitait qu'Irène et moi l'accompagnions au train ; et le pauvre Fitz, à moitié abasourdi comme il l'était, déterminé à jouer le jeu jusqu'au bout, et avec un de ses étranges accès de cynisme, affirma son intention sportive d'« être impliqué dans la mort ».

Le roi, sa fille, le chancelier et Mme Arbuthnot se trouvaient dans la deuxième voiture, précédés d'une escorte spéciale de Scotland Yard. Fitz et moi avions le troisième pour nous seuls ; les secrétaires étaient dans la quatrième ; les cinquième et sixième transportaient les valets, la femme de chambre de Son Altesse Royale et une quantité considérable de bagages.

Alors que la procession, au rythme modeste de douze milles à l'heure, entrait dans l'agréable village de Lymeswold , où notre vénéré Vicaire fait sa guérison d'âmes, il y avait une quantité considérable de banderoles déployées à proximité du carrosse et des chevaux. Et des fenêtres du presbytère lui-même pendaient l'Union Jack côte à côte avec l'étoile d'argent d'Illyrie sur un fond vert. Mme Vicaire agitait un mouchoir de poche blanc depuis la porte du manoir, mais le Vicaire jouait un rôle principal dans un tableau plus dramatique qui avait été disposé sur la place du village. Ici, l'école du village était dressée, les filles vêtues de jolis tabliers blancs et les garçons paraissant presque douloureusement bien lavés. Chacun avait un petit drapeau qu'on agitait frénétiquement, et le Vicaire debout à leur tête prodiguait des acclamations prodigieuses, tandis que Ferdinand XII ôtait son chapeau et s'inclinait.

Mais tout cela n'était qu'un prélude au spectacle historique auquel nous assistions tout à l'heure. Au sommet de la colline escarpée menant aux Marl Pits, ce repaire préféré du « puant » Middleshire phocks , " et voilà ! tous les chevaux de Crackanthorpe , tous les hommes de Crackanthorpe , sans parler de leurs dames, de leurs chiens et de tout l'établissement de chasse, jusqu'à Peter le terrier, étaient rassemblés en pleine bataille, comme c'était l'heure de Onze heures du matin, par un rare jour parfumé de la mi-janvier, la cavalcade bordait chaque côté de la route, et nos automobiles la traversaient à leur vitesse la plus basse, au milieu d'un accompagnement continu d'acclamations, de bruits de chasse et d'un bruit de chasse. agitant des chapeaux et des mouchoirs.

De toute évidence, la scène avait été soigneusement mise en scène et formait une *amende belle et appropriée* . Il n'a pas manqué de séduire le cavalier de cirque viennois au cœur brisé. Elle répondit en lui baisant la main à plusieurs reprises, et son père souleva son chapeau et s'inclina continuellement comme s'il s'agissait d'une procession nationale.

Le cœur de Mme Arbuthnot était en morceaux, mais ce fut un grand moment dans l'histoire du clan. Les yeux bleu porcelaine débordaient de larmes, mais ils étaient toujours capables de rayonner une subtile lumière féminine de triomphe. Le noble Maître sonna du cor et son aide de camp, Joseph Jocelyn De Vere Vane-Anstruther, marqua la progression royale en hissant son chapeau sur son fouet. Alors que nous passions devant Mme Catesby, qui paraissait très rouge, dont les bords du chapeau paraissaient plus larges et dont l'apparence générale se rapprochait plus que jamais de celle de M. Weller l'Ancien, je lui ai adressé un salut spécial, de, je le crains, dimensions quelque peu ironiques. La Grande Dame a répondu en me brandissant son fouet d'une manière résolument truculente.

Notre cortège s'est dirigé vers la gare de Middleham, où nous sommes arrivés vers midi moins le quart. Une foule considérable s'était rassemblée autour de son enceinte. La chaussée et l'entrée de la gare étaient gardées par un corps de police à cheval et par un petit détachement du Middleshire Yeomanry, dirigé par non moins une personne que le major George Catesby, qui nous salua de son épée.

Sur la plate-forme, nous avons été reçus par un certain nombre de dignitaires locaux, au premier rang desquels, grand et austère, mais avec une légère lueur d' humour sur le visage, se trouvait le lieutenant-colonel John Chalmers Coverdale, CMG, ancien des carabiniers de Sa Majesté.

Le roi et son chancelier prirent un bref mais cordial congé de nous et entrèrent d'un pas vif dans le salon royal ; puis j'ai senti la pression d'une main de femme, et j'ai entendu un murmure bas et brisé : « Soyez bon pour moi envers Nevil et la petite Marie. La princesse prit alors les mains de Mme

Arbuthnot dans chacune des siennes, embrassa ses joues mouillées et fut
conduite dans le train par le mari qu'elle avait promis de ne plus jamais revoir
de cette vie.

CHAPITRE XXX

RÉACTION

La semaine qui suivit le départ royal fut une saison de réaction à Dympsfield House. La tension de notre vie récente avait été presque insupportable. Mais maintenant les dés étaient jetés, le problème résolu ; nous pourrions vivre, bouger et profiter de notre être selon nos habitudes.

Certes, le malheureux Fitz était toujours notre inquiétude. Lui et sa petite fille étaient toujours sous notre toit et le resteraient jusqu'à ce que la maison de son père soit reconstruite ou jusqu'à ce qu'il choisisse un autre asile pour sa vie brisée.

Il n'est pas exagéré de dire que Fitz, avec toute sa gentillesse, nous était devenu cher. Le naufrage tragique de sa vie avait réveillé toute cette noblesse latente dont moi, en tout cas, en tant que plus vieil ami, j'avais toujours su qu'elle était là. Sa soumission au sort qu'il avait lui-même invoqué avait semblé adoucir les éléments les plus grossiers qui étaient dans sa glaise. Il n'avait désormais plus qu'à vivre pour son petit elfe de quatre enfants. Dans cet atome vivant de mortalité étaient reproduits de nombreuses caractéristiques du malheureux « cavalier de cirque de Vienne ».

Pendant les premiers jours, une sorte de stupeur s'empara de Fitz. Il semblait à peine capable de réaliser ce qui s'était passé. Il partit à la chasse et supervisa activement la reconstruction de la Grange, presque comme si de rien n'était. Mais, trop tôt, ce voile miséricordieux fut retiré de son esprit. Il fut consumé par l'agitation. Il ne pouvait ni dormir ni manger sa nourriture ; il ne pouvait se contenter d'aucune sorte d'occupation ; rien ne semblait pouvoir engager son intérêt ; son esprit perdit sa stabilité et, lentement mais sûrement, sa volonté commença à perdre cette puissance réveillée que son mariage semblait avoir pour fonction particulière de maintenir et de promouvoir.

Au terme de la première semaine, nous avons commencé à avoir des pressentiments. Déjà les signes ne manquaient pas que les démons d'un sinistre héritage se rassemblaient silencieusement pour fondre sur lui. Un après-midi, je l'ai trouvé endormi sur un canapé, ivre.

Comme Coverdale connaissait bien son tempérament et tous les faits les plus marquants de son histoire, et comme, de plus, c'était un homme pour lequel j'avais le plus grand respect pour la justesse naturelle de son jugement, j'ai été poussé à le prendre dans ma confiance.

"Il doit s'éloigner d'Angleterre", a déclaré Coverdale, "pour un certain temps en tout cas. Et il doit partir bientôt."

C'était une opinion avec laquelle j'étais d'accord. Il se trouve que Coverdale connaissait un homme qui s'apprêtait à entreprendre un voyage à travers l'Afrique équatoriale et qui se proposait de former un camp de chasse et de s'adonner au passage à une partie de chasse au gros gibier. Un tel projet paraissait si parfaitement adapté aux besoins immédiats de Fitz que je l'accueillis avec plaisir.

Hélas! lorsque j'ai discuté de ce projet avec lui, il a totalement refusé de l'envisager ; il déclina d'ailleurs avec cette étrange décision qui était l'une de ses principales caractéristiques.

"Non," dit-il. "Je dois rester ici et veiller à la construction de la maison, et je dois veiller sur Marie."

C'est en vain que j'ai lancé mes arguments. Le projet ne lui plaisait pas et là, pour lui, l'affaire était réglée.

"Je dois m'occuper de Marie", dit-il. "Nous lui demandons de faire des calculs. Sa mère ne pourra jamais faire un calcul pour lui sauver la vie."

La dispute était vaine. Une telle nature était incapable d'accepter une suggestion venant d'une source extérieure ; le ressort de toutes ses actions résidait à l'intérieur.

L'échec total de la tentative visant à l'amener à répondre à une alternative aussi pleine d'espoir m'a profondément contrarié. Il semblait alors promettre le seul moyen de le sauver du danger qui le tenait déjà dans ses embûches. Il devenait de plus en plus agité ; son dégoût pour la nourriture s'accentua et, en un laps de temps effroyablement court, il nous apparut clairement que tout ce qui restait à faire pour lui devait être fait immédiatement.

Nous étions néanmoins impuissants. Il restait insensible à tout ce qui touchait à la persuasion. Il ne pouvait pas être amené à voir la proximité du danger. C'était comme s'il ne se souciait jamais de la question du coût. Il n'aurait jamais pu ordonner sa vie comme il l'avait fait, s'il n'avait pas eu la qualité de se projeter tout entier dans l'heure actuelle.

Ceux qui avaient son bien-être à cœur se consultaient encore sur ce qui pouvait être fait pour l'aider à traverser cette nouvelle crise, lorsqu'un mandat fut reçu de Mme Catesby pour dîner à l'Ermitage. Fitz y était inclus, mais nous ne sommes pas surpris qu'il ait décliné une invitation que les personnes moins intransigeantes étaient enclines à considérer comme un ordre.

Ce n'était pas qu'il était méchant. Il était tout à fait au-delà de la mesquinerie des émotions mineures ; c'était comme si tout son être, pour le bien ou pour le mal, avait été élevé vers une autre dimension ou une puissance supérieure. Mais comme il le disait avec son visage hagard, "je ne me sens pas à la hauteur".

Les mortels les plus modestes, plus particulièrement Mme Arbuthnot et moi-même, avons accepté humblement et contrit. Nous sentions qu'un certain piquant investirait l'assemblée. Non que nous sachions exactement qui avait été convié à y assister, mais l'instinct féminin de Mme Arbuthnot - et qu'y a-t-il de si impeccable dans des affaires pareilles ? - proclamait que ce dîner n'était ni plus ni moins que la signature publique des articles de paix.

Nous partîmes donc pour l'Ermitage, non sans un certain travail d'esprit, car le pauvre Fitz se retrouverait livré à une côtelette solitaire qu'il ne mangerait pas. En fait, lorsque nous partîmes, il n'était pas revenu de Londres, où il avait passé la majeure partie de la journée en consultation avec ses notaires.

Là se rassemblèrent à l'Ermitage, où nous arrivâmes à temps, presque tous les membres identiques de la compagnie que nous comptions rencontrer. Coverdale, Brasset, Jodey, qui bénéficiaient encore de l'hospitalité de notre voisin , le Vicaire et de sa Lavinia, Laura Glendinning, Mme Josiah P. Perkins. De plus, comme il convenait à quelqu'un dont la maison fournissait une sorte de *via média* à ce monde plus vaste dont le château était l'incarnation, la table du dîner de Mme Catesby était ornée d'un fils cadet et d'une belle-fille de la maison ducale.

La bonne humeur régnait. On pourrait même dire que cela équivaut au cours de l'agréable processus de déglutition à une sorte de *badinage amical* . Une atmosphère de tolérance imprégnait tout. Si le passé n'était pas réellement révolu, il était en quelque sorte devenu ainsi. Au moins cette section particulière de la Chasse à Crackanthorpe était sur la bonne voie pour redevenir une famille heureuse et unie.

La révélation de l'identité du « Stormy Petrel » avait eu une influence magique sur un immense ensemble de sentiments blessés. Il était désormais généralement admis que tout pouvait être pardonné sans que la dignité personnelle soit gravement sacrifiée. Il fut admis qu'un grand esprit avait été manifesté des deux côtés, mais dans les circonstances particulières et particulières, une démonstration de magnanimité chrétienne était nécessaire.

Irène avait eu tort moralement et méchamment – l'expression est propre à Mme Catesby – de garder si bien le secret. Bien entendu, « le propriétaire du cirque » n'avait trompé personne : il était tout simplement puéril de la part d'Irène de supposer un seul instant qu'il le ferait ; et pour elle, tenter « une partition » de ce caractère puéril était positivement infantile. Mais de l'avis du jury composé de matrones, auquel s'ajoutait Miss Laura Glendinning spécialement cooptée, il était très fortement ressenti qu'Irène n'avait pas tout à fait joué le jeu.

"Enfant," dit la Grande Dame parlant *ex cathedra* , un morceau de pain dans une main et un morceau de turbot sur une fourchette dans l'autre, "quand je considère que j'ai choisi la première gouvernante de votre mari, une personne assez raffinée, de la solide école évangélique plutôt démodée, je pense que vous aviez moralement et méchamment tort de me cacher, à moi et à *tout* le monde, l'identité de la chère princesse.

"Mais Mary", dit la lumière de mon existence, jouant modestement avec son sherry, "je n'ai moi-même su qui elle était que près d'une semaine après l'incendie."

La Grande Dame saisit son pain et posa sa fourchette avec une approximation de ce que l'on ne peut décrire que comme majesté.

"Voudriez-vous me faire croire," demanda-t-elle, "que lorsque vous l'avez emmenée chez vous la nuit de l'incendie, vous croyiez réellement et sincèrement qu'elle n'était que l'épouse de Nevil ?"

"Oui, Mary", disait la joie de mes jours, "je croyais vraiment et sincèrement qu'elle était le cirque - je veux dire, c'est-à-dire qu'elle n'était que Mme Fitz."

Incrédulité générale, au cours de laquelle George Catesby demanda très poliment au fils cadet s'il avait apprécié sa journée.

"Je n'ai jamais autant apprécié une journée", a déclaré le fils cadet avec une immense conviction, "depuis que nous avons retrouvé ce vieux client sans brosse à Dipwell Gorse, il y a cinq ans, demain à onze heures quinze ."

"Onze heures vingt, mon garçon", gazouilla le noble Maître. "Votre mémoire fait défaut ."

"Irène", dit la voix intransigeante du bout de la table, "je ne peux pas et ne me permettrai pas de croire que vous n'étiez pas dans le secret avant l'incendie."

"Dites-le aux Marines, Irene", a déclaré Mme Josiah P. Perkins.

"Je me demande ce qu'elle va nous demander de croire ensuite", a déclaré Miss Laura Glendinning.

"Quoi en effet !" dit la femme du Vicaire.

"Ce n'est pas la nature humaine", affirma Lady Frederick.

"Très bien, alors," dit l'étoile de mon destin, avec un éclat menaçant d'un œil bleu porcelaine , "tu peux demander à Odo."

"Oh!" Je renonce à reproduire le cataclysme de mépris qui a submergé la table. " Odo est aussi mauvais que vous, sinon pire. Il le savait dès le début. Il savait quand l' ambassadeur d'Ilryian était venu en personne au Coach and Horses et l'avait récupérée dans sa voiture ; il savait quand elle avait plaisanté si délicieusement la chère Evelyn. cette nuit-là au Savoy.

"Et s'il le faisait?" dit Mme Arbuthnot, invaincue. « Il ne me l'a pas dit. Et maintenant, Odo ?

Avec une attitude d'homme d'État, j'ai assuré à la société que l'identité de Mme Fitz n'avait été révélée à notre despote domestique que quelques jours après son arrivée à Dympsfield House.

"Je suis obligée de vous croire, Odo", dit Mme Catesby. "Mais attention, je ne le fais que par principe."

D'une manière ou d'une autre, cette déclaration énigmatique semblait contribuer à la gaieté de la table. Elle s'accrut lorsque le fils cadet, qui de toute évidence attendait son opportunité, entra dans la conversation.

"Odo Arbuthnot, député", dit-il, "je pense que lorsque Dick verra ce que vous avez fait à son mur , il vous poursuivra en justice. De toute façon, je devrais le faire."

L'approbation qui accueillit cette sortie montra clairement que l'incident était devenu historique.

« Par ordre royal », dis-je ; "Et quelle chance pensez-vous qu'un simple député ait contre la volonté despotique du père de son peuple ?"

"Un scandale flagrant. Un acte de vandalisme. Postlewaite dit——"

"Postlewaite est un connard."

"Quel que soit Postlewaite, cela ne vous excuse pas. Il dit que vous parliez tous du socialisme le plus grossier, et il avait tout à fait le droit de ne pas vous donner le livre."

"Je répète, Frederick, que Postlewaite est un âne. Si les Postlewaites de la terre pensent un instant que les vainqueurs de Rodova tendront l'autre joue à la réplique discourtoise, plus tôt ils apprendront le contraire, mieux ce sera pour eux et ceux qu'ils servent.

"Écoutez, écoutez et bravo", a déclaré ma vaillante petite amie, Mme Josiah P. Perkins, malgré le fait que la Grande Dame l'avait fixée avec son invincible œil du nord.

" Ferdinand Rex , cela ne vous dérange pas tellement," poursuivit Frederick, "et la princesse va bien, bien sûr, et von Schalk est un peu Bismarck, dit-on; mais quand vous en venez à payer la note avec Odo Arbuthnot, MP – eh bien, comme le dit Postlewaite, ce n'est rien de moins qu'un acte de vandalisme, je dois dire que le MP a bien cuisiné mon oie.

La députée était très mal en point, tout le monde en était d'accord, à l' exception honorable et vaillante de *la belle Américaine* .

"Peut-être un syndicaliste ! Je ne sais pas ce que Dick dira quand il verra ça."

« Deux alternatives se présentent à mon esprit », dis-je avec impénitence. "Postlewaite peut soit tout effacer avant son retour, soit ajouter un 'C' magique entre parenthèses après les symboles incriminés."

"Vous n'avez pas droit à un 'C' entre parenthèses. Vous devenez un radical pire chaque jour de votre vie et tout le monde est d'accord sur le fait qu'il est temps que vous sortiez sous vos vraies couleurs ."

"Écoutez, écoutez", depuis la table.

"J'ai envie de m'opposer moi-même à vous lors des prochaines élections en tant que réformateur convaincu des tarifs douaniers, antisocialiste, fair-play pour tous et représentant officiel d'une classe pauvre mais méritante."

"Nous serons tous heureux de signer votre déclaration de candidature", a affirmé George Catesby.

"Eh bien, Lord Frederick", a déclaré mon intrépide Mme Josiah, "de toute façon, je vous parie une boîte de gants que vous n'y entrerez pas."

"Et je vous en parie un autre", a déclaré Mme Arbuthnot.

"Il n'est pas assez stupide pour essayer", dit le noble Maître.

"Frederick", dit la Grande Dame, "tenez-vous-en à vos moutons. Vous avez beaucoup à faire pour élever la race et la qualité. Pourquoi ne pas essayer un croisement entre le Welsh et le Southdown ? Au moins, je suis convaincue qu'à l'heure actuelle, la Maison des Commons n'offre aucune carrière à un gentleman. »

"J'ai vraiment envie d'intervenir et de tenter ma chance de toute façon", a déclaré le descendant de la maison ducale, avec une légère confusion de métaphore. "Je ne vois pas pourquoi ces types radicaux———"

Quel que soit le discours dans son intégrité, il était destiné à ne jamais être achevé. Car à ce moment précis, la porte s'ouvrit d'une manière dramatique et un homme hagard, vêtu d'un pardessus et portant son chapeau à la main, entra par effraction dans le dîner de Mme Catesby.

CHAPITRE XXXI

NOUVELLES D'ILLYRIE

Cet homme s'appelait Fitz.

"Mille excuses", dit-il. "Je suis vraiment désolé de vous déranger. Mais il y a des nouvelles d'Illyria."

Une intrusion aussi remarquable a retenu l'attention de nous tous. Et cela n'était pas rendu moindre par la maîtrise de soi de l'orateur.

"Ferdinand a été assassiné." Le ton de Fitz était lent et contenu. "La monarchie a été renversée ; Sonia est une proche prisonnière du château de Blaenau, et son sort est en jeu."

"Quelle est votre autorité ?" dit Coverdale.

"Reuter", a déclaré Fitz. "Un télégramme est imprimé dans les journaux du soir. Il m'est arrivé d'en acheter un au librairie en quittant la ville."

Il sortit la *Westminster Gazette* de la poche de son pardessus et la tendit au chef de la police.

"Vous ne pensez pas", dit Coverdale en fronçant lourdement les sourcils, "qu'ils soient capables de violence personnelle envers la princesse ?"

"Au fond, ils ne sont qu'à moitié civilisés ", a déclaré Fitz, "et quand leurs passions sont excitées, ils sont capables de tout. Vous verrez le télégramme dit que le gouvernement est entre les mains d'un comité du peuple. Et aucun homme sage n'est jamais fait confiance aux gens et ne le fera jamais. »

Ce sentiment féodal était exprimé sur le ton de la plus étrange conviction.

"Par jupiter!" dit le descendant de la maison ducale. "Voici le type que nous recherchons."

Mais l'intrusion de Fitz était trop grave pour qu'une quelconque question secondaire puisse détourner notre attention.

"Je vous présente mes excuses , Mme Catesby, d'avoir gâché ainsi votre dîner", a-t-il déclaré, "mais j'ai la ferme conviction que si la princesse doit être sauvée, il n'y a pas un instant à perdre."

"On est enclin à être d'accord avec vous", dit Coverdale lentement et pensivement. « Vous est-il venu à l'esprit que tout pouvait être fait ?

La réponse de Fitz, donnée assez doucement, était caractéristique de l'homme.

"Aujourd'hui, c'est lundi", dit-il. "Jeudi, à minuit, nous la ferons sortir de Blaenau."

"Impossible, mon cher, impossible", dit le chef de la police, "si ce récit est exact."

"Rien n'est impossible", dit l'Homme du Destin. « Il est juste temps maintenant de prendre le train de Middleham à dix heures ce soir. Demain matin, à la première heure, nous récupérerons nos papiers si nous le pouvons, et si nous ne pouvons pas, nous partirons sans eux. à Paris dans l'après - midi, et si tout va bien mercredi soir, nous serons à Vienne jeudi à cinq heures, nous devrions être à Orgov, sur la frontière milésienne, et faire six heures de route tranquille à travers les montagnes. quelques appâts nous amèneront à Blaenau.

Nous qui connaissions Fitz et l'avions suivi dans les hautes affaires, savions qu'il valait mieux ne pas se risquer à critiquer ce projet chauve et peu convaincant. Ceux qui ne le connaissaient pas ne pouvaient que sourire, incrédules.

" Cela semble facile ", dit Lord Frederick, " mais en supposant, Fitzwaren , que vous arriviez à Blaenau comme ça, qu'est-ce que cela peut vous apporter si la princesse est dans le château sous clé ? "

"Les murs de pierre ne font pas une prison, ni les barreaux de fer une cage", a déclaré l'Homme du Destin. "Une fois arrivés à Blaenau, nous la ferons sortir du château, n'ayez crainte à ce sujet. Mais nous n'avons pas le temps d'en discuter maintenant. Si nous y allons immédiatement et récupérons notre équipement - désolé, Mme Catesby, mais absolument C'est inévitable : nous pouvons être en ville à midi et quart, régler nos papiers et rester bien en avance sur l'horloge.

L'hypothèse calme de cet homme selon laquelle nous devrions tous suivre sans hésitation son exemple et nous engager dans cette entreprise plutôt folle et certainement des plus inconfortables était remarquable.

"Il n'y a pas une minute à perdre", a-t-il déclaré. "Au fait, Arbuthnot, j'ai dit à Peters de préparer un sac pour toi. Et cette fois, mon vieux, tu ferais mieux de veiller à ne pas oublier ton revolver."

œil inquiet du chef de la police, je dus regarder le mouchoir de soie noire qui portait encore mon poignet.

"De toute façon, j'ai bien peur d'être un canard boiteux", dis-je.

"Vous ferez mieux de retenir les chevaux au pied du rocher du Château. Grimper sur cette falaise sera hors de question en ce qui vous concerne. Eh bien, mes amis," l'Homme du Destin sortit son regardez, "vous n'avez que deux minutes pour terminer votre porto et allumer vos cigares et ensuite c'est la botte et la selle."

"Nevil," dit la voix impérieuse de la Grande Dame, "j'ai vraiment peur que vous soyez fou."

L'Homme du Destin n'a pas daigné tenir compte de cette suggestion hors de propos.

Les exigences de la vérité historique rendent nécessaire de rappeler que Joseph Jocelyn de Vere Vane-Anstruther fut sans aucun doute le premier à répondre à cet appel. Mon parent par alliance a bu son porto et a pris sa place au conseil d'administration de Mme Catesby. Il y avait du feu dans ses yeux et le soupçon d'une rougeur agitée sur son visage qui semblait contraster étrangement avec la langueur habituelle de son maintien.

« La première chose que nous devons faire est d'envoyer un télégramme au vieil Alec », dit-il ; " bien qu'il soit certain qu'il ne sera pas là si nous l'envoyons. Si nous arrivons en ville à midi et quart, je trotterai jusqu'au Continental. Le mendiant est sûr d'être là jusqu'à ce qu'ils le mettent dehors, car il y a une balle à jouer. " -nuit à Covent Garden."

Ce raisonnement était peut-être lucide et il était peut-être prégnant ; du moins, il s'est recommandé à l'intellect global de l'Homme du Destin.

"Tout à fait vrai, Vane-Anstruther. Je vous tiendrai pour responsable d' O'Mulligan ."

« Joseph, » dit la Grande Dame sur une note de stentor, « es-tu fou aussi ?

A peine cette pertinente enquête était-elle avancée que le noble Maître était debout.

"Je suis vraiment désolé, Mme Catesby," dit-il avec une longue douceur d'excuses, "mais on n'y peut rien dans les circonstances, n'est-ce pas ? Je laisse les chiens sous la garde de George et Frederick. Gardez Potts au courant. à son travail, George, et veille à ce qu'il fasse attention à leurs pieds. Et Frederick, je te charge de veiller à ce que Madrigal s'amuse tous les vendredis.

"Reginald", dit son hôtesse avec beaucoup d'énergie, "en l'absence inévitable de votre mère veuve et malheureuse, je vous interdis absolument de prendre part à cette entreprise farfelue. Je ne sais vraiment pas à quoi Nevil peut penser. "

À Ascalon, on ne le murmure pas, mais c'est à ce moment précis que je retrouve sur moi pour la deuxième fois le regard cynique du commissaire. L'œil aussi était méfiant et un peu pensif, mais le grand homme se leva à sa place d'un air de profonde rumination. Il cassa lentement une noix puis se tourna vers le majordome avec un sang-froid qui, à mon avis, faisait soupçonner l'étrangeté.

« Dites simplement à mon gars de faire venir ma voiture immédiatement », dit-il ; » puis, avec une grande déférence envers son hôtesse : « Mille excuses, Mme Catesby, mais vous voyez, n'est-ce pas, qu'on n'y peut rien ?

Que je me sois levé par un acte de volonté privée ou sous l'impulsion subconsciente du pouvoir contraignant d'autrui, il n'est pas nécessaire de tenter de le déterminer. Mais d'une manière ou d'une autre, je me suis retrouvé sur mes jambes et j'ai ajouté mes propres excuses imparfaites à celles tout aussi imparfaites du chef de la police.

« Odo Arbuthnot, » dit mon hôtesse, « asseyez-vous immédiatement. Homme marié, père de famille et membre du comté ! Asseyez-vous immédiatement et préparez-vous à vos fruits. Colonel Coverdale ! Vous me surprenez. "

"Tu as fini ton portage, Arbuthnot ?" dit Fitz calmement. "Le temps est écoulé. Mais j'ai parlé de la voiture à ton gars."

La consternation se mêlait maintenant à la vive perplexité féminine, mais Mme Arbuthnot, que la nouvelle de Fitz avait excitée et affligée, ne publia aucun décret personnel. Si la vie de Sonia était vraiment en jeu, il fallait prendre un risque. Néanmoins, c'était une bonne idée de trahir un peu d'inquiétude publique à l'idée de devenir veuve.

"Jodey, Reggie et le colonel Coverdale doivent partir", a déclaré Mme Arbuthnot. "Ils n'ont pas d'épouses ni de familles à leur charge. Mais toi, Odo, tu es différent. Et puis aussi, ton poignet. Tu ne serais d'aucune utilité si tu y allais."

"Je ferai en sorte de tenir les chevaux au pied du rocher du Château", dis-je en saluant une joue blanche.

Fitz se retirait déjà de la salle avec ses volontaires lorsque Lord Frederick se leva à sa place au conseil d'administration.

"Regardez ici, Fitzwaren ", dit-il. "Si vous avez un poste vacant parmi vos irréguliers, je pense plutôt que j'en ferai un."

"Bien sûr", a déclaré Fitz. "Plus on est de fous, plus on rit."

La perplexité et la consternation montaient de plus en plus autour de l'acajou de Mme Catesby.

"Freddie ! Freddie !" Un cri en larmes s'éleva de l'autre côté de la table.

"Vous devriez être saigné pour les simples, Frederick", dit son hôtesse.

Cependant, au moment même où la Grande Dame parlait, l'honnête George, le plus consciencieux des maris, et malgré son rang dans le Middleshire Yeomanry, le plus épris de paix des hommes, fut entendu comme faisant une offre de service actif.

"Bien joué, George", dit son ami le Vicaire. "Cela ne me dérangerait pas de devenir moi-même aumônier de la force."

"George", dit une voix impérieuse venant du chef de table, "George!"

L'Homme du Destin s'arrêta un moment sur le seuil de la salle du banquet, l'œil franc et cynique fixé à mi-chemin entre la Grande Dame et le belliqueux Georges.

"George ! Asseyez-vous !"

Finalement, George s'assit en jetant un regard furtif à son ami le Vicaire.

Au moment où nous avions enfilé nos pardessus et nos cache-nez et que les moyens de transport nous avaient été fournis, une scène avec quelques prétentions pathétiques s'était déroulée dans la salle.

"Odo, tu ne devrais vraiment pas, mais si la chère Sonia est vraiment en danger——!"

"Nous serons tous de retour dans une semaine ce soir", informa l'Homme du Destin à mon moniteur quelque peu en larmes avec une note d'assurance dans la voix.

Des objurgations émouvantes de « Freddie ! Freddie ! » se mêlaient au son du clairon de l'indignation de Mme Catesby.

"C'est un projet insensé, et si vous obtenez vos récompenses, vous serez tous fusillés par les Illyriens."

Mais Fitz et moi étions déjà assis côte à côte dans la voiture. Nous saluâmes de la main la troupe désorientée sur les marches du hall, puis le fait sembla lentement se comprendre dans mon esprit engourdi qu'une fois de plus, j'étais irrévocablement engagé dans ce dernier et le plus fou appel de mon mauvais génie. Là, il était assis à mes côtés, son cigare un petit disque rouge de feu, et il était maître de lui, insouciant, démoniaque , presque gai.

La créature flasque et sans gouvernail des dix derniers jours avait disparu comme s'il ne l'avait jamais été. Il était difficile de comprendre que ce chef né des autres, qui courtisait la guerre comme une maîtresse, à la magie de laquelle les plus calmes et les plus sains d'esprit ne pouvaient résister à l'initiative, était le même fragment brisé d'épave humaine qui, vingt-quatre heures plus tôt, n'avait pas survécu. la force motrice pour accomplir l'action la plus simple. Mais il ne pouvait être question de la magie qu'il savait exercer sur les natures les plus diverses ; et tandis que nous étions assis côte à côte dans la pénombre de la voiture tandis qu'elle volait le long des routes boueuses, sinueuses et étroites jusqu'à Dympsfield House, j'ai cédé presque avec un frisson d'exultation au directeur de mon destin.

CHAPITRE XXXII

PLUS D'ALARUMS ET D'EXCURSIONS

Nous n'eûmes aucune difficulté à atteindre la gare de Middleham, ce rendez-vous familier, à l'heure convenue. Même Lord Frederick, qui vivait plus loin qu'aucun d'entre nous, a pu, en utilisant illégalement une puissante voiture, arriver à l'heure pile.

Il faut remarquer que le ton qui régnait dans notre coupé était presque celui de la gaieté. À en juger par l'œil froid et agnostique, le projet n'était qu'un peu de ce côté de la folie. Mais cela avait la sanction d'un motif élevé. De plus, nous étions frères d'armes et avions fondu ensemble de la poudre dans le cadre d'une entreprise plus douteuse ; nous avions confiance les uns dans les autres ; et surtout nous étions soutenus, on pourrait même dire traduits, par la qualité épique d'un leader incomparable.

Fitz fumait son cigare et coupait un morceau de bridge avec un air de contentement indulgent et serein.

« C'est une chance, dit-il, que je connaisse sur la frontière un vieil aubergiste qui nous sera assez utile si nous devons nous passer de passeports. Il est à environ un mile du côté milésien et pourra nous fournir des provisions. chevaux et nous fera passer clandestinement dans l'obscurité. Il nous trouvera aussi quelques guides à travers les montagnes.

"Vous dites que nous pouvons aller de la frontière au château de Blaenau en six heures ?" » demanda la voix bourrue du chef de la police.

"Oui, sauf s'il y a beaucoup de neige dans les cols."

"Mais si le pays est en révolution, ne risquons-nous pas d'être freinés ?"

"Peut-être ; peut-être pas. Nous trouverons un moyen si nous devons prendre un dirigeable. Hein, Joe ?"

L'Homme du Destin a donné à mon parent par alliance un coup de poing fraternel dans les côtes.

"Plutôt !" Ce héros était en train de couper un as et de remporter l'affaire.

"Je vais organiser", dit Fitz, "un changement de chevaux à Postovik , qui est à peu près à mi-chemin. Si tout se passe bien, nous serons au pied du rocher du château un peu avant minuit jeudi. Je pense, cependant, , que nous devrons peut-être nager dans la Maravina .

"Euh!" grogna le chef de la police, déclarant un chat original, "une perspective moyennement joyeuse par une nuit de janvier en Illyrie".

"Bien sûr, nous n'en arriverons peut-être pas là. Mais tous les ponts et ferries seront certainement gardés. Et même s'ils le sont, avec un peu de chance, nous pourrons peut-être les précipiter."

Alors que notre chef commençait à élaborer son plan de campagne, on ne pouvait pas dire qu'il perdait quoi que ce soit de son romantisme. Mais je pense qu'il ne serait ni juste ni aimable envers le corps d'irréguliers de M. Nevil Fitzwaren de dire que ce piment de l'aventure enlève son glamour. Nous pourrions tous revendiquer une petite expérience de la guerre et de cette sphère d'action mimique « qui donne l'image de la guerre sans sa culpabilité, et seulement trente pour cent de ses dangers ». Certains d'entre nous s'étaient réfugiés dans le veld et d'autres avaient traversé le Blakiston après une semaine de pluie ; et nous sentions tous, tandis que nous filions vers la métropole à une vitesse de soixante milles à l'heure, et en même temps nous efforcions d'empêcher les cartes de glisser sur le sol, que quoi que le destin, cette capricieuse maîtresse, nous réservait, notre risque était aussi élevé que n'importe quel groupe de joueurs souhaitait jouer.

Ponctuels à la minute près, nous arrivons au terminus de Londres. Comme à l'occasion de cette aventure précédente, nous nous sommes postés au calme hôtel familial de Long, à l'exception de Joseph Jocelyn De Vere Vane-Anstruther, qui a confié son sac aux soins de son homme Kelly, et l'a exhorté à veiller à ce qu'une chambre décente a été trouvée pour lui, pendant qu'il allait "mettre en déroute Alec au Continental avant qu'ils ne renvoient le mendiant".

"Dites-lui que nous quittons Charing Cross à dix heures quarante du matin", dit Fitz. "Cela me donnera le temps de voir ce qui peut être fait en termes de papiers, même si en ce qui concerne l'Illyrie, les relations diplomatiques sont presque certainement suspendues."

En revenant à l'hôtel Long, je fus régalé du souvenir de notre ancien voyage ; de l'incident du taxi qui nous a suivi à travers la neige fondante de novembre ; de la suite étrange ; de cette longue nuit d'alarmes et d'excursions, qui n'était pourtant que le prélude à un tableau chaotique d'événements.

Je me souviens du trajet depuis Ward's avec Coverdale ; la tragi-comédie lente et à suspense ; la salle d'attente de l'Ambassade, la montée des escaliers, le charmant joueur de Schumann, la présentation à Son Altesse Royale. Je me souvenais des passages avec l'ambassadeur et de leur terrible issue ; le trajet avec la princesse jusqu'au Savoy ; l'épisode du satin rose dont je pouvais désormais me permettre de rire. Une fois de plus, je me suis souvenu de notre visite *bizarre* à Bryanston Square ; notre réception par mon oncle Théodore, son « Ne crains rien » et sa prévision encore plus curieuse de ce qui allait arriver. Je me suis souvenu de notre élan vers cette même gare de Grand Central et de la miséricordieuse destruction de nos espoirs à mi-chemin. Je me souvenais de l'inspecteur de Scotland Yard à la légère moustache, de la main de la princesse qui me guidait dans la circulation, du médecin aux doigts froids, du bol d'eau cramoisie que je ne voulais pas regarder. Enfin, dans ce fouillis panoramique d'événements sauvages, dont je devrais porter le souvenir dans la tombe, j'ai rappelé cet emblème noble, complexe et erroné de notre espèce, le Vainqueur de Rodova , le héros clairvoyant, subtil et au grand cœur. d'une époque dans la destinée des nations ; le père de son peuple, que ses enfants avaient tué alors même que la main de la mort était déjà sur lui.

Je l'imaginais allongé, criblé de balles, sur les marches de son palais de Blaenau, criblé de balles qu'il avait si souvent méprisé. Même le bref récit des journaux du soir montrait clairement que la fin du Victor de Rodova avait été héroïque.

Le volcan en feu avait enfin pris feu. Un collecteur d'impôts avait été assassiné dans un quartier éloigné. Au signal, toute une province, à dos mi-patriote mi-brigand, se souleva, marcha armée vers la capitale, et somma le roi dans son palais d'accorder une charte au peuple. Le roi les rencontra seul, comme c'était son habitude, sur les marches de son palais, et après avoir écouté avec bonté et patience leurs demandes, leur répondit « qu'il prendrait les mesures nécessaires pour procurer la charte à son peuple si le fils peccant qui avait tué traîtreusement un fidèle serviteur, a été traduit en justice.

Il était difficile de déterminer si le roi avait délibérément mal interprété l'humeur de ses sujets, ou s'il avait surestimé le pouvoir personnel qu'il avait l'habitude d'exercer, mais dans cette réponse qui manquait si étrangement de cette haute sagesse politique dans laquelle aucun de ses hommes l'âge l'a surpassé, a jeté son sort. Le chef de la foule armée, qui avait lui-même tué le percepteur, se moqua du roi au visage et le cribla aussitôt de balles. Et tandis que le roi tombait, les bourgeois de Blaenau affluaient aux portes, les soldats se révoltaient parce que leurs gages étaient en retard, le château fut pris possession ; et la république, si longtemps différée, fut proclamée.

"Et où étaient l'aristocratie et les partisans de la monarchie pendant que tout cela se passait ?" Ai-je demandé alors que nous étions assis dans le salon de l'hôtel en train de prendre un dernier verre avant de nous coucher.

« En lisant entre les lignes de la dépêche, dit Fitz, je serais enclin à dire qu'ils avaient conspiré pour renverser Ferdinand à la fin et laisser entrer le peuple. Je ne peux concilier les faits sur aucune autre hypothèse.

"Pourquoi le devraient-ils ?"

"L'aristocratie a toujours été jalouse de son pouvoir. Il a trop marché seul."

"Il est difficile de croire qu'ils livreraient leur pays à la loi de la foule."

"Ils doivent veiller à leur propre sécurité. Classe restreinte et exclusive, peu habituée à intervenir très activement dans les affaires publiques, ils ont peu de contrôle sur les événements. Et l'armée s'étant jointe au peuple, leur seul espoir est de rester assis sur la clôture. et essayez de conserver ce qu'ils ont.

"Vous êtes convaincu du danger que représente la Princesse ?"

"Cela ne fait aucun doute. Ayant décidé d'en finir avec ses dirigeants, il est fort probable que la Révolution française se reproduise. C'est un peuple semi-barbare, et rares sont ceux qui nieront qu'ils ont souffert."

Le lendemain, Fitz était de bonne heure à l'étranger. Les journaux du matin confirmèrent les nouvelles d'Illyrie. Le roi était mort ; la princesse héritière était une proche prisonnière à Blaenau aux mains des insurgés ; le Chancelier et d'autres ministres avaient fui le pays ; plusieurs régiments avaient massacré leurs officiers ; et on s'attendait à ce qu'un Comité du Peuple prenne la relève du gouvernement.

A Charing Cross, nous trouvâmes Alexander O'Mulligan qui nous attendait déjà. Il était en bonne santé et son sourire était extraordinairement large. Fitz arriva avec les billets nécessaires pour tout le groupe, mais n'avait pu se procurer des passeports que jusqu'à la frontière. Mais, comme il l'a expliqué, cela ne devrait pas nous déranger, car nous devrions descendre du train avant d'arriver là-bas et traverser les montagnes dans l'obscurité.

Alors que notre train traversait la banlieue, nous avons commencé à réaliser plus clairement la promesse d'une semaine bondée et glorieuse. Le motif était adéquat ; et bien que le chef de la police et moi-même ayons eu le sentiment de la profonde témérité du projet, nous partagions la foi commune en Fitz.

Notre route passait par Paris. Il était plus direct de partir de Southampton, mais il y avait très peu de différence dans l'heure réelle.

Lorsque nous arrivâmes à Paris, peu après cinq heures de l'après-midi, nous apprîmes que, malgré les représentations des puissances, le sort de la princesse était toujours en jeu. Nous ne sommes restés qu'une heure puis avons repris le train.

Nous avons voyagé toute la nuit et toute la journée suivante ; et puis, comme Fitz l'avait prédit, peu après cinq heures du soir le jeudi, nous étions arrivés au canton d' Orgov , à un mile de la frontière illyrienne aux confins de Milesia . Nous y trouvâmes un vieux paysan astucieux, qui avait déjà servi d'ami à Fitz et avec qui il avait déjà communiqué par télégraphe. Le vieil homme secoua la tête en pensant à la situation dans le royaume voisin , mais nous mit à disposition quelques guides dignes de confiance à travers les montagnes et sept chevaux convenables, un pour chaque membre de notre groupe.

Fitz a affirmé son intention d'arriver à Blaenau dans six heures. Mais l'aubergiste déclara franchement que cela était impossible. L'hiver avait été rigoureux ; de fortes congères gisaient dans les cols et, dans son état actuel, le pays lui-même était plein de dangers. En effet, notre ami aubergiste a dû déclarer que, à moins que Dieu ne soit très bon envers nous, nous n'arriverions jamais à Blaenau.

Cependant nous étions un groupe de neuf gaillards robustes, bien armés et assez bien montés. Et lorsque nous sommes partis d' Orgov un peu après six heures du soir, je ne pense pas que le sentiment du péril nous ait beaucoup oppressés. Notre mission était des plus élevées ; chacun de nous avait confiance en lui-même et en ses camarades. Nous étions une force petite mais mobile, dans des conditions assez difficiles ; et je pense qu'on peut affirmer pour chacun de ses membres qu'il avait un amour naturel pour l'aventure.

CHAPITRE XXXIII

EN ÉQUILIBRE

L'air était astucieux alors que nous partions d' Orgov . Nous avons emprunté un sentier équestre étroit et sinueux, inconfortablement raide par endroits, afin d'éviter la ville frontière de Boruna , où des ennuis pourraient nous cacher. Les étoiles étaient déjà sorties, avec Mars juste devant nous, merveilleusement grande et rouge alors que nous roulions plein est. Il y avait dans l'atmosphère une exaltation qui ressemblait à du vin dans les veines ; et bientôt nous attrapâmes la queue d'une explosion glaciale qui nous rendit heureux d'enrouler nos manteaux autour de nous.

Une vision impartiale d'une telle entreprise montrait clairement que les chances étaient grandes en faveur d'un échec total. Comment six hommes et un infirme pouvaient-ils espérer pénétrer au cœur d'une forteresse bien gardée ? Et en supposant que nous y soyons entrés, par quel moyen espérions-nous pouvoir en ressortir ! En toute conscience, le projet était assez fou, mais ce n'était pas le moment d'insister sur ce fait.

Il ne fait aucun doute que les qualités de notre chef furent d'un grand secours à son corps. Un courage inébranlable et un optimisme invincible étaient les siens dans la plus grande mesure ; et cette attitude d'esprit ne pouvait manquer de réagir sur ses compagnons d'armes. Il paraissait d'ailleurs, au plus singulier degré, combiner à l'audace du génie, un sens du détail et une sagacité pratique, qui embellissent très rarement le caractère de ceux qui dépendent principalement de la faculté d'inspiration.

Alors que nous parcourions kilomètre par kilomètre ces montagnes illyriennes enneigées, la possibilité d'un succès autre que complet ne trouvait aucune place dans ses pensées. "Rien n'est impossible" était sa devise, et il le réalisait avec une entière conviction. Son âme jumelle l'appelait au Château de Blaenau, et pas un instant il ne doutait de sa capacité à obéir à l'appel.

Notre plan était d'éviter autant que possible tous les centres de population. Nos guides étant des hommes d'expérience, connaissant tous les chemins détournés et cavalières, nous avons pu le faire, et même gagner du temps. Mais comme l'avait insisté l'aubergiste, l'optimisme de Fitz l'avait trompé alors qu'il comptait atteindre la capitale illyrienne dans six heures.

Lorsque nous avons pris notre premier appât, dans une auberge au-dessus des eaux sinistres du lac de Montardo , il était près de neuf heures. Le café et les gâteaux étaient très acceptables. en fait, j'ai rarement goûté quelque chose d'aussi délicieux. Mais malgré notre diligence et une bonne part de chance, nous avions parcouru un peu moins de vingt milles du voyage. Nos chevaux firent encore douze milles à travers le formidable col de Ryhgo , où, au milieu de l'hiver, les ruisseaux de montagne sont généralement en crue .

Nous repartîmes après une halte d'un quart d'heure. Jusqu'à présent, nous n'avions vu que peu de signes de révolution. Mais à l'auberge au-dessus de Montardo, de vilaines rumeurs allaient bon train. Le peuple et l'armée se seraient retournés contre l'aristocratie ; ils les massacrèrent par dizaines, et la princesse héritière fut déclarée morte.

Fitz refusait de croire que notre mission était vaine. Le courage de l'homme n'avait jamais paru aussi remarquable que face à cette nouvelle.

« Si elle était déjà morte, dit-il simplement, j'aurais dû avoir des renseignements. Je n'y croirai que lorsque je tiendrai son cadavre dans mes bras.

À travers le col de Ryhgo , éclipsé par les maigres montagnes illyriennes, le sentier étroit serpentait au bord même d'un précipice. En contrebas se trouvaient les eaux du lac de Montardo , qui, lorsque nous chevauchions au-dessus, reflétaient aux étoiles une grandeur funeste. Le vent était maintenant très perçant et nous soufflait au visage ; Cela n'ajouta pas peu aux dangers de notre progression à travers le col. Les chevaux n'avaient qu'à faire un faux pas et leurs cavaliers étaient projetés à mille pieds dans ces terribles eaux noires qui luisaient en contrebas.

Avant que nous ayons surmonté cette étape la plus précaire de notre voyage, les nuages furent rapidement balayés par le vent, et pour ajouter à notre péril et à notre inconfort, ils se heurtèrent à la neige. Ce fut donc un grand soulagement quand nous arrivâmes enfin à une auberge dans un hameau au nom imprononçable qui marquait la fin du col. Il était alors onze heures et nous avions parcouru à peine la moitié du chemin.

Ici, nous avons trouvé un ami qui nous attendait. C'était une connaissance illyrienne de Fitz et il avait organisé les détails de notre voyage en montagne. Membre d'une famille noble, il connaissait la vie de cour à Blaenau et avait joué le rôle d'un ami dans l'épisode précédent qui avait abouti à la fuite de la princesse héritière.

C'était un garçon agréable, assez cosmopolite, et n'avait aucune difficulté à se faire comprendre en français, langue dans laquelle il jouissait d'une plus grande félicité qu'aucun de nous. Il répondait au nom de John, bien que j'ai oublié son titre complet, qui était très long et difficile à prononcer. Lui aussi avait entendu le bruit répandu que la princesse était morte, mais il avait choisi de n'exprimer aucune opinion sur la véracité de cette information.

Lorsque Fitz exposa son projet, il exprima un léger étonnement.

« Mais comment, dit-il, traverserez-vous la Maravina ?

« Vous ne pensez pas, dit Fitz, que nous sommes arrivés jusqu'ici pour être dissuadés par le passage de la Maravina ?

"Tous les ponts sont étroitement gardés par les Républicains. Les ferries aussi."

"Nous pouvons nager dans la Maravina , à la rigueur."

"Vous, les Anglais, pouvez faire la plupart des choses", a déclaré John, "mais mon conseil n'est pas d'essayer de nager dans la Maravina à la mi-janvier."

Le point de vue de John a suscité un grognement d'approbation de basse profonde de la part de rien moins que le chef de la police du Middleshire .

« Nous ferons ce que nous pourrons », dit l'Homme du Destin avec une excellente indifférence.

"Oui, mais nous n'avons absolument pas besoin de faire ce que nous ne pouvons pas faire", a déclaré le chef de la police *à voix basse* , sans toutefois manquer de respect à sa langue maternelle.

Je dois avouer un frisson involontaire, lorsque, sous l'effet d'une imagination trop active, les eaux de la Maravina percèrent une paire de cuirs « d'un artiste local du nom de Jobson ». Ils semblaient déjà misérablement humides. Et si quelque chose semble plus misérable qu'une paire de cuirs lorsqu'ils sont humides, je prie pour que cette information ne soit pas connue.

Aussi élevée qu'était notre mission, la chair était réticente à quitter le poêle chaud de l'hôtellerie de « La Croix Suspendue » pour ces terribles parcours qui serpentaient au cœur des sauvages montagnes illyriennes. Mais du moins pouvions-nous nous féliciter que la passe de Ryhgo soit terminée et que les eaux noires du lac Montardo n'attendaient plus le malheureux voyageur mille pieds plus bas. De plus, la neige avait cessé, le vent était tombé, Mars et ses frères nous regardaient de nouveau, et l'on soupçonnait faiblement un croissant de lune.

Nos bêtes fatiguées avaient été échangées contre un nouveau relais à l'hôtellerie de « La Croix Suspendue ». En plus d'un renfort en forme de Jean, un cheval conduit avec une selle latérale nous accompagnait à l'usage de la Princesse. Avec des conditions plus équitables et un chemin moins périlleux à parcourir, nous avons commencé à améliorer considérablement notre rythme de progression précédent. Puis la route recommença à devenir difficile, mais heureusement le ciel resta dégagé.

Au cours des dernières étapes du voyage, nous avons traversé plusieurs hameaux et petites villes. A en juger par l'éclairage des fenêtres des maisons et l' attitude des petits groupes de gens dans les rues, un sentiment général d'inquiétude régnait. On voyait des hommes vêtus des pittoresques casquettes de peau si typiques du pays, portant des fusils d'apparence redoutable ; et bien qu'une telle cavalcade excitât leur curiosité, ils la laissèrent passer.

Nous n'avons pas eu d'aventures dignes de ce nom. Dans une des vallées montagneuses, une crevasse profonde était masquée par un amas de neige, et nous devons à la vigilance de nos guides que nous n'en soyons pas les victimes. Le vent était encore très perçant, mais suivant les conseils de Fitz avant de partir, nous avions tous pris la précaution d'être bien habillés.

Nos progrès ont été vraiment meilleurs que nous le pensions . Un virage soudain sur la route révéla un torrent très large et très rapide. C'était le Maravina ; et là, sur la rive opposée, se trouvait le rocher dressé, couronné du majestueux château de Blaenau. Tout près se trouvait un groupe sombre de maisons et de flèches décharnées d'églises de la capitale de l'Illyrie.

« Vous y êtes », s'écria John avec un geste de la main. "Maintenant, mes amis, êtes-vous tentés de traverser à la nage ?"

"J'ose dire que nous trouverons un pont", a déclaré Fitz avec nonchalance.

"Ils seront tous gardés par l'ennemi."

"Peut-être", dit imperturbablement l'Homme du Destin.

À droite, à un kilomètre et demi, se trouvait l'un des plus petits ponts menant à la ville. C'était une structure en bois branlante, gardée par une porte avec une tourelle, qui avait un aspect étrangement médiéval. Devant la porte, un feu de coke vif brûlait dans un seau, et un certain nombre d'hommes en uniforme s'étalaient autour, dans des attitudes suggérant diverses phases de somnolence.

Un individu hirsute, à l'air féroce et bien adulte, se leva et nous défia. Fitz répondit promptement dans son illyrien le plus suave et le meilleur. Pas un mot de la conversation qui s'ensuivit ne me parut intelligible, mais elle fut ponctuée par les rires approbateurs de John et des guides, et fut conduite de part et d'autre dans la plus grande bonne humeur .

Sa conclusion était en tout cas conforme à cette hypothèse. On a vu Fitz glisser une pièce d'or dans une paume furtive ; le mot de passe lui fut murmuré ; et la porte était ouverte juste assez pour que chacun de nous puisse passer un par un.

"S'il existe un voyou plus corrompu qu'un caporal d'infanterie illyrien", dit John, "sur la face de cette belle terre, je suis heureux de dire que je ne l'ai pas rencontré."

"Les mauvaises pratiques engendrent un mauvais état", a déclaré le sentencieux Fitz. "Si les gars doivent siffler pour réclamer leur salaire , à quoi pouvez-vous vous attendre ?"

"Espérons que les gardiens du Château se montreront aussi susceptibles", observai-je pieusement.

" Ah ! voilà une autre sorte d'oiseau ! " dit Fitz.

Il y avait une deuxième porte du côté ville du pont. Cela était également gardé par les soldats, mais le mot de passe donné nous a permis de passer sans poser de questions. Il y avait de hautes pointes alignées au sommet de la porte lourde et encombrante. Ils étaient ornés d'une rangée de têtes humaines.

Pour moi, je l'avoue, ces souvenirs macabres m'ont fait frémir.

"Ils semblent faire les choses agréablement à Blaenau", a déclaré Frederick.

"Ils peuvent faire mieux que cela, mon fils", dit Fitz, "s'ils en ont l'occasion. Je conseille à chacun d'entre vous, en cas d'urgence, de ne laisser qu'une seule cartouche dans son revolver."

À un homme marié, père de famille et membre du comté, avec son bras gauche dans un mouchoir de soie noire, qui ne se sentait pas particulièrement en sécurité en selle alors qu'il traversait le pont à genoux avec son ami égaré le chef Constable of Middleshire , le vent glacial qui le saluait du puissant torrent tourbillonnant en dessous soufflait distinctement « mince ». Il se mit à déplorer un peu amèrement cet arrêt du sort qui lui avait privé l'usage d'une main.

A travers des rues étroites et serrées, dont les odeurs étaient décidément désagréables, nous passâmes sans être inquiétés jusqu'à ce que nous arrivions à l'ombre du rocher du Château. Dans la faible lumière des étoiles, il s'élevait en un tas abrupt et vertigineux.

En descendant de cheval, nous avons attaché les chevaux à une clôture. Fitz sortit une lanterne sombre de sa selle ; et parmi une collection diverse d'articles dont il avait eu la prévoyance de se munir, se trouvait une bobine de corde. Celui-ci semblait pouvoir être ajusté sous la forme d'une échelle ; et notre chef a affirmé son intention d'être le premier homme à franchir le mur du château. Il proposa de fixer cet appareil sur le couronnement du sommet, afin que les autres puissent grimper le plus facilement et le plus rapidement possible.

Il n'y avait qu'à me résigner à rester avec les deux guides chargés des chevaux. Il aurait été physiquement impossible pour un homme dépourvu de l'usage d'un bras de gravir ce précipice.

Les derniers conseils que Fitz m'a donnés étaient caractéristiques.

« Si, » dit-il, « une sentinelle arrive et veut connaître vos affaires — je ne pense pas qu'elle le fera, car ils ne semblent pas avoir monté de piquet — lui arracher la cervelle immédiatement et lui faire exploser la cervelle. l'un des guides a enfilé son uniforme, a mis son arme sur l'épaule et a marché de long en large, mon vieux fils.

L'Homme du Destin avait disparu, peut-être pour toujours . Tandis que chacun de mes compagnons d'armes franchissait dans son sillage la clôture basse , je lui souhaitais bonne chance. Cela ne semblait guère être une chance que nous puissions un jour nous regarder à nouveau.

Ils avaient laissé leurs manteaux derrière eux, et ceux-ci, avec les miens, furent jetés sur les chevaux qui nous avaient si bien portés. Le tabac est un grand réconfort dans les périodes de tension, mais le long suspens auquel j'ai dû me soumettre est vite devenu intolérable.

À un amoureux de l' *aurea mediocritas* , un paterfamilias britannique du XXe siècle confirmé dans la confortable sécurité d'une vie civile, une telle situation était absurde. Il était en effet pénible de marcher heure après heure sur le terrain accidenté au pied du rocher du Château. J'avais une pipe entre les dents, sinon j'étais exposé aux rigueurs d'une longue nuit de janvier en Illyrie. Une fin sanglante fut ma contemplation perpétuelle. Et j'osais à peine penser à ce qui réservait à mes camarades, dont j'avais le devoir impérieux d'attendre le faible espoir du retour.

Il y a eu des moments dans cette saison de misère poignante où je me sentais absolument désespéré. Pourquoi avoir honte de faire cet aveu ? La sensation d'impuissance était vraiment terrible. Alors que le temps passait et qu'aucun bruit ne se faisait entendre, Dieu seul savait ce qui se passait dans cet aire renfrognée, sous le couvert de la nuit.

Comme la plupart de ceux qui ont dans leur argile le levain malheureux de l'imagination, mon optimisme instinctif est souvent mis à l'épreuve. Pendant que je marchais de long en large dans l'obscurité, essayant vainement de me réchauffer, attendant cette aube tardive où la mort nous guettait tous, j'aurais parié sur de longues chances que le destin de la princesse était déjà scellé et que mes compagnons d'armes le partagerais.

Un homme devrait s'efforcer, d'une manière ou d'une autre, de se présenter comme un héros lorsqu'il aborde les taches violettes de sa propre histoire. Mais si une peur abondante de l'avenir immédiat combinée à une vive horreur du présent sont compatibles avec ce degré, qu'il en soit ainsi. Durant ces heures d' inaction, j'ai subi les tourments des damnés.

Encore et encore, je m'efforçais nerveusement d'attraper un pas, et chaque fois que je le faisais, la sinistre injonction de Fitz résonnait dans mes oreilles. J'ai reconnu sa sagesse, mais quel conseil pour un Anglais respectable et respectueux des lois ! Imaginez le mari de Mme Arbuthnot, le père de Miss Lucinda, le produit sensible d'une société sédentaire, à l'affût pour assommer la cervelle d'un semblable sans presque aucun prétexte !

La prudence n'est pas sans tendresse pour ceux qui la courtisent ; au moins une quantité généreuse de tabac était dans ma bourse. Dans un état de désespoir absolu , je fumais ces heures intolérables et j'avais même du tabac à partager avec les guides qui attendaient placidement l'aube sous le vent des chevaux.

C'étaient des hommes robustes, silencieux et contenus. Je n'avais pas un mot de leur langue, quelle qu'elle soit, et je pense que c'était une sorte d' *argot milésien* . Mais il y avait chez eux un air de responsabilité engourdie. C'étaient d'honnêtes paysans, calmes, sans imagination, fidèles.

L'heure de cinq heures était indiquée depuis une demi-douzaine de clochers de la capitale. En moins de trois petites heures, notre sort à tous serait scellé. Mon esprit est retourné au Middleshire et j'aurais pu pleurer de dépit. Tout y était si heureux et confortable. Si Mme Arbuthnot n'était pas d'accord avec moi en toutes choses, une discrète diversité d'opinions occasionnelle ne faisait qu'ajouter du piquant au double exploit.

Oui, la vie et tout ce qui s'y rattache m'était très cher. Il convient, bien sûr, de maintenir une réticence convenable à l'égard de ce noyau indissoluble d'égoïsme qui est au cœur de nous tous. Mais pendant ces heures indescriptibles, je ne pouvais le dissimuler. Pourquoi avait-il plu au destin de projeter cette créature malheureuse, totalement étrangère au cercle de mes intérêts, étrangère par sa naissance, sa race, sa fortune, dans le coin tranquille de mes années ! N'y avait-il pas une certaine gratuité à briser un hédonisme aussi confortable de cette manière cruelle, dénuée de sens et irresponsable ?

Quel homme peut être un héros pour son autobiographe ! Selon toutes les règles du jeu, j'aurais dû être baigné dans une sorte de lumière morale tandis que je parcourais mon misérable rythme tout au long de cette maudite nuit illyrienne. Ce devrait être la chose la plus simple au monde de présenter une image de dédain stoïque pour Dame Fortune et ses fantasmes.

Mais la vérité brutale est devant moi, aussi ignoble soit-elle. La vie signifiait trop. La moindre de mes pensées aurait dû être consacrée à cette haute et noble mission qui m'avait attiré hors de mon heureuse demeure dans un comté anglais. J'aurais dû avoir l'esprit entièrement concentré sur le sort de la dame royale et sur celui de ces gros gaillards qui étaient venus si loin et qui avaient tant enduré pour pouvoir la servir.

Eh bien, je ne nierai pas que, dans une certaine mesure, mes pensées étaient pour eux. Mais je n'ai pas osé spéculer sur ce qui leur était arrivé ; leur destin était trop grand et comportait des possibilités tragiques. Pourtant, au plus profond de moi, il y avait une douloureuse contrariété. Je ne voulais pas du tout mourir et j'étais déterminé à ne pas le faire. Malheureusement, Fitz ne m'avait pas donné le mot de passe qui, en dernier ressort, me permettrait de traverser le pont ; Je ne pouvais pas communiquer avec les guides ; J'étais un étranger dans un pays étranger.

Six heures étaient annoncées depuis les clochers de la ville, mais aucun bruit ne venait du rocher du Château. Le désespoir m'a saisi le cœur. La princesse était morte et mes amis n'avaient pas pu sortir de la forteresse dans laquelle ils avaient eu l'incroyable témérité d'entrer. Mais jusqu'au jour , je dois attendre à mon poste ; oui, si je pouvais y arriver, il me fallait rester plus longtemps que cela .

Déjà, la ville endormie commençait à s'agiter avec inquiétude. Des bruits lointains en sortaient ; à dix pas de nos chevaux, une charrette de fermier était passée sur la route. Des personnages commencèrent à sortir de l'obscurité et à y rentrer. C'étaient sans doute des ouvriers qui se rendaient à leur travail. Les souffles glacés de la rivière ont figé mon sang. Six heures et demie annoncées depuis les clochers ; des femmes de ménage en robes imprimées roses allumaient les feux à Dympsfield House.

J'ai commencé à me fouetter le cerveau pour trouver un plan d'évasion en plein jour de cet endroit maudit, au cas où Fitz ne reviendrait pas. Mais même mon esprit était engourdi, et il était sous la domination de deux faits clairs : je ne connaissais pas un mot de la langue illyrienne, et je ne connaissais rien des us et coutumes du pays.

La rangée de têtes sur la porte de la ville occupait une chambre à elle seule dans les couloirs de mon imagination. Quelle que soit la direction dans laquelle je tournais mes pensées, il y avait cette frise macabre devant mes yeux. Bientôt, je découvris que j'avais complètement mordu le tuyau de ma pipe.

Il était maintenant sept heures et j'avais abandonné tout espoir de voir Fitz. Après tout, la tragédie devait être la fin de ces oscillations sauvages qui avaient commencé par une grande farce. La malheureuse « cavalière de cirque de Vienne » avait été assassinée par des gens pour lesquels elle avait tout donné. Non seulement ils avaient rejeté son sacrifice, mais ils l'avaient récompensé par une trahison brutale. Et l'homme noble qui l'avait aimée, et ces braves gens qui avaient tout osé pour la servir, indépendamment de leurs vies auxquelles ils accordaient autant d'importance que la mienne, avaient péri pour sa cause.

La rage et l'horreur ont commencé à monter en moi. Dieu du ciel, était-ce la fin de notre aventure ? Il était sept heures et quart ; toute la ville était en émoi.

L'aube arrivait. Il y avait déjà quelques légères traînées grises au-dessus du rocher du Château. Engourdi et impuissant, j'ai levé les yeux vers ce sinistre tas. Froid de corps, faible d'esprit, je ne savais que faire, ni vers où me tourner. Et puis, avant que je puisse réaliser ce qui s'était passé, il y eut un déferlement de silhouettes sombres et furtives, il y eut une main sur mon épaule et une voix basse résonna dans mes oreilles.

"Les chevaux ! Les chevaux !"

CHAPITRE XXXIV

LES CRÉATURES DE PERRAULT

À moitié paralysés comme l'étaient les sens physiques, il y avait une magie dans les mots. Involontairement, sachant à peine ce que je faisais, j'ai aidé à détacher les chevaux. J'en ai vu d'autres monter en selle ; avec un peu d'aide amicale, je suis entré dans le mien.

Dans la lumière grandissante de l'aube, nous avons commencé à un rythme doux vers la vieille ville pittoresque aux nombreux pignons. Pourtant, il faisait encore trop sombre pour voir qui faisait précisément partie de notre compagnie. Nous sommes arrivés au pont et nous nous sommes arrêtés pendant que Fitz donnait le mot de passe à la porte. Des regards suspects ont été posés sur lui, mais ils nous ont laissé passer.

À la porte la plus éloignée, Fitz donna à nouveau le mot de passe. Il y eut un petit retard, au cours duquel Fitz parla d'une manière joviale avec le caporal d'infanterie. Finalement, une autre pièce d'or a changé de propriétaire, puis nous avons été autorisés à partir en rase campagne.

Sans avoir à tirer un coup de feu, nous avions quitté la ville. Je ne savais pas encore ce qui s'était passé pendant les heures de mon suspense, mais je pus deviner dans la pénombre que deux d'un autre sexe avaient augmenté notre compagnie. Une circonscription à côté de Fitz avait une silhouette familière ; l'autre, une inconnue, était logée de manière quelque peu précaire devant la selle de Joseph Jocelyn De Vere.

Alors que nous tournions vers la route de montagne, un coup de canon retentit dans les eaux turbulentes de la Maravina .

"Ils sont enfin réveillés", dit une voix bourrue à mon coude. Le chef de la police semblait très fatigué et très sombre.

avons traversé un pays relativement facile jusqu'à l'auberge située à l'entrée du col de Ryhgo . Il fallut se contenter ici d'un changement de chevaux ; il n'y avait pas le temps de se permettre autre chose qu'une coupe de vin épicé.

En plein jour, le col de Ryhgo était dépourvu de bon nombre de ses terreurs. Mais alors que nous roulions au-dessus du lac, le sentier était si étroit et ses virages si serrés qu'il fallait encore faire attention. Heureusement, le vent était désormais mort.

Même maintenant, j'étais à peine en état de réaliser ce qui s'était passé. La tension qui pesait sur mon esprit était toujours aiguë ; mes facultés semblaient être devenues incontrôlables.

"Nous avons eu une chance merveilleuse." La voix du chef de la police semblait lointaine et dénuée de sens. "C'était une sacrée ascension de ce rocher, et je parie que nous n'aurions jamais dû atteindre le sommet si Fitz ne s'était pas souvenu d'un escalier secret qui menait directement au cœur de l'endroit. Soit les bourgeois de Blaenau l'avaient complètement oublié ou n'en connaissaient pas l'existence, mais Fitz s'en est très bien souvenu dès qu'il a vu le trou dans le rocher. Quand nous sommes entrés, il était aussi noir que le tombeau. , à l'exception de la lanterne de Fitz.

"C'était un voyage empoisonné à gravir une interminable volée de marches de pierre sinueuses. Il nous a fallu une bonne heure pour en arriver au bout. Et puis nous nous sommes retrouvés face à une porte en chêne massif, qui était en trois parties pourrie. Il nous a fallu une autre Je n'oublierai jamais cette heure dans le noir jusqu'à mon dernier jour. Et quand nous avons enfin franchi cette porte infernale, où pensez-vous que nous avons trouvé. nous-mêmes?"

"Je ne peux pas le dire", dis-je rêveusement, avec un regard vague sur les eaux noires du lac en contrebas.

"Derrière la tapisserie de la chambre du Roi. Une merveilleuse chance ! C'est une étrange providence qui veille sur certaines choses. Et là nous attendions dans l'obscurité, les mains sur nos armes, pendant que Fitz se dirigeait vers la Princesse, et il nous l'a amenée avec sa femme, et nous nous sommes enfuis sans déranger personne.

"Une histoire merveilleuse et incroyable !"

J'ai commencé à avoir peur de pouvoir lancer mon cheval. Mais nous avons finalement franchi le col de Ryhgo et, à trois heures de l'après-midi, nous étions en présence de nourriture, d'un abri et d'une sécurité dans l'hôtellerie à un mile au-delà de la frontière. Alors une prière muette monta au ciel de l'âme encore frémissante d'un homme marié, père de famille et membre du comté.

La dame inconnue que Jodey avait portée si vaillamment sur sa selle à travers les périlleux cols des montagnes n'était autre que la comtesse Etta von Zweidelheim , cette amante de Schubert, cette charmante interprète de Schumann qui s'était rendue responsable de la déclaration selon laquelle notre mémorable soirée à l'ambassade était « plus petite qu'Offenbach ».

Même lorsqu'on la soulevait froide, affamée et désespérément fatiguée de la selle de son cavalier, elle avait tendance à rire ; et nous pouvions élever parmi nous une sorte d'écho creux de sa gaieté lorsque nous remarquions la solennité avec laquelle mon parent par alliance l'accompagnait jusqu'au poêle et lui frottait les mains exsangues pour rétablir la circulation.

Le caractère un peu formel, peut-être un peu embarrassé, de nos rires ne manquait pas, même dans ces circonstances, de son attrait habituel pour Son Altesse Royale. La sienne cependant a libéré mille souvenirs que je porterai jusqu'au tombeau et peut-être au-delà.

"Aha, *les Anglais* !" Il y avait une indulgence maternelle dans ses yeux décharnés. " *Très bons enfants !* " Sa voix était basse, canoureuse, étrangement caressante. " *Très bons enfants !* "

Soudain, elle s'est retournée et m'a tendu ses deux mains. Mes lèvres touchèrent légèrement les doigts gelés. Pendant un instant, mes yeux furent fixés sur l'étrange pâleur de son visage ; puis ils rencontrèrent, dans une sorte de défi, l'éclat englouti qui lui donnait vie.

"Les créatures de Perrault, madame", dis-je, plutôt hystérique.

LA FIN

www.ingramcontent.com/pod-product-compliance
Lightning Source LLC
LaVergne TN
LVHW040003200726
843493LV00005B/1112